세월호가 남긴
절망과 희망

그날, 그리고 그 이후

**가만히 있지 않는
강원대 교수 네트워크**
기획

이병천·박기동·박태현
엮음

한울
아카데미

이 도서의 국립중앙도서관 출판예정도서목록(CIP)은 서지정보유통지원시스템 홈페이지(http://seoji.nl.go.kr)와
국가자료공동목록시스템(http://www.nl.go.kr/kolisnet)에서 이용하실 수 있습니다.
(CIP제어번호 : CIP2016007977)

지역에서 가만히 있지 않기

2014년 4월 16일 비극적인 세월호 참사가 일어난 이후 팽목항, 안산, 서울 광화문은 물론 전국 방방곡곡에서 "리멤버 0416", "기억은 행동이다"를 외치며, 섬처럼 뿔뿔이 흩어져 있는 구성원들을 서로 잇는 자발적인 시민적 각성과 행동이 일어났다. 수백만 명의 시민들이 유가족의 슬픔에 공감하며 특별법 제정 운동에도 참여했다. 그 시민적 연대의 흐름 속에는 강원대학교 교수들도 있었다. 우리는 '가만히 있지 않는 강원대 교수 네트워크(약칭 '가넷')'를 만들어 활동했다. 이 책을 읽는 독자들의 이해를 돕기 위해 책머리에서 가넷에 대한 이야기를 조금 하려고 한다.

선내에서 가만히 대기하고 있으라는 거듭된 안내 방송에 따라 당시 300여 명의 학생들과 일반 시민들은 선내에서 속절없이 대기하고 있었다. "개념이 있는 학생들이라면 방송을 따르지 않고 탈출했을 것"이라고 말하는 사람들도 있다. 그러나 그런 말을 하는 사람들이야말로 정말 개념 없는 사람들임이 분명하다. 그 엄중한 순간에 어떻게 안내 방송을 따르지 않을 도리가 있단 말인가. 충실하게 그 안내를 따른 결과 고귀한 생명들이 차디찬 바닷속에 수장되었다. 이런 기막힌 내막을 알게 된 다음부터 사람들 사이에는 '가만히 있지 않겠습니다'라는 다짐이 나오기 시작했다. '가넷'이라는 우리 모임의 명칭은 그렇게 해서 만들어졌다. 예쁜 보석 이름을 본떠 약칭을 가넷이라 한 것은 스토리텔링의 달인 박정애 교수의 작품이다.

가넷 모임 소속 교수들은 그동안 국정원 대선 개입 규탄 성명서를 비롯해 강원대 교수 일동 명의로 나간 여러 시국 성명서에 열심히 이름을 올리기는 했으나 세월호 참사가 있기 전까지만 해도 특별히 서로를 묶어주는 것은 없었다. 사실 가넷 모임도 처음부터 누군가의 사전 기획에 따라 목적의식이 있어서 제안된 것은 아니었다. "세월호 사건의 컨트롤 타워는 청와대가 아니다"라는 청와대 국가안보실장의 발언이 도화선이 되어 청와대와 정부의 무능과 무책임성을 규탄하며 정확한 진상 조사를 촉구하는 강원대 성명서 초안을 검토하는 자리가 계기가 되었다. 이 자리에서 문제의 성격상 이전처럼 단지 단발성 성명서를 하나 발표하는 것만으로 끝낼 수는 없고, 뭔가 추가적인, 지속적인 활동이 필요하다는 데 참석자들이 이구동성으로 공감을 표시하면서 별도 모임 결성에 관한 논의가 시작되었다. 되돌아보면 이런 일은 전국 대학을 통틀어 봐도 퍽 이례적이었다.

모두들 '가만히 있어서는 안 된다'는 절박한 생각에 사로잡혀 있었고 뭔가를 해야 한다고 생각했다. 그렇지만 무엇을 어떻게 해나갈 수 있을지에 대해서는 뚜렷한 활동 계획을 세우기가 어려웠다. 지식인이니만큼 강원대에서 세월호 참사에 관해 학술적으로 분석한 책을 내면 좋겠다는 의견이 나왔다. 그러나 당장 이 주제를 진행하기는 어려웠다. 무엇보다 장시간에 걸쳐 모임의 성격과 운영 방식, 해야 할 일의 범위 등에 관해 생각을 나누었지만 서로 견해가 달라 쉽게 접점을 찾지 못했다. 결국 관심 있는 교수들이 저마다 역량과 처지에 따라 참여해 활동할 수 있는 느슨한 네트워킹 모임을 만들자는 결론에 이르게 되었다. 모임 대표를 따로 정하지 않고 그때그때 필요한 역할과 일들을 자발적으로 나누어 맡기로 했다. 참여자들의 순수한 자발성에 기초한다는 점에서, 특정 사건을 전제로 하는 조직 형태로서는 확실히 취약한 부분이 존재했다. 그러나 교수라는 직업적 특성이나 강원대의 사정에 비춰본다면 현실적인 방식이었다. 소속 교수들의 전공이 거의 전 방위로 다양하다는 점은 가넷의 큰 장점으로 기능했다. 예컨대 추모문화제의 기획과 준비 및 실행은 영상문화학과 소속 교수, 그리고 시인으로 활동해 지역사회 문화인들과의 연결 끈을 가진 교수가 힘을 합쳐 성사시킬 수 있었다.

애초에 뚜렷한 실행 계획을 세우지는 못했으나 학교 내부, 나아가 지역사회의 여론을 환기하고자 언론에 릴레이 형식으로 가넷 멤버들의 글을 기고하는 작업이 시작되었다. 강원대학교 학보 《강대신문》에 박정애 교수의 "이 이야기의 결말을 어떻게 쓸 것인가"를 시작으로 세월호를 주제로 한 글이 연재되었다. 이후 모임이 조금씩 정비되어가면서 세월호 참사 100일, 그리고 1주기에 즈음해서는 추모문화제를 개최하기에 이르렀다. 무고하게 수장된 생명을 추모하는 시 낭독과 연주, 진혼무 등으로 다채롭게 꾸며진 문화제는 기획과 준비를 담당한 교수의 노하우와 문화 감각에다 학생들과 지역 문화인들의 자발적 재능 기부가 보태져 성공리에 진행될 수 있었다. 홍보가 제대로 되지 못했는데도 적지 않은 학생들과 교수들이 알음알음 찾아와 추모문화제를 함께해주었다.

한편 세월호 참사의 원인과 책임 소재를 철저히 밝히고 다시는 이러한 비극적 참사가 일어나지 않게 재발방지대책을 세우고 안전사회로 가는 방안을 마련하는 것이 주어진 시대적 과제였는데도, 청와대와 정부 여당은 자신들에게 쏟아지는 비난 여론을 반전시킬 기회만을 노리고 있었다. 그리하여 시민들의 애도 분위기가 차분해지자 참사 원인을 청해진해운의 실질적 소유주인 유병언의 탐욕과 선장의 무능 및 무책임이 빚어낸 사건으로 단정하고 진상조사가 아니라 검찰 수사만으로 참사에 따른 문제를 일단 마무리하려는 속셈을 드러냈다. 진상규명을 위한 특별법 제정을 요구하는 유족들의 요청에 대해서도 미적거렸다. 이에 따라 우리 가넷의 시민 행동도 추모문화제에서 한 걸음 더 나아가야 하는 객관적 상황이 도래했다. 이즈음 강원도청 앞에서 특별법 제정과 철저한 진상 조사를 요구하는 1인 시위를 시작하자는 제안이 나왔다. 신문광고를 내자는 제안도 나왔다. 교수들의 1인 시위 릴레이는 담대한 제안이었지만, 당시로서는 여러모로 부담스러운 일이었다. 강원대 교수들로는 유례없는 일이기도 했다. 그러나 의외로 모두들 특별법에 대한 관심을 환기시키기 위해서는 그러한 행동이 필요하다는데 의견이 합치했고 신속하게 날짜와 순번을 정했다. 언론 효과를 거두기 위해 1인 시위 보도자료를 미리 작성해 언론사에 제공했다. 그리하여 우리의 강원도청 앞 1인 시위는 어려운 조건 속에서 두 달여 정도나 진행되었다. 시위 참여자 중에는 정년퇴임을 앞둔 정승옥 교수같은 분도 있었다. 다행히 그 효과가 적지 않았고 가넷의 존재감을 알리는 데에도 결정적인 역할을 했다. 1인 시위를 통해 가넷 내부의 유대감과 정체성도 이전보다 한층 견고해지는 부수적 효과도 얻었다.

두 번에 걸친 추모문화제 행사와 1인 시위 등을 통해 조금씩 자리를 잡아가던 가넷은 세월호를 둘러싼 객관적 상황이 학교 밖의 시민들과 단체들이 함께 참여하는 연대의 결집된 힘을 필요로 한다고 인식하기에 이르렀다. 이에 따라 광화문 토요 집회에 참석하면서 소식을 얻게 된『금요일엔 돌아오렴』(창비, 2015) 북콘서트를 춘천 지역에서 공동

개최하는 문제를 세월호 관련 지역 시민단체와 모임에 제안했다. 여기에는 전통적인 시민단체는 물론 춘천 생협과 같은 소비자 단체, 나아가 '세월호 진실규명을 위한 춘천지역 가톨릭신자들의 모임' 등 세월호를 계기로 형성된 시민들의 자발적인 모임도 포함되었다. 북콘서트를 제안한 가넷이 기획부터 행사장 마련, 프로그램 참여자 섭외를 주도적으로 준비해 진행했다. 『금요일엔 돌아오렴』 북콘서트는 조마조마했던 우리의 우려를 완전히 씻어내고, 300석이 넘는 강원대 강당(실사구시관)을 꽉 메운 인파와 함께 감격스럽게 이루어졌다.

이 책과 관련해 무엇보다 중요한 것은 참사 1주기를 맞이해 추모문화제와 별도로 세월호 참사를 주제로 한 학술토론회를 열 수 있게 되었다는 사실이다. 토론회는 1부와 2부로 나누어 진행했는데, 1부는 외부 전문가들과 가넷 교수들이 세월호 참사를 다각도로 진단하고 향후 과제를 모색하는 시간으로, 2부는 지금까지 따로 또는 더불어 행사를 이끌어온 춘천, 원주 등 강원 지역 시민단체와 관계자들이 함께 모여 서로 소통과 연대를 도모하는 시간으로 기획했다. 여기 내놓는 이 책의 기본 틀은 이 토론회에 기원하고 있다. 길 없는 길을 가면서 조금씩 발전하다가 이 학술토론회 준비를 통해 비로소 세월호 학술서를 하나 만들자는 처음 생각이 현실성을 갖게 된 것이다. 학술토론회, 그리고 추모문화제에서 발표된 글들을 수정·보완하고 외부 원고를 더해 책을 내기로 결정했다. 그런 점에서 이 책은 세월호 참사와 마주해 미력하나마 진지하게 반응했던 춘천, 원주 등 강원 지역사회 지식인들과 문화인들의 작은 몸짓이 만들어낸 하나의 결산서라 할 수 있다.

우리는 변방에 있는 지역 대학 수준에서 미약하지만 뜻을 모았다. 1인 시위, 추모문화제, 토론회, 북콘서트와 지역 시민단체와 연대행동 등을 통해 세월호의 진실을 알리고 문제 해결에 힘을 보태고자 노력해왔다. 우리의 힘은 미약했으나, 그 뜻만은 제법 컸다. 세월호 시민 행동이 고립되지 말고, 팽목항과 안산, 광화문에만 머물러 있지 말고 저변 넓게 지역 곳곳으로 확장되어야 한다고 생각했다. 또 세월호 참사를 통해 지역사회와 대학도 시민적 자기 계몽의 기회를 가져야 한다고 생각했다. 이 부분에서 우리의 반성과 노력이 얼마나 성공을 거두었는지는 알 길이 없으나, 그 파장은 적지 않았던 것으로 보인다. 우리는 강원도 차원에서 '세월호 기억관'을 건립하는 안을 관계자에게 제안한 바도 있는데 아무런 반응이 없었다. 그렇지만 가넷의 모임은 처음부터 지식인이라면 글로써 참여해야 한다는 자기 약속을 한 바 있다. 이 책은 그 약속을 지키기 위한 노력의 결과다.

이 야만의 시대, 불안의 시대에 함께 애써주시고 어려운 사정에도 기꺼이 글을 주신 모든 분들께 진심으로 감사드린다. 이 책은 글을 싣지는 않았다 해도 그동안 가넷과 동고동락한 손미아, 박승조, 원정식 교수 등 모든 분들의 수고 덕분에 나올 수 있었음을 밝힌다. 손미아 교수는 가넷의 사실상 간사 역을 맡아 크고 작은 일을 도맡아 헌신했다. 박승조 교수는 애써 가넷의 활동 사진을 준비했는데 부득이한 사정으로 이 책에 싣지는 못했다. 원정식 교수는 바쁜 중에도 가넷 카페를 제작, 운영하는데 수고를 아끼지 않았다. 또 잘못하면 방랑 생활을 할 수도 있었을 원고에 상업적 타산을 멀리하고 응답해주신 한울엠플러스(주)에도 진심으로 깊은 감사의 뜻을 전한다. 이 책을 세월호 참사 희생자와 유가족, 그리고 세월호 참사를 기억하고 진실의 빛을 밝히고 정의를 세우는 길에 함께하고 계신 모든 분들께 바친다.

2016년 3월 강원대 백령동산에서
엮은이 일동

2부 · 세월호의 문학

#1

#2

서장　　　이병천　　　박태현

세월호 참사라는 시대 화두 앞에서

1.

사람들은 지나간 일은 쉽게 잊는다. 기억장애는 바쁜 일상생활에 부대끼며 살아가는 일반인에게 흔히 볼 수 있는 특성이다. 그뿐 아니라 과거의 부정적 경험과 기억에 얽매이다 보면 미래를 향해 새롭게 나아갈 수 없다. 잊어야 할 것은 집착하지 말고 흘려보내야 한다. 그러나 우리가 함께 살아가는 공동의 삶에는 잊어도 괜찮은 일, 잊어야 할 일도 있지만 결코 잊어서는 안 되는 일이 있는 법이다. 2014년 4·16 세월호 참사는 우리 모두가 이 땅에 발붙이고 생명의 존엄과 안전의 권리를 누리면서 인간답게 살고자 한다면 잊지 말아야 할, 가만히 있지 말아야 할 사건이며, 결코 비켜갈 수 없는 시대적 화두다.

4·16 세월호 참사가 일어난 지 벌써 2년이 다 되어간다. 멀쩡히 살아 있던 수백 명이, 전원 구조가 가능했던 모두의 아이와 어른들이, 우리 눈앞에서 속수무책으로 죽어갔다. 그리고 차가운 주검이 되어 돌아왔다. 지난 시기 서해 훼리호 침몰, 삼풍백화점 붕괴, 성수대교 붕

괴, 대구 지하철 사고 등 대형재난을 치르고 나서도, 고삐 풀린 위험 국가 한국을 '변화시켜라'는 시대 명령이 있었음에도 우리는 또다시 304명의 무고한 희생자, '구조자 0명'이라는 절망적 숫자를 기록한 참사와 마주하게 된 것이다. 그런데 우리는 벌써 이 비극을 잊었나.

우리는 들었다. 배가 침몰하고 있음을 알고 "나 좀 살려줘", "빨리 구하라고!"를 외치던 아이들의 비명소리를. 우리는 보았다. 퇴선 명령을 내리지 않고 먼저 도망쳐 나오는 선장과 선원들, 그리고 그들을 옭아매고 있는 탐욕스러운 기업 권력을. 또 우리는 똑똑히 보았다. 무분별한 규제완화 정책기조와 구조 실패로 세월호의 선장, 선원과 함께 공범자가 된, 대한민국호를 운영하는 선장 및 선원들의 무책임 및 무능력을. 세월호 참사에서 '국가는 없었다'. 기업과 국가의 조직화된 무책임, 심지어 구조 방해로 수백 명이 사실상 살인을 당한 경악스러운 이 국가적 대참사, 참사 이후에도 철저한 진상규명과 책임자 처벌, 재발방지와 안전사회로 가는 대책이 여전히 봉쇄되고 인간의 존엄과 안전한 삶의 권리를 요구하는 목소리가 짓밟히고 있는 이 야만적 현실을 우리는 잊어도 좋은가. 참사 이후에도 '국가는 없었다'. 산업화와 민주화 이후 한국의 국가체계, 기업체계, 사회경제체계, 언론체계 등 시스템 전반에 걸쳐, 그 운영 주도권과 책임을 맡고 있는 지배집단들에 대해, 그리고 그들에게 속절없이 끌려가고 있는 우리 모두에 대해, 무엇이 단단히 잘못되었는지, 무엇을 확실히 바꾸어야 하는지 세월호 참사는 묻고 있다. 성공의 역사를 자랑하는 대한민국의 연대기에 이 불의 문자로 새겨진 '4·16 세월호 참사'라는 시대 화두를 타파함이 없이는 우리는 결코 내일의 민주주의로, 내일의 공화국으로 나아가지 못할 것이다.

박근혜 시대 세월호 참사라는 비극적 사태는 수백 명의 희생자,

'구조자 제로'라는 절망적 기록과 함께 실재하고 있다. 그러나 참사 이후 대한민국의 진로에서 그것이 어떤 전환적 의미를 가지게 될지는 매우 불확실하다. 세월호 참사는 누군가의 수상한 말대로, '포겟 0416'을 밀고 가는 지배 권력의 뜻대로 또 하나의 '교통사고'로 기록될지도 모른다. 반대로, 새롭게 거듭난 포스트 4·16의 한국 사회, 우리가 원하는 모두가 안전하고 존엄한 나라로 가는 전환적 사건이 될 수도 있다. 오늘의 상황은 어떠한가? 416 약속의 연대는 이렇게 전하고 있다. "인간의 존엄이 침몰한 그날 이후 모든 권리들이 침몰했다. 생명, 안전, 진실, 정의, 배상, 회복에 대한 권리들, 말하고 모이고 행동하고 다른 사회를 도모할 권리들을 짓밟으려는 국가에 맞서, 피해자와 시민들의 연대가 권리들의 마지막 숨을 겨우 지켜내고 있다." 바로 이 때문에 오늘을 사는 책임 있는 시민으로서 우리는 이 참사를 잊지 말아야 하고, 가만히 있지 말아야 하며, 세월호의 진실을 밝히고 정의를 세우고 모두가 존엄하고 안전한 나라로 가기 위해 소통하고 참여하고 연대해야 한다. "가만히 있으면 이 땅에 아무도 남지 않게 될 것이다"(4.16 인권선언).

2.

이 책은 가녯의 학제적 교류 및 그 네트워크가 가진 힘을 최대한 확보하고 외부 필자의 지원사격을 받아 구성되었다. 세월호 참사를 주제로 한 연구서들이 조금씩 나오고 있긴 하나 아직 학술적 연구는 시작 단계에 불과하며 특히 사회과학적 분석은 일천한 상황이라 판단된다. 그런 만큼 이 책은, 왜 구하지 못했는가, 국가란 무엇인가, 인간의 존엄과 안전에 기초한 나라로 가려면 어떻게 해야 하는가 등 세월호 참사가 던진 시대 화두에 대한 사회과학적 응답으로서, 나아가 사회과학과 인문학이 함께 자리한 책으로서 나름의 의미가 있을 것으로 생각한다. 이 책의 2부 세월호의 문학 부분에 대한 안내는 별도로 '여는 글'(박기동, 박정애)로 넘기고, 이 글에서는 1부에 수록한 글의 내용을 간략히 요약함으로써 독자들의 이해를 돕고자 한다.

박상은이 쓴 1장「세월호 참사의 원인과 안전사회로 가는 길」은 참사의 원인은 무엇인지, 재발방지와 안전사회로 가기 위한 대책은 어떤 것인지에 대해 포괄적 조감도를 보여주는 글이다. 참사의 구조적 원인을 크게 세 가지로 나누어 살피고 있는데, 생명보다 이윤을 우선시한 선사와 정부의 규제완화, 안전감독 무력화, 그리고 재난 대응 실패가 그것이다. 세월호 선사인 청해진해운은 직원들에게 승객의 생명을 담보로 한 과적을 일상적으로 지시하고 독려했다. 또 비용 절감을 위해 선장을 비롯한 선원 대다수를 비정규 계약직으로 고용했고, 이러한 고용 불안정은 선박과 회사 운영의 위험에 대해 문제를 제기하기 어렵게 만들었다. 그리고 승무원들에 대한 안전교육훈련을 거의 실시하지 않아 승객 대피 및 퇴선 훈련은 단 한 차례도 없었다. 한편 안전관리 및 감독의 책임을 지고 있는 정부는 오히려 선령 제한과 선박 검사 기준을 완화하는 등 거꾸로 안전규제를 지속적으로 완화했다. 운항관리자를 통한 안전감독 역시 정부의 책임 방기로 사실상 무력화되었다. 사고를 참사로 비화시킨 것은 재난 대응 과정에서 드러난 정부의 무능함이었다. 해경은 사실상 중국 어선 단속 조직으로 전락해 인명을 구조할 수 있는 역량은 거의 부재했고, 구조업무는 이미 민영화되어버린 터였다.

다음으로, 안전사회로 가기 위한 과제로서 기업의 책임 강화, 정부의 규제완화 및 민영화 정책기조 수정, 인력 충원 및 노동자 권한 강화, 마지막으로 시민 참여에 기초한 재난 예방 및 대응 시스템의 개선을 제안한다. 박상은은 이를 "기업은 책임을, 정부는 규제를, 시민은 감시를"이라는 문구로 간결하게 표현하고 있다. 특히 기업의 책임 강화와 관련해 오늘날 일어나는 대형사고는 대부분 특정 개인에게 책임을 돌릴 수 없는 '조직유발사고'라는 특성을 갖는다면서 기업이 스스로 안전책임을 강화하게 하는 제도적 장치로서 기업처벌법을 제정하고 징벌적 손해배상제를 도입할 것을 촉구한다. 또한 '기업활동 규제완화에 대한 특별조치법', '행정규제기본법', 그리고 규제총량제 등으로 대표되는 정부의 규제완화 및 민영화 기조가 수정되어야 한다고 본다. 또한 현장에서 위험신호를 가장 먼저 발견할 수 있고 가장 신속히 대처할 수 있는 안전인력을 충원하고, 나아가 '작업중지권' 등 안전 관련 권한을 보장해야 한다고 힘주어 강조한다. 마지막으로, 재난의 예방부터 대비, 대응, 복구에 이르는 전 과정이 피해자와 시민이 참여할 수 있는 시스템으로 바뀌어야 한다고 지적한다.

2장을 쓴 김한균은 형사법 전공자로서 희생자의 관점에서 세월호 참사를 조명한다. 국민 보호의 책임을 다하지 못할 때 국가는 왜 있는가, 안전 보장의 책임을 다하기를 바라는 국민의 요구를 지속적으로 왜곡하고 진상 파악과 대책 실행을 회피하는 국가는 또 무엇인가, 그런 국가는 범죄적이라는 것이 「세월호 참사에서 국가범죄와 희생자의 권리」라는 글에 깔려 있는 기본 생각이다. 우선 김한균은 2014년 7월 세월호 사고 희생자·실종자·생존자 가족 대책위원회가 대한변호사협회(이하 대한변협), 민주사회를 위한 변호사모임(이하 민변), 세월호 참사 국민대책회의와 함께 제안한 '4·16참사 진실규명 및 안전사회 건설 등을 위한 특별법안'에서 정의한 세월호 참사의 피해자 개념이 세월호 특별법에서 정의된 피해자 개념보다 더 사회적 진실에 가까운 내용을 담았다고 평가한다. 이어 피해자는 진상규명을 고집하며 집단적으로 의사를 표시해서는 안 되는, 그저 저마다 슬픔과 실의에 잠겨 '가만히 있어야' 하는 이른바 순수 피해자가 될 것을 국가기관에 의해 강요받고 있는데, 이 자체가 폭력이 될 수 있다고 한다. 세월호 특별법의 제정 과정에서 보여준 국가의 태도, 그리고 진상규명을 요구하는 피해자와 시민들의 행동을 사찰하고 통제하는 경찰력의 행사는 이런 2차 피해를 더욱 심화시킨다.

다음으로 김한균은 세월호 참사에서 국가책임의 구조와 특성을 살피고 있다. 세월호 참사를 사태의 경과에 따라 '침몰(제1사태)-침몰 이후 정부가 보여준 무력과 파행(제2사태)-진상 조사, 참사 예방 및 대응제도 구축, 피해자 보호와 배상 문제 등(제3사태)'으로 구분한다. 그리고 국가책임의 양상을 사고 방지, 구조 및 수습 실패에 대한 일차적 책임과 피해자 보호와 지원의 책무를 다하지 않은 이차적 책임으로 나눈다. 한편 피해자에게는 '범죄피해자보호법'에 따라 피해 상황에서 빨리 벗어나 인간의 존엄성을 보장받을 권리, 자신의 명예와 사생활의 평온을 보호받을 권리, 해당 사건과 관련해 각종 법적 절차에 참여할 권리가 있다. 김한균은 그런데도 진상조사기구의 구성과 운영에서 세월호 유가족들이 배제되는 등 범죄 피해자에게 주어진 각종 권리가 침해되었다면서 이에 대해 국가책임의 문제가 제기된다고 주장한다. 김한균은 세월호 참사 피해에 대한 국가책임의 관철 키워드를 '진실'과 '회복'으로 제시한다. 따라서 세월호 참사 특별조사위원회는 절차적으로 피해자를 비롯한 국민의 참여와 공개 과정, 조사를 위한 실질적 권한을 갖는 것이 관건이고, '성과' 측면에서는 진실 규명은 물론 피해배상 및 법제도적 개혁 권고안까지 나올 수 있어야 한다고 한다. 또한 '영향' 측면에서는 책임 있는 개인 및 기관의 책임 인정과 사과가 있어야 하고, 진상 내용과 권고안이 담긴 보고서는 한국 사회의 안전권리장전이 되어야 한다고 한다. 마지막으로 세월호 이후 형사정책은 범죄 피해와 국가책임의 구조를 꿰뚫어 보아야 한다면서, 국가범죄 및 기업범죄로 인한 피해에 대해 책임을 부과할 수 있는 형법의 기획 등을 과제로 제시한다.

이병천은 3장 「세월호 참사, 국가를 묻다: 불량국가의 정치경제」에서 불량국가의 정치경제론을 내세우고 있다. 원래 '불량국가'라는 개념은 냉전 종식 이후 미국이 자국의 안전보장과 대외 군사 개입의 구실을 찾기 위해 만들어낸 개념으로, 미국의 입장에서 '평화로운 세계질서'에 위협을 가하는 범죄국가 또는 저질국가를 의미한다. 이병천은 재난 위험과 시장자본주의 위험으로부터 국민을 보호할 국가의 공적 책임 및 그에 대한 시민권적 요구에 부응하지 않고 복종을 강요하는 무책임하고 무능력한 저질국가라는 의미로 이를 재개념화한다. 그리고 세월호 참사는 기본적 공공성의 시대 책무를 저버리고 퇴행한 불량국가의 소산으로 이해할 수 있다고 한다.

이러한 관점에서 국가권력에 초점을 맞추어 세월호 참사의 발발과 대응 과정에서 박근혜 정부가 어떻게 불량국가의 행태를 보여주었는지를 밝히며 불량국가를 극복하기 위한 시민 책임의 과제에 대해 말한다. 구체적으로 보면 이명박 정부 시기 무분별한 규제완화, 민영화와 민관유착, 부정부패가 중첩되고 그에 따른 국가책임 및 능력의 공동화(空洞化)로 세월호 참사와 같은 대형재난을 예고하고 있었다. 박근혜 정부는 이러한 이명박 불량정부의 적폐와 위험을 여과 없이 상속하고 '규제완화'의 정치를 더 진전시킴으로써 결국 사고를 참사로 키웠다고 지적한다. 이병천은 박근혜 대통령이 민관유착의 적폐를 말하면서 이 적폐를 배태한 규제완화에 관해 아무 언급도 하지 않음을 비판한다. 안전장치의 규제완화와 외주화로 인해 형성된 '해수부-해운조합-해운사' 간의 유착이 세월호 침몰사고를 가져온 원인이 되었다면, '해경-해양 구조협회-언딘' 간의 유착은 인명 구조의 실패를 초래한 원인이 되었다고 한다. 그러면서 세월호 참사에서 드러난 민관유착은 개발독재 관민유착에 '뿌리'를 두고 있지만 시장의 시대에 들어와 진전된 국가의 타락과 공동화의 역사적 과정을 동시에 살펴봐야 그 전모를 파악할 수 있다고 한다.

세월호 참사 이후 진실규명을 위한 민주적 의사표현을 경찰국가 방식으로 억압하고, 특별법 위에 군림하는 시행령을 제정해 성역 없는 진상조사를 원천봉쇄하는 등 박근혜 정부의 대응은 이른바 세월호 제2의 사태로 이어졌다. 이는 유가족을 정치적 소수자로 고립시켜 세월호 사태를 덮으려는 전략에 따른 것이다. 이병천은 세월호 참사는 304명의 무고한 희생자와 '구조자 0명'이라는 박근혜식 불량국가의 절망적 기록이자 사실로 존재하지만, 참사 이후 우리의 공동의 삶에서 그것이 어떤 '상징적 기원'으로 전환적 의미를 가지게 될지는 별개이며 여전히 열려 있는 문제라고 한다. 그리고 이 문제는 우리가 어떻게 책임을 공유하는 공적 시민으로서 세월호 참사에 대해 '상속의 책임'을 지는가, 어떻게 불량국가를 넘어 공공적 책임국가 구성의 길로 나서는가에 달려 있다고 한다.

박태현은 4장 「세월호의 위험과 대응: 개인 책임을 넘어 기업·국가 책임으로」에서 한 사회의 위험 통제·관리 능력은 시민 개개인의 역량, 정부 역량과 함수관계에 있다며, 세월호는 우리 사회의 위험 통제·관리 능력의 상태를 여실히 보여준 사건이라고 본다. 박태현은 오늘날 인간의 역량조건에 가장 강력한 영향을 미치는 외부환경으로 권력으로서의 기업과 조직적 무책임체계로서 국가, 그리고 현실적 경제·사회적 권력관계를 사상한 채 인간의 자율성과 선택능력을 전제로 개인에게 책임과 의무를 부과하는 법 시스템이라고 본다. 그런데 기업이라는 경제적 권력관계에 철저히 예속된 세월호 선장의 판단 및 행위 능력은 위축되어, 선장으로서의 윤리와 책임의식은 증발해 있었다. 국가 자체가 이미 해난구조 업무를 사실상 방기했으므로 해경 123정장에게 신속하고 적절한 구조 역량의 발휘를 기대하기는 어려웠다. 또한 선사의 이익을 대변하는 단체인 해운조합에 소속된 운항관리자에게 법이 부여한 운항 안전에 대한 감독권한의 적정한 행사를 기대할 수 없었다. 그럼에도 재난사태의 책임 문제에서 늘 그래 왔던 것처럼 정부는 선장과 정장, 그리고 운항관리자 개인을 형사처벌하는 것으로써 이 사건을 마무리 지으려 한다고 비판한다.

박태현은 세월호 참사가 이처럼 기업, 국가, 그리고 법 시스템이 저마다의 위험관리와 책임을 스스로 떠맡지 않은 채 자기 체계의 바깥으로 책임을 전가한 결과에 따라 발생한 것이므로 기업과 국가에도 일정 부분 책임을 지워야 한다고 본다. 따라서 세월호와 같은 이른바 조직사고에 대해 기업과 국가에 책임을 관철시킬 수 있는 법적 장치를 마련해야 한다고 주장한다. 그래야 기업과 국가는 위험 통제·관리 체계를 자체 내에 구축하려는 행위동기를 가질 수 있을 것이며, 그렇지 않으면 얼마든지 제2, 제3의 세월호 참사가 일어날 것이라고 한다.

김대건은 5장 「세월호와 행정악, 그리고 해법」에서 관련 실험 결과와 이론을 통해 이른바 관피아 문제의 본질을 파악할 수 있는 실마리를 제공한다. 스탠리 밀그램(Stanley Milgram)의 실험을 통해 사람들은 왜 비윤리적인 지시에 복종하는지, 또 필립 짐바르도(Philip Zimbardo)의 실험을 통해 시스템에 의해 인간의 행동과 인식이 어떻게 지배당하는지 설명한다. 김대건은 이러한 모의실험들의 실제 사례를 세월호 참사 이후에도 볼 수 있다고 한다. 즉, 언론 기자, 구조 책임자, 안전대책 관계자들의 인식과 행위는 잘못된 언론 시스템이나 구조 시스템 속에서 파악해야 함을 시사한다. 권력의 절대적인 불균형을 제도화한 시스템의 구조와 규칙을 변경하는 작업과 함께 인간의 보편적 가치의 중요성에 대한 공감대가 형성된다면 개인이 비윤리적인 행위를 할 수 있는 가능성은 많이 줄어들 것이라고 한다. 이러한 가설을 개인 차원(주인으로서의 시민의식), 법적 차원('공직자윤리법'), 공간적 차원(공론장 형성), 마지막으로 언어적 차원(새로운 언어 창조)으로 살펴본다. 우리는 그동안 급속한 경제성장을 이루면서 배제를 전제로 한 경쟁과 사람이 배제된 자본을 숭상하는 '썩은 시스템'을 만들어왔고, 지금은 그 시스템에 의해 우리의 사고와 행동 방식이 지배당하고 있다. 그 결과 시스템에 의해 행해지는 악의 근원을 알지 못한 채 개인을 처벌하면 된다고 생각하는 것에 너무나 익숙해졌다. 따라서 이제 시스템 악에 주목하고 그것을 타파해야 할 것이라고 말한다. 그 방법으로 개인 차원, 법적 차원, 공간적 차원, 언어적 차원에서 앙가주망, 즉 시민들의 능동적 참여를 강조한다.

정연구는 6장 「세월호 보도를 통해 본 한국의 언론 현실」에서 세월호 참사와 같은 비극이 이 땅에서 반복되지 않기 위해 언론은 무엇을 어떻게 해야 하는가를 묻고, 참사 당시의 언론보도가 보인 문제가 무엇인지, 그 문제가 어떤 원인에 의해 만들어졌는지, 어떤 대안을 가져야 하는지를 서술한다. 먼저 세월호 참사 보도의 문제인데, 재난사태 보도에서 일반적으로 드러나는 문제를 '언론사 행태 차원'과 '권력편향 차원'의 문제로 대별한다. 이러한 문제가 세월호 참사 보도에서도 여실히 드러났고, 특히 권력 편향 차원의 문제가 심각했다. 다음에, 이러한 언론보도상의 문제가 일어나는 원인에 대해서는, 먼저 위기 상황 인지에 관한 미디어 의존성과 자본주의 시장경제적 요구에 따른 흥미 위주의 상업주의적 편향성이라는 자본주의 시장사회에서 재난보도의 일반적 속성을 든다. 특히 포털과 종편을 통한 시선 끌기 경쟁, 공영방송 등의 정치 예속화에 따른 공적 영역의 붕괴, 마녀사냥이 가능한 정도의 적대적 정파성 때문에 공론장의 토대가 붕괴된 세월호 보도 당시의 (그리고 지금도 유지되고 있는) 구조적 환경 요인을 강조한다.

정연구는 이러한 잘못과 원인에 대한 진단을 통해 재난보도의 바람직한 대안을 제시한다. 재난보도는 그 자체가 구조 활동이 될 수 있기 때문에 보도의 한 기본 축을 피재자와 피재자의 가족, 피재지의 입장을 철저하게 반영하는 보도(재난보도 프레임)를 해야 한다는 것이다. 또한 재난보도의 프레임을 달리하는 의식 전환과 더불어 이러한 의식으로 무장한 재난보도 전문기자를 양성하고, 재난보도 준칙을 수립해야 한다고 본다. 잘못된 재난보도가 사회에 끼칠 수 있는 해악이 세월호 참사에서 여실히 드러났기 때문이다. 끝으로 피재자에 대한 배려는 물론, 재난을 취재하는 언론인에 대한 배려도 키워가야 한다고 한다.

나익주는 7장 「세월호 참사와 프레임 전쟁」에서 진실 규명을 주장하는 희생자 유가족들에 대한 인식이 어떻게 피해자에서 '자식을 이용해 많은 보상을 받으려는 부도덕한 사람들'이라는 탐욕자로 바뀌게 되었는지 그 변화 과정을 프레임 이론을 바탕으로 살펴본다. 나익주에 따르면 프레임이란 한마디로 "세상을 바라보는 방식을 형성하는 우리의 구조화된 정신적 체계"다. 따라서 어떤 한 세력이 프레임을 장악하게 되면, 그 세력이 우리의 세계에 대한 주도권을 쥐게 됨을 의미한다. 오늘날의 우리 정치 현실과 연결해보면 이는 아주 의미심장한 함의를 제공한다. 나익주는 세월호 참사를 둘러싸고 벌어지는 프레임 전쟁을 통해 우리 사회 보수세력이 세월호 참사를 둘러싼 논쟁에서 부각하는 것은 무엇이고 은폐하려는 것은 무엇인지를 인식할 수 있다면서 세월호를 둘러싼 프레임 전쟁을 고찰한다.

세월호와 같은 '대형 참사'는 단순히 한 가지 원인만으로 개념화하기 어려운 일종의 복잡계로 보는 것이 타당하다. 하지만 보수 성향 언론은 사고 원인을 단 한 사람의 행위자나 행위자 집단에 돌리는 직접적 인과관계를 통해 개념화하려는 경향을 보인다. 그럼으로써 독자들이 세월호 침몰 사고를 유기적 인과관계를 통해 개념화하지 못하고 직접적 인과관계만을 통해 이 사건을 이해하게 될 가능성이 높다. 또한 적폐와의 전쟁이라는 '전쟁 프레임'을 통해 박근혜는 부도덕한 기업과 무능하고 타락한 무사안일의 공무원들이라는 적으로부터 고통받는 국민을 구하는 선한 영웅이자 구원자가 된다. 나익주는 '적폐와의 전쟁' 프레임에 작용하는 은유를 요약하면 '(과거의) 적폐는 적', '적폐의 피해자는 선한 국민들', '적폐 해소는 승리', '적폐 해소 지휘자는 선한 전쟁의 지휘자', '박근혜 대통령은 전쟁 영웅', '부도덕한 기업과 결탁하는 공무원은 적군', '부도덕한 공무원 집단은 범죄 집단', '범죄 집단은 적'이다. 나익주는 그 밖에 '선악' 프레임, '경제' 프레임, 그리고 '썩은 사과' 프레임 전쟁을 분석하고 있다. 이들 분석을 통해 세월호 침몰 사고를 다양한 프레임에 넣어 한국의 보수가 부각하려던 것은 '우리 사회에 부도덕하고 무능하며 무책임한 사람들이 일부 있고 탐욕스럽고 무책임한 기업들이 일부 있는데, 사고의 책임은 바로 그들에게 있으며 그들에게 책임을 물으면 한국 사회는 원래의 건강한 상태를 복원할 수 있다'는 관점이다. 은폐하려던 것은 '이 사고의 책임은 민영화와 규제 완화, 무한 경쟁을 핵심적 가치로 삼는 신자유주의에 있다'는 관점이다. 그러면서 세월호 참사의 원인을 직접적 인과관계에서만 찾거나 썩은 사과에 해당하는 특정한 사람들에게만 돌리지 말고 그 사람들의 사고를 결정하는 이념이나 제도에 눈을 돌려야 할 때라고 결론짓는다.

　　문병효는 8장 「세월호 법, 국가의 의미: '세월호 특별법'을 중심으로」에서 세월호 참사가 법의 의미를 다시 환기시켰다고 본다. 우리는 법이 사회 질서를 지켜주고 안전도 확보해주는 훌륭한 발명품이라고 믿는 경우가 많지만, 국가가 폭력성을 드러내는 순간 법은 국가의 폭력 도구로 변질되고 만다는 것을 경험해왔다. 세월호 참사를 통해서도 마찬가지다. 문병효는 세월호에서 드러난 국가 폭력 양상을 특히 진실을 밝히려는 유가족 및 시민의 희망과 노력을 좌절시키려는 '체계적 훼방'으로 본다. 세월호 특별법의 제정 과정에서 각계각층 국민들의 뜻을 모아 만든, 수사권과 기소권이 포함된 '피해자 단체 특별법(안)'이 여야에 의해 거부된 사실을 통해 정부와 국회가 진상규명에는 관심이 없고 기본적 책임을 회피하려는 의도를 보이고 있음을 비판한다. 그러면서 진상규명 특별법은 특별조사위원회를 구성할 때 국가권력이 개입할 여지가 있고, 위원회의 활동기간도 충분히 보장되지 않으며, 논란이 되었던 수사권과 기소권도 부여하지 않고 있음을 문제점으로 지적한다. 또한 참사 재발방지대책의 지속적 시행 보장도 미비하다. 나아가 특별법이 세월호 사태의 실체적 진실을 밝히기에는 뚜렷한 한계를 지니고 있음에도 정부는 시행령을 통해 조사위원회의 미약한 권한마저 사실상 무력화하려는 의도를 노골적으로 드러냈다. 조사위원회에 독립위원회의 위상에 걸맞은 행정입법권을 부여하지 않았다는 점은 차치하더라도 사무처의 실국과장 모두를 여당에 추천 권한이 있는 부위원장 지휘 아래에 둠으로써(시행령에 따르면 부위원장이 사무처장을 겸임한다) 피해자 가족이 추천한 위원장을 허수아비로 만들고 정부 여당이 의도한 대로 세월호 참사의 진상규명을 방해할 의도를 드러냈다.

이처럼 문병효는 유가족과 국민들이 투쟁 끝에 쟁취한 불완전한 특별법마저 시행령을 통해 왜곡되는 과정과 결과를 낱낱이 밝힌다. 세월호 참사는 법이 단지 사회통합의 중립적 수행자라거나 합의에 도달한 가치의 표현이기보다는 지배계급과 권력의 의사가 강력히 관철되는 권력관계의 표현임과 동시에 권력관계를 형성하고 일상화하는 장치이자 수단으로 작용할 수 있음을 여실히 보여주었다. 그럼에도 그들의 법이 아니라 우리의 법이 되게 하기 위해서는 루돌프 폰 예링(Rudolf von Jhering)이 말한 '권리를 위한 투쟁'이 지속되어야 하며, 적극적으로 참여하고 저항 투쟁을 하는 자만이 우리의 법과 국가를 가질 수 있다.

박주민은 9장 「4·16 세월호 참사 특별조사위원회의 탄생과 그 의미」에서 세월호 참사 피해자 가족들이 왜 진상규명을 위한 특별법을 요구하였는지, 그리고 그 내용이 국회에서의 협상과정을 거치면서 어떻게 변질되어갔는지를 살핀다. 이 작업을 통해 세월호 참사에 대한 정치권의 태도를 알 수 있고, 이후 발생할 수 있는 참사에 대한 정치권의 태도를 예측할 수 있다. 그리고 이를 통해 국민들이 보다 안전하게 살기 위해 정치권에 무엇을 요구해야 하며, 그것을 이루기 위해 어떻게 싸워나가야 하는지를 상상해볼 수 있다.

그리고 특별법이 제정된 이후에도 지속적으로 행해졌던 세월호 참사 진상규명작업에 대한 방해에 관해서도 살핀다. 애초에 유가족들은 진상규명을 위해 특별검사를 주장했으나, 그 현실적 한계를 알고 정치적으로 독립되어 수사권과 기소권을 행사할 수 있도록 보장할 수 있는 제도적 방안으로 특별법 제정을 강구하기 시작했다. 특별법안을 만들 때 특히 유념한 부분은 조사와 수사, 그리고 기소의 유기적 연관성이었는데, 진상규명 소위원회에 속한 상임위원이 수사권과 기소권을 행사할 수 있도록 힘으로써 이를 담보하고자 했다. 진상규명에 강력한 의지를 담고 있는 가족들의 법안이 정치권에서의 논의 및 협상과정에서 어떻게 침식되어갔는지를 9장에서 세밀하게 기술한다.

이에 더해 박주민은 어렵게 마련된 특별법조차 해양수산부가 시행령을 통해 어떻게 왜곡하고 무력화했는지, 또 특별법에 따라 설치된 세월호 특별조사위원회(세월호 특위)의 활동을 어떻게 방해했는지를 고발한다. 예컨대 해양수산부 시행령은 진상조사와 관련해 핵심적인 임무를 수행할 과의 장을 파견공무원이 담당하도록 규정해 위원회가 정부부처 영향권 내에서 벗어날 수 없도록 한 것, 세월호 특위 예산 배정을 최대한 지연하고 터무니없이 부족하게 배정한 것, 그리고 문건을 통해 특위 내부 여당 추천 위원들에게 의결과정상의 문제를 지속적으로 제기하고 필요시 전원 사퇴의사를 표명하라는 따위의 행동지침을 내려준 사례들을 들고 있다.

마지막으로 세월호 특위 활동의 핵심이라 할 수 있는 청문회 과정에서 드러난 한계와 희망에 관해서도 말하고 있다. 청문회 과정에서 재차 확인되거나 새롭게 드러난 쟁점들(123정장은 먼저 구조한 사람들이 선장과 선원임을 전혀 몰랐다는 거짓 주장, 참사 직후 잠수사 500여 명을 투입해 수색했다고 하나 실제로는 누적인원 20~80여 명이 전부였다는 사실 등)을 일목요연하게 기록하며, 앞으로 재확인되거나 새롭게 드러난 쟁점들에 대한 추가조사, 정부 여당 및 여당 추천 위원들의 세월호 특위 활동 방해, 무력화 시도의 전모를 밝히는 것 등 몇 가지 과제를 제시하고 있다.

참사 2주년이 다가오는 시점에서 유가족들은 대부분 더 이상 평범한 시민으로 남아 있지 않고 진상규명과 안전사회 건설을 지향하는 적극적 활동을 전개하면서 점차 한국 사회에서 가장 선두에 선 사회활동가로 변모한 상태다. 이는 학술적으로도 주목할 만한 주제가 아닐 수 없는데, 10장 김기석의 글 「유가족은 왜 활동가가 되었나: 한국 민주주의를 비추는 희망의 등불」에서 바로 이 문제를 다룬다. 김기석은 왜 무엇 때문에, 어떤 요인들이 그들을 활동가로 변모시켰는지, 어떻게 비교적 빠른 시일 내에 정치사회적 문제의식을 가지고 활동의 목표를 결정하며 단결 또는 조직화하면서 행동으로 나설 수 있었는지, 또 어떤 변화의 과정을 거쳐 현재의 모습이 되었으며 어디를 향해 가는지 묻는다. 김기석은 먼저 유가족의 의식 및 행동의 변화 과정과 양상을 분석한다. 사건 초기 신속한 구조 요구로 시작된 유가족들의 활동은 이어 실종자 수색 요구, 나아가 진상규명과 책임자 처벌, 특별법 제정, 특별조사위원회 조직, 정부의 시행령 철폐 등으로 진화해갔다. 하지만 진상조사 및 책임규명에 대한 정부의 미온적이고 불성실한 태도, 여당 의 소극적 태도와 때로는 방해로 인한 국회 국정조사활동의 미진함, 검찰의 축소 지향적 수사 등에 대한 불만이 나오기 시작했다. 이와 함 께 시민사회의 전문가 및 운동가들과 연대를 형성하면서 조직화가 진 행되고 나아가 진상규명을 위한 강력한 특별법 제정 요구로 진화되었 다. 그리고 박근혜 정부가 시행령을 통해 세월호조사특별위원회의 활 동을 방해하는 상황을 계기로 '4월 16일의 약속 국민연대'(4·16 연대)를 출범시켰다. 활동의 방향성 및 활동 방식도 진화를 거듭했다. 초기에 는 대체로 성명서 또는 호소문 발표를 통해 정부에 구조 및 진상규명 을 호소하고 국민들의 협조를 구하는 방식이 주였으나, 마침내 "인간 의 존엄성이 존중되고 모든 사람의 안전이 보장되는 나라"를 만드는 데 기여하는 것으로 활동 방향을 정립하게 된다.

　김기석은 이러한 변화의 동인으로 세월호 참사가 보여주는 여러 특징과 정부의 부적절한 대응, 공적 진상규명의 미진함, 언론보도의 문제, 그리고 시민사회와의 교감 및 연대를 들고 있다. 한국의 민주주 의가 위기에 처해 있지만 세월호 특별법 청원을 위한 국민 서명에 550 만여 명이 참여한 것은 물론이고, 세월호 특별법 청원을 위한 국민대 표단을 모집하는 데 하루 만에 1490명의 시민이 자발적으로 참여한 것은 시민의 참여의식이 살아 있음을 보여준 사례라고 본다. 이는 위

서장　**27**

기에 처한 한국 민주주의를 되살릴 수 있는 잠재력이 여전히 남아 있다는 것을 시사하며, 이것이 한국 사회를 밝힐 희망의 등불이다.

3.

이상으로 이 책에 실린 글들의 주요 내용을 간략히 살펴보았다. 글쓴이들은 저마다 자신의 학문적 지적 배경과 관점을 바탕으로 세월호 사건을 살펴보고 있다. 하지만 그들 사이에서 세월호 참사가 일어나게 된 원인을 바라보는 어떤 공통된 관점을 발견할 수 있다. 세월호의 비극을 개별 행위자들의 비도덕적·불법적 일탈행위의 결과로 보아서는 안 되고, 기본적으로 사건이 발생하게 된 맥락으로서 구조와 시스템, 제도 등에 주목해야 한다는 것이다.

박상은은 (대형)재난학적 관점에서 '조직유발사고'의 특성을 갖는 세월호 참사의 구조적 원인으로, 생명보다 이윤을 우선시하는 기업(선사)과 정부의 규제완화 및 안전 감독의 무력화, 그리고 재난 대응 실패를 들고 있다. 김한균은 범죄피해학의 관점에서 세월호 사건 피해에서 123정장 등 개인의 책임보다는 국가책임의 구조와 특성을 간파한다. 이병천은 정치경제학적 관점에서 세월호 참사는 신자유주의적 불량국가에 박정희식 개발독재의 유산이 악조합된 복합적 성격을 갖는다고 한다. 김대건은 우리의 사고와 행동 방식을 지배하고 있는, 배제를 전제로 한 경쟁과 사람이 배제된 자본을 숭상하는 '썩은 시스템'이 세월호 참사에서 나타난 근본 악(惡)이라고 한다. 문병효는 세월호 사건의 원인을 직접적으로 거론하지는 않는다. 하지만 세월호 사건에서 지배계급의 의사가 강력하게 관철되는 권력관계의 표현임과 동시에 권력관계를 형성하고 일상화하는 장치이자 수단으로서 법을 보고 있다. 나익주는 세월호 참사의 원인을 직접적 인과관계에서만 찾거나 '썩은 사과'에 해당하는 특정한 사람들에게만 돌리지 말고 그 사람들의 사고를 결정짓는 이념이나 제도에 눈을 돌려야 한다고 말한다. 박태현 역시 세월호 사건에서 선장이나 정장 등 개인의 부도덕성과 무책임성, 무능력을 보기보다는 스스로 져야 마땅한 책임을 자신의 외부에다 떠넘기는 경제적 권력으로서 기업과 조직적 무책임 체계로서 정부에 더 주목해야 한다고 본다.

이처럼 이 책의 필자들은 공통적으로 세월호 사건의 발생 원인을 주로 구조와 시스템, 제도 등에서 찾고 있다. 따라서 이 같은 대형재난이 일어나는 것을 방지하기 위한 방안과 대책으로 제시하는 것은 자연스럽게도 기업처벌법이나 징벌제 손해배상제, 피해자·시민 중심의 재난 시스템 도입(박상은), 기업책임과 국가책임을 관철할 수 있는 (형사) 법적 장치 마련(김한균, 박태현), 시민들이 책임 있는 공적 시민으로 거듭나 공공적 책임 국가구성의 길로 나섬(이병천), 개인적·법적·공간적·언어적 차원에서 시민들의 앙가주망을 통한 시스템 악의 제거(김대근)가 된다. 그리하여 이러한 방안과 대책의 실질적 유효성을 담보하는 것은 결국 진실을 밝히고 정의를 세우기 위한 행동, 나쁜 나라를 넘어 인간의 존엄과 안전에 기초한 나라를 만들기 위한 책임 있는 시민 행동에 달려 있다고 명시적·묵시적으로 전제하고 있는 것이다.

1부

세월호의 사회과학

1

박상은

세월호 참사의 원인과 안전사회로 가는 길

> 인적, 기술적, 조직적 요소가 결합하여 야기하는 조직사고는 다 알지 못하고 어쩌면 끝까지 알 수 없는데, 대형 조직사고마다 경악스러운 것을 새롭게 토해내기 때문이다.
>
> ― 제임스 리즌, 『인재는 이제 그만』

우리가 재난을 사고할 때에 확실히 알고 있는 사실은, 그 불확실성뿐일 수도 있다. 대형사고는 항상 복합적인 원인을 가지고 있고, 독립적으로 봤을 때는 결정적이지 않은 잘못과 실수가 겹치면서 참사로 이어진다. 비극적인 사실은 그 결정적이지 않은 잘못과 실수들이 사고 이후에야 드러난다는 것이다.

세월호 참사 역시 예외가 아니었다. 참사를 막을 수 있는 모든 단

---

* 이 글은 ≪기억과 전망≫, 통권 제33호(2015)에 실린 필자의 글을 수정·보완한 것이다.

계, 즉 선박의 도입·개조부터 검사와 승인, 출항 전 안전감독, 승객 구조의 모든 순간에서 문제가 있었다. 아마도 각 단계에서 규정을 어기거나 잘못을 저지른 사람들은 일이 이렇게 될 줄 몰랐을 것이다. 증축을 지시한 유병언도, 화물을 1000톤 이상 덜 실으라는 승인서를 내준 한국선급도, 매주 실적을 체크하며 과적을 독려한 청해진해운 사장도, 만재흘수선만을 보고 출항을 허가한 운항관리자도, 여느 때와 같이 과적을 숨기기 위해 평형수를 뺀 선원도 말이다. 그러나 2014년 4월 16일, 참사는 일어났다. 그 뒤에 드러난 문제들은 한국 사회의 모든 병폐를 응축하고 있는 것으로 보였다. 게다가 그로 인해 희생된 이들 대다수는 앞으로 무엇이든 될 수 있었던 젊디젊은 세대가 아니었던가. 양심이 있는 이라면 누구나 이 사회가 변해야 한다고 생각했을 것이다.

우리에게 필요한 것은 어떤 변화일까? 세월호를 천천히 침몰시킨 저 수많은 원인들을 관통하는 근본적인 원인을 한마디로 표현할 수 있다면 그 답은 쉽게 나올 것이다. 정부는 관피아 척결을 외쳤고, 언론은 종종 안전불감증을 탓했다. 하지만 관피아는 부패한 몇몇 관료들만을 타깃으로 한다는 점에서, 안전불감증은 결국 국민의 안전의식 부족을 탓한다는 점에서 근본을 건드리지 못했다. 몇몇 학자들은 신자유주의의 문제점을 지적하거나 공공성 강화를 외쳤지만, 그래서 어떤 변화가 필요하냐는 질문에 대한 답은 추상적인 경우가 많았다.

2014년 4월 세월호에 응축되어 나타난 이 사회의 문제가 무엇이었는지를 더 정확히 표현하기 위해서는 아마 좀 더 많은 시간이 흘러야 할 것 같다. 비난의 대상들을 서둘러 처벌하는 과정에서 미처 드러나지 못한 문제들을 더 파헤치고 조사한 뒤, 다시 차근차근 퍼즐을 맞춰본 뒤에야 드러날 것이다. 그러나 그 전까지 변화를 멈추고 대기할 수는 없는 일인 만큼, 부족하게나마 사고의 원인과 재발방지대책을 분

류할 기준이 필요하다. 나는 그것을 이 사회의 주요 조직인 기업과 정부, 그리고 이들을 통제하는 역할을 하는 노동자·시민으로 나누어 생각해보려고 한다.

세월호 참사의 구조적 원인

세월호 참사의 원인을 놓고 여전히 논란이 많다. 2015년 11월 12일 세월호 선장과 선원에 대한 대법원의 확정판결이 이뤄졌다. 그러나 재판에서는 침몰의 직접적 원인에 대해 조타수의 조타 미숙인지 기계적 결함인지 결론을 내리지 못했다.[1] 이 외에도 AIS 신호가 끊긴 원인에 대한 논란, 해경의 지휘체계와 관련된 문제점 등 규명되어야 할 부분은 여전히 남아 있다. 하지만 이미 알려진 정보만으로도 세월호 참사가 발생하지 않기 위해 필요한 조건을 찾는 것은 가능할 것이다. 여기에서는 세월호 참사의 구조적 원인을 크게 세 가지로 나누어본다.

생명보다 이윤을 우선시한 선사

참사가 일어나게 된 일련의 과정에서 가장 큰 원인을 제공한 이는 생명보다 이윤을 우선시한 선사, 즉 청해진해운이다. 이들의 욕심이

---

[1] 1심 재판부는 침몰의 직접적인 원인으로 조타 미숙을 지적했으나, 2심과 3심 재판부는 조타 미숙으로 결론을 내리기에는 증거가 무족하다고 판단했다. 선박의 방향을 소성하는 러더에 신호를 주는 유압장치 문제·엔진 이상 등으로 인한 프로펠러 문제 등 기계적 결함에 대해서는 세월호 인양 이후에 판단이 가능할 것으로 보인다.

세월호를 어떻게 천천히 침몰시켰는지, 그 단계를 차근차근 따라가는 것이 매우 중요하다.

청해진해운은 '인천-제주' 항로를 오가는 여객선을 독점적으로 운영하고 있었는데, 이 항로에 다른 여객선이 들어올 수도 있다는 정보를 접한다. 세월호는 다른 선사의 인천-제주 항로 추가 투입을 막기 위해 도입되었다. 그런데 새로운 배를 도입하기 위한 증선 인가 과정에서 로비가 있었던 것으로 밝혀졌다. 증선 인가는 해당 항로의 평균 운송수입률이 25% 이상임을 증명해야 가능하다. 세월호 투입 시 인천-제주 항로의 운송수입률은 25%를 넘지 못했다. 하지만 청해진해운은 증빙서류를 조작하고, 인천항만청 공무원과 인천해경 간부들에게 돈을 건네어 실제보다 높게 산정한 평균 운송수입률을 인정받고, 2013년 3월에 증선 인가를 따냈다.

그렇게 해서 도입이 확정된 세월호는 가장 먼저 중개축 과정을 거치게 되었다. 중고 선박이 한국에 들어와 중개축 과정을 거치는 것은 종종 있는 일로, 2014년 현재 중고 선박 중 52.8%가 개조된 것으로 밝혀졌다(김춘진 의원실, 2014.4.28). 그런데 이렇게 증축을 허가하는 것 자체가 위험성을 높이는 일이다. 처음 배를 설계할 때 선주는 보통 객실을 비롯해 배의 수면 위 공간을 최대한 늘리고 싶어 한다. 이러한 공간이 이윤으로 직결되기 때문이다. 반대로 설계자는 배의 수면 아래 공간을 최대한 무겁게 하고, 배 위쪽 공간은 줄이려고 한다. 그것이 배를 안전하게 만들기 때문이다. 첫 설계 과정은 이러한 선주의 욕심과 설계자의 원칙 사이에서 동요하다 최적점을 찾는 과정인데, 보통 설계자가 더 이상 양보할 수 없는 지점에서 마무리되기 마련이다. 어떤 중개축이라도 결국은 이 최적점에서 벗어나는 것이라 볼 수 있다. 결국 세월호는 4층을 연장하여 여객 공간을 늘리고, 5층에는 전시실을 새로지어 무게중심이 올라가게 되었다. 또한 선수 우현의 카램프[2]를 철거하고 철판으로 밀폐했는데, 이 때문에 좌우균형이 무너져 약간 좌현으로 쏠린 상태가 되었다.

증개축 후 한국선급에서 '완전 복원성 계산서'가 나오자 문제가 생겼다. 무리한 증개축으로 인해 적재 가능한 화물량이 1077톤으로 기존의 2525톤에서 절반 이하로 줄어버린 것이다. 그러나 승객 수익보다는 화물 수익이 훨씬 컸기 때문에 청해진해운은 화물 선적을 최대한 유치하기 위해 노력했으며, 그 결과는 일상적인 과적으로 이어졌다. 세월호는 운항횟수 총 241회 가운데 139회를 과적 운항했고(연합뉴스, 2014.5.6), 청해진해운 임원들은 매주 실적을 체크하며 과적을 독려했다.[3] 과적은 화물고박 불량과도 직결된다. 화물을 많이 싣기 위해서 고박 장치에 맞추지 않고 무조건 붙여서 쌓아야 했기 때문이다. 화물량이 많았던 만큼 제대로 고박할 시간조차 부족했다는 것도 충분히 예측 가능하다.

청해진해운의 과적 독려: "열심히 하라"

검사   주간 회의 때 물류팀으로부터 화물 적재 실적을 보고받았고, 운항으로 인한 적자를 해결하기 위해서는 매출 대부분을 차지하는 화물 적재를 늘리는 것 외에는 달리 방법이 없었지요. 피고인은 물류

---

2   자동차, 화물차 등이 화물창으로 들어오는 통로로, 차량 적재 시 램프가 내려와 부두로 연결된다.

3   광주지방법원, 청해진해운 임원 등에 대한 1심 판결문[사건번호 2014고합197, 209 (병합), 211(병합), 447(병합)].

팀으로부터 주간 보고받을 때마다 화물 매출을 올리라 독려했지요.

김한식 항상 열심히 해달라고만 얘기했습니다.

검사 세월호는 구조적인 문제점으로 화물을 많이 적재하면 안 되는 상황에서 피고인은 이 문제를 어떻게 해결하려고 했나요.

김한식 굳이 해결하라 마라 한 건 아니고, 열심히 하라고만 얘기했습니다(오준호, 2015: 192에서 재인용).[4]

비용 절감을 위해 비정규직 고용을 선호한 점도 영향을 미쳤다. 세월호 선원 29명 중 15명이 계약직이었고, 특히 핵심 인력인 갑판부와 기관부 선원 17명 중 12명이 계약직이었다. 이러한 신분의 불안정성은 회사에 대한 문제제기를 어렵게 만든다.[5] 훈련 효과도 발휘되기 어렵다. 잦은 인원 변동은 팀워크를 갖추어 훈련을 받는 일 자체를 불가능하게 만들기 때문이다. 더 심각한 일은 청해진해운은 선원에 대한 훈련 자체를 거의 하지 않았다는 점이다. 2014년 세월호 승무원들은 딱 한 번 2월에 소화훈련을 받았을 뿐, 승객 대피 및 퇴선 훈련은 단 한 번도 받은 적이 없다. 청해진해운이 2013년 지출한 안전교육비는 54만 원뿐이었다. 이러한 상황에서 과연 선원들이 비상시 자신의 역할을 인지라도 할 수 있었을지 의문이 든다.

이처럼 선사의 비용 절감 노력, 이윤 추구를 위한 규정 무시는 세

---

4 청해진해운 재판 17차, 피고인 신문, 2014.10.24.
5 오하마나호가 세월호보다 과적에 대한 저항이 컸는데, 오하마나호의 선장은 정규직이었고 청해진해운에 근무한 기간이 매우 길었다고 한다. 고용형태의 차이 및 회사의 문화가 노동자들이 안전문제를 인식하고 처리하는 과정에서 어떤 영향을 줬는지는 이후에 규명되어야 할 중요한 과제다.

월호 참사가 일어나기까지 모든 단계에 영향을 미쳤다. 또한 노동자들을 과적에 저항하지도, 비상시에 대처하지도 못하는 위치로 전락시켰다. 재난안전을 사고할 때, 기업의 안전책임성을 어떻게 높일 것인지가 초점이 될 수밖에 없는 이유를 세월호 참사는 단적으로 보여준다.

과연 세월호 선원들이 과적에 대해 저항할 수 있었을까?

변호인 증인은 안전 관리 담당자인데 과적되고 있다는 사실을 알면서 과적하지 말라고 물류팀에 이야기한 적이 있나요.

안기현 없습니다.

변호인 왜 하지 않았지요.

안기현 물류팀에 말해봐야 기대한 효과가 없을 거 같아서 못했습니다.

변호인 해무팀 이사인 증인도 물류팀 과적 문제를 바꾸지 못하는데 선장이나 선원들은 당연히 못 바꾸겠네요.

안기현 ……그건 생각해본 적이 없습니다(오준호, 2015: 196~197에서 재인용).[6]

정부의 규제완화와 안전감독의 무력화

규제는 이윤 추구가 유일한 동기인 기업의 활동이 국민의 생명과 안전을 위협하지 않도록 해주는 기본적인 정책 수단이다. 또한 정부는 이렇게 정한 안전규정이 제대로 지켜지는지를 감독할 책임이 있다.

그러나 세월호 참사를 통해 정부가 오히려 규제완화로 국민을 위

---

6   선원 재판 11차, 증인 신문, 2014.8.26.

험에 노출시켰다는 것이 드러났다. 특히 선령제한 완화는 18년 된 중고 선박인 세월호의 도입을 가능하게 한 원인으로 꼽혔다. 2009년 선령제한이 최대 25년에서 30년으로 완화된 이후 중고 수입 선박 중 15년 이상 된 배의 비중은 29.4%에서 63.2%로 증가했고(주영순 의원실, 2014. 4.30), 선박 사고 건수도 더불어 증가했다(박형주, 2015.6.5).

정부는 선박 검사 기준 강화를 조건으로 선령제한을 완화했지만, 선박 검사 기준 역시 완화되었다. 2009년 '선박안전법' 시행규칙 개정으로 여객선 엔진 개방 검사 시기가 엔진 가동 시간 7000시간에서 9000시간으로 완화되었다. 또 해양경찰청은 2011년 1월 여객선 안전관리지침을 개정해 반기에 한 번씩 하는 노후여객선 특별점검 대상 선박을 선령 15년에서 20년으로 완화했다. 기준은 강화해놓고 검사 장비를 도입하지 않거나 인력을 늘리지 않아 집행되지 못한 경우도 있다. 2009년 국토해양부는 선령제한 규제를 완화하는 대신 선박 검사 기준을 강화하겠다며 '선령 20년 초과 내항여객선의 선박 검사 기준'을 마련했지만, 비파괴 내시경 검사 장비 2대와 두께측정기 5대를 도입했을 뿐이었다. 노후 선박 검사원은 1명도 늘어나지 않았다.

또한 수입된 중고 선박의 절반 이상이 개조된 것인데도 선박의 구조변경에 대한 규제는 미흡하기 짝이 없었다. '선박안전법'에는 '선박의 길이·너비·깊이 및 해양수산부 장관이 정하는 선박의 용도를 변경하는 경우'에만 해양수산부 장관의 허가를 받도록 규정되어 있다. 따라서 세월호처럼 객실을 증축하거나 좌우가 불균형일 때는 규제할 방안이 없었다.

안전감독 역시 무력화되어 있었다. 1970년에 일어난 남영호 사고이후 도입된 운항관리자 제도는 제대로 운영되지 않고 있었다. 운항관리자는 과적 여부를 검사하는 역할을 하며 선사의 안전규정 위반 시

출항을 정지할 수 있는 권한을 가지고 있다. 그러나 세월호는 기준보다 2배 이상 과적했는데도 그대로 출항할 수 있었다. 인천항 운항관리자가 배로 들어가 적재·고박 상태를 확인하지 않고 만재흘수선만 확인했기 때문이다. 하지만 이를 단순히 해당 운항관리자의 도덕적 해이로 보기에는 어려운 사정이 있었다. 1993년 서해 훼리호 사고 이후 운항관리자 수는 일시적으로 증가했으나 사고가 잊히면서 정부보조금이 줄고, 인원은 1996년 90명에서 2010년 62명으로, 3분의 2 수준으로 감소했다. 반면 여객선과 여객 수는 증가해 노동 강도가 높아졌다. 또한 운항관리자는 선사들의 이익단체인 해운조합에 속해 있어 출항정지권을 발동하기 어려웠다. 운항관리자에게 제출해야 하는 '출항 전 여객선 안전점검보고서'도 항상 편법으로 작성되었음이 밝혀졌다.

재난대응 실패

세월호 참사는 배가 순식간에 침몰한 서해 훼리호 참사와는 달리 사고 발생 후 침몰까지의 시간이 길었다. 배가 완전히 침몰하기까지 100여 분 동안 제대로 된 대처가 이루어졌다면 훨씬 많은 생명을 살릴 수도 있었을 것이다.

일단 분노는 선장과 선원들에게 쏠렸다. 승객 대피 조치를 전혀 하지 않은 채 자신들이 가장 먼저 빠져나왔기 때문이다. 다른 사례에 비추어보아도 승객의 상당수가 사망했는데 이렇게 많은 선원이 살아남은 것은 예외적인 상황이다. 따라서 분노도 컸고, 이러한 선택이 혹시 누군가의 명령을 받고 일부러 한 것은 아닌지 의문도 제기되었다. 이들이 조타실에 모여 있던 50여 분 동안 어째서 퇴선 명령을 하지 못했는지에 대해서는 좀 더 규명이 필요할 것이다. 다만 훈련 미숙으로 인한 패닉이 우리의 상상 이상이었고, 선박조직이 지휘체계가 무너졌을 때 합리적인 의사결정이 불가능한 구조가 아니었을지 추측해볼 수 있다. 실제 3등 기관사는 "배가 기울어지고 있어 일단 밖으로 나가서 물에 빠지는 게 낫지 않느냐"라고 말했지만 고참들이 만류하자 "배를 탄 경력이 20년이 넘는 분들의 말씀을 듣는 것이 맞겠다"고 생각해서 가만히 있었다고 증언하기도 했다(오준호, 2015: 288).

재난대응 실패에 대한 책임을 져야 할 사람들은 또 있다. 구조에 있어서 철저히 무능함을 보여준 국가기구다. 특히 해경은 많은 승객들이 선내에 있다는 사실을 초기에 파악했음에도 선내 진입이나 퇴선 방송을 하지 않았다(정은주, 2015.4.23). 해경 본청 상황실은 현장에 출동한 해경에게 제대로 된 지시를 내리기보다 'VIP' 보고를 위한 영상을 올리라고 지시하는 데 바빴다(김권식, 2015.4.23).

왜 해경은 제대로 대응하지 못했을까? 여기에도 근본적인 원인이 있다. 해경은 인명구조를 위한 조직이라기보다 중국 어선 단속을 위한 조직이었다. 목포해경 함정은 총 26척이며 경비 및 구난 구조용 함정은 20척이지만, 사고 당일에 123정을 제외하고 모두 불법 중국 어선 단속에 동원되어 있었다. 본래 사고 해역에 중형함정이 배치되었어야 했지만 중국 어선 단속 실적 앞에 이러한 규정은 무시되었다. 해경은 특공대는 키우고 수색구조계는 없앤 상황이었고, 인명구조를 위한 장비와 인원, 훈련 모두 부족했다. 감사원의 감사 결과, 서해청이 주관한 2010~2013년 합동 훈련의 양은 '연간 수색구조 훈련' 실시 기준의 57%에 불과했고, 본청과 서해청, 목포해경 상황실 요원들에 대한 정기적인 전문교육은 형식적으로 이루어졌다.

또한 구조 책임은 국가기관인 해경이 본래 기능을 회복하는 방향이 아니라, 오히려 더더욱 민간으로 떠넘겨지는 방향으로 진행되고 있었다. 2012년 '수난구호법' 개정으로 구조구난업체를 선사가 계약하게 한 것이다. 그렇게 해서 청해진해운은 언딘 마린 인더스트리와 계약했지만, 이들은 인명을 구조할 수 있는 업체가 아니었다.

안전한 사회를 위해 필요한 일

세월호 참사의 원인은 해양참사뿐 아니라 우리 사회 전반의 안전이 강화되기 위해서 필요한 점을 시사한다. 펼쳐지지 않은 세월호 구명정과 매장이 입점해 무용지물인 대형마트 방화셔터, 2003년 대구 지하철 화재 당시 '곧 출발할 테니 기다려달라'는 말과 2014년 4월 세월호의 '가만히 있으라'가 겹쳐지는 사회에서 어떻게 해야 시민의 안전을 보장받을 수 있을까?

기업의 책임 강화

사고 위험은 이윤을 극대화하려는 기업의 속성 때문에 커진다. 비용 때문에 안전장치를 설치하지 않거나, 인력을 줄여 안전수칙을 제대로 지킬 수 없게 하거나, 생산성을 높이라는 압박을 가해 노동자들이 위험을 무릅쓴 채 일하게 만들거나, 노동 강도를 강화해 노동자들이 실수할 확률을 높이는 식으로 충분히 막을 수 있었던 위험을 평범한 사람들에게 전가한다.

어떻게 하면 기업이 안전에 대한 책임을 스스로 강화하게 할 수 있을까? 세월호 참사 이후에 기업처벌법이나 징벌적 손해배상 제도 등 기업이 안전책임을 다하지 못했을 때 최고경영자를 처벌할 수 있게 하거나 기업 경영에 충분히 영향을 미칠 정도의 손해배상금을 청구하는 방안이 힘을 얻고 있다. 이는 현장책임자에게만 사고의 책임을 묻는 경우 해당 노동자만 대체될 뿐 기업의 구조 자체는 변하지 않는다는 점에 착안하여 안전정책의 결정권을 가진 지위에 있는 개인이나 기업 자체를 처벌하여 실질적인 변화를 가져오자는 아이디어다. 특히 이때 오늘날 기업의 위험관리와 대형사고의 복합성을 고려해야 한다. 제임스 리즌(James Reason)은 오늘날 일어나는 대형사고 대부분이 특정한 개인에게 책임을 돌릴 수 없는 '조직유발사고(조직사고)'라고 말한다.[7] 그런데 기업의 안전책임이 분업화되어 있을수록 재해사고가 일어났을 때 기업의 경영책임자에게 '과실'을 인정하기는 점점 더 어려워진다. 대기업의 CEO가 구체적으로 안전조치를 완화하라고 지시하지는 않는다. 그들은 청해진해운의 김한식 사장처럼 '열심히 하라'거나, '하루라도 빨리 완성된 건물을 보고 싶다'는 말 한마디만 던질 뿐이다. 하지만 기업의 경영책임자는 기업 내의 안전예방조치를 취할 의무를 지는 최종 책임자이기 때문에 재해 발생 시 기업의 경영책임자에게 확실하게 형사책임을 지워 스스로 사고에 대한 예방조치에 힘을 쏟을 수 있게 하는 것이 필요하다.[8]

기업에 대한 처벌방안 외에 위험 업무의 외주화 금지도 유력한 방안으로 떠올랐다. 인천공항 소방대는 전원 비정규직으로 유리창 하나

---

7   조직유발사고는 개인유발사고와 비교할 때 의미가 명확해진다. 개인유발사고는 개인의 비안전행동을 통해 발생하며 인과관계도 비교적 단순하다. 적신호에 횡단보도를 건너다가 일어난 교통사고, 물놀이 안전수칙을 지키지 않아 발생하는 안전사고 등이 이에 해당된다. 일상 속에서 발생하는 수많은 사고는 대부분 개인유발사고이며, 조직유발사고와 비교했을 때 수적으로 절대적 우위를 차지한다.

8   이러한 구상이 현실화되어 2015년 7월 22일에 '중대재해 기업처벌법'이라는 이름으로 입법 청원이 이루어졌다. 세월호 참사를 겪은 19대 국회가 이 법안을 통과시킬지 주목된다.

도 마음대로 깰 수 없고, KTX 승무원들은 안전교육을 서류상으로만 받고 있다는 점이 세월호 참사 이후 드러났다. 특히 KTX 승무원의 경우 간접고용 논란을 피하기 위해 일부러 안전교육을 실시하지 않는다 (정인환, 2014.5.16). 대중교통의 정비업무 외주화도 심각하다. 철도의 정비 업무를 담당하는 외주회사인 코레일테크는 직원의 90%가 비정규직이다. 화학물질을 다루는 공장의 설비 및 보수 업무는 대부분 외주화되어 있고, 건물의 전기·가스·냉동설비 등 각종 안전에 관한 업무도 단순작업으로 분류되어 외주화되고 있다. 유해위험 작업을 외주화하면 원청회사는 비용을 줄일 수 있을 뿐 아니라 사고 책임에서도 면책될 가능성이 크다. 그러다 보니 원청회사는 안전설비 강화 대신 외주화를 선택하고, 사고 책임은 하청업체와 노동자, 시민에게 돌아오는 것이다. 이를 예방하기 위해 위험 업무의 외주화를 금지해야 한다.

규제완화와 민영화 기조의 수정

앞서 살펴본 선박과 관련된 규제완화는 선주들의 로비로만 가능했던 것이 아니다. '규제는 없어져야 한다'를 기본 철학으로 끊임없이 규제완화를 추진해온 정책 흐름 속에서 이루어진 것이다. 무조건적인 규제완화는 안전한 사회를 만드는 방향과 완전히 배치된다. 정부는 세월호 참사 이후 '안전규제'는 완화하지 않겠다고 했지만, 여전히 규제완화는 선이라는 방향하에서 정책이 추진되고 있다.

규제완화를 기조로 한 법과 제도는 여전히 건재하다. '기업활동규제완화에 대한 특별조치법'(1993년 제정)은 50여 개 항 중 26개에서 안전 관련 규제완화 조항을 포함하고 있다. 이 법으로 인해 안전관리자의 선임기준과 의무고용이 완화되었고, 안전관리자 수도 대폭 축소할 수 있었다. '행정규제 기본법'(1997년 제정)은 법령과 조례, 규칙을 대상으로 규제완화를 시도했고 규제개혁위원회는 안전과 관련한 규제를 없애거나 수정함으로써 안전대책을 무력하게 만들었다. 이처럼 규제완화를 뒷받침하는 법과 제도를 근본부터 다시 검토할 필요가 있다(최명선, 2014).

이 외에도 정부는 새로운 규제를 신설할 경우 기존의 규제를 없애는 등으로 규제 비용의 총량을 맞춰야 하는 규제비용총량제를 도입하려고 한다. 이는 안전에 대한 규제를 신설하기 더더욱 어렵게 만드는 일이다. 앞으로 규제완화라는 정책기조가 바뀌지 않는다면 세월호 참사로 인해 제기되었던 몇몇 선박안전규제도 잠시 강화되었다가 다시 완화될 것이다.[9] 규제는 일반적으로 공공성, 안전, 사회적 약자, 환경 등을 지키기 위해 존재한다는 점을 다시 확인해야 한다.

정부의 안전대책이 안전산업 육성에 맞춰져 있다는 것도 문제다. 정부는 안전 분야 투자에 기업의 참여를 유도하여 정부 예산의 한계를 보완하고, 안전점검과 안전교육 등을 책임질 민간 전문업체들을 키우고, 재난재해 보험상품에 가입하도록 유도하려고 한다. 그러나 이렇게 철저히 경제 논리로 구성된 안전산업 육성 방안이 현실화된다면 우리는 안전한 삶을 위해 전문업체에 돈을 내고 안전 서비스를 구입하거나 재난 대비 보험에 가입해야 할 것이다. 이는 '안전'을 공공의 영역에서 개인의 책임으로 내모는 것이다. 안전산업 육성으로 안전문제를 풀겠다는 것은 '이제부터 국가는 안전을 책임지지 않겠다'고 선언하는 것과

---

9 서해 훼리호 참사 이후에 취해진 안전조치를 생각해보면 쉽게 예측할 수 있다. 김영삼 정부는 훼리호 사고 이후 노후 선박 문제를 개선하겠다고 했지만 그 이후로 선령제한은 단 한 번도 강화된 적이 없다. 안전관리감독을 담당하는 운항관리자 역시 일시적으로 증가했다가 다시 감소했다.

다름없다. 안전산업 육성이 아니라 공공성이 강화되는 방향으로 안전 정책이 마련되어야 한다.

인력 충원 및 노동자의 권한 강화

시설, 교통수단 등을 직접 운용하는 위치에 있다는 점에서 노동자들의 역할은 매우 중요하다. 일단 노동자들의 실수나 잘못을 줄인다면 수많은 사고를 예방할 수 있다. 또 노동자들은 가장 가까이에서 시설을 점검하고 운용한다는 점에서 위험신호를 가장 먼저 발견할 수 있다. 삼풍백화점의 균열은 시설관리 노동자들이 가장 먼저 경고했으며, 세월호 역시 기관사들이 배의 복원력에 심각한 문제가 있다는 점을 알고 있었다. 또한 노동자들은 위험이 발생했을 때 가장 잘 대처할 수 있는 안전인력이기도 하다.

정상사고론을 이야기한 찰스 페로(Charles Perrow)는 사고 원인을 찾을 때 노동자의 단순한 실수와 강제된 실수를 구분해야 한다고 주장한다. 연속 14시간 노동한 선원이 졸거나 시간에 쫓기며 일할 수밖에 없어 안전수칙을 지키지 못하는 것은 단순한 실수가 아니라 강제된 실수라는 것이다(페로, 2013). 강제된 실수는 최소한의 인력으로 작업장을 유지하고자 할 때 자주 발생한다. 따라서 안전을 지킬 충분한 인력을 보장하는 것은 사고 예방에서 핵심이다.

또한 노동자들에게 '작업중지권'이 보장된다면 수많은 사고들을 예방할 수 있을 것이다. 세월호의 선장과 선원들이 이렇게 과적한 배를 출항시킬 수 없다고 거부할 수 있었다면 세월호 침몰을 막을 수 있었을 것이다. 작업중지권은 이미 '산업안전보건법' 26조[10]에 따라 보장되어 있는 권리이지만, 실제 노동자들이 이를 사용할 수 있는 경우는 거의 없다. 회사의 징계 등 불이익이 뒤따르기 때문이다.

재난 예방 및 대응 시스템의 개선: 시민 참여를 중심으로

마지막으로 재난의 예방, 대비, 대응, 복구의 전 과정이 피해자와 시민들이 참여할 수 있는 시스템으로 바뀌어야 한다. 이미 다양한 영역에서 이를 현실화하기 위한 운동이 진행되고 있다.

이미 상당한 성과를 낳고 있는 분야 중 하나가 화학물질 알권리 보장을 위한 운동이다. 화학물질에 대한 알권리는 삼성전자 노동자들의 백혈병 문제와 최근 빈발한 화학물질 누출사고 등의 재발방지방안을 고민하면서 제기되었다. 기업이 사용하는 화학물질은 보통 영업 비밀을 이유로 이를 사용하는 노동자나 공장 주위의 주민들에게 정보가 전혀 제공되지 않는 경우가 많다. 어떤 화학물질이 사용되는지를 알고 이를 감시할 권리가 노동자와 주민에게 있으며, 법제도적 장치를 마련

---

10 제26조(작업중지 등) ① 사업주는 산업재해가 발생할 급박한 위험이 있을 때 또는 중대재해가 발생하였을 때에는 즉시 작업을 중지시키고 근로자를 작업장소로부터 대피시키는 등 필요한 안전·보건 상의 조치를 한 후 작업을 다시 시작하여야 한다.

② 근로자는 산업재해가 발생할 급박한 위험으로 인하여 작업을 중지하고 대피하였을 때에는 지체 없이 그 사실을 바로 위 상급자에게 보고하고, 바로 위 상급자는 이에 대한 적절한 조치를 하여야 한다.

③ 사업주는 산업재해가 발생할 급박한 위험이 있다고 믿을 만한 합리적인 근거가 있을 때에는 제2항에 따라 작업을 중지하고 대피한 근로자에 대하여 이를 이유로 해고나 그 밖의 불리한 처우를 하여서는 아니 된다.

④ 고용노동부장관은 중대재해가 발생하였을 때에는 그 원인 규명 또는 예방대책 수립을 위하여 중대재해 발생 원인을 조사하고, 근로감독관과 관계 전문가로 하여금 고용노동부령으로 정하는 바에 따라 안전·보건진단이나 그 밖에 필요한 조치를 하도록 할 수 있다.

⑤ 누구든지 중대재해 발생현장을 훼손하여 제4항의 원인조사를 방해하여서는 아니 된다.

해 이를 보장하는 것으로부터 사고예방과 비상대응대책 수립이 시작된다는 점이 '알권리 보장'의 핵심 주장이다. 이미 미국 캘리포니아 주에서는 1986년 주민발의 65호를 제정하여 제품에 어떤 독성 성분이 기준치를 넘어 함유되어 있으면 소비자에게 알리고 주민들이 기업을 상대로 소송할 수 있도록 한 바 있다. 한국에서도 지역별 조례에서 유사한 법들이 제정되고 있다. 알권리 보장이 더 많은 분야와 지역으로 확대되어야 한다.

이 외에도 지역안전관리 시스템과 공공다중이용시설 안전에 시민들이 참여할 수 있도록 시민참여위원회를 만들거나, 핵발전소 신규 부지 선정, 가동 연장 등 중요한 정책 결정 시 주민 참여를 제도화하는 것 역시 재난대응 시스템에 시민 참여를 보장하는 유의미한 방안이라 할 수 있다.

또한 세월호 참사는 중립적이고 독립성이 보장된 사고조사위원회의 필요성을 제기했다. 사고조사위원회는 사고의 원인을 규명하고 재발을 막기 위한 핵심적인 역할을 수행한다. 한국에서는 항공·철도조사위원회가 항공기와 철도·지하철 사고를, 해양심판원이 해양사고에 대한 조사를 담당하지만, 책임자를 가려 처벌하기 위한 검찰조사가 사고의 원인규명과 동일시되는 경우가 많다. 그러나 검찰조사는 처벌 가능한 개인에게 초점을 맞춘다는 점에서 한계가 있다. 경미한 사고부터 대형사고까지 사고 원인을 분석하고 끊임없이 재발방지대책을 마련할 수 있도록 사고조사위원회의 역할이 자리매김되어야 한다.

기업은 책임을, 정부는 규제를, 시민은 감시를

세월호 참사를 통해 드러난 안전문제는 단기간에 해결되지는 않을 것이다. 이 글에서 지적된 문제점은 더 깊이 연구되어야 하고, 제안은 더 구체적이어야 한다. 이를 위해 시급히 필요한 기본 과제들을 언급하면서 이 글을 마무리하고자 한다.

일단 현재 정부가 추진하고 있는 안전대책부터 점검할 필요가 있다. 안전대책에 대한 점검은 두 방향에서 이루어져야 할 것이다. 첫째는 안전대책의 방향성 문제다. 해양수산부는 초기에 연안여객선 준공영제를 검토했으나, 예산 문제로 시행이 어렵게 되자 일부 보조항로를 제외한 연안여객선 노선에 경쟁체제를 도입하고 선사 규모를 대형화하여 안전을 도모하는 방안을 더욱 강조하고 있다. 이러한 방향은 비단 연안여객선뿐만 아니라 전반적인 안전대책을 관통하는 것인데, 이러한 안전대책의 방향성이 올바른가부터 검토할 필요가 있다. 둘째로는 계획으로만 제출되고 시행되지 않고 있는 대책이 무엇인지 조사하여 이들이 제대로 시행되도록 해야 한다. 노후 선박 문제 해결이나 과적 근절 등은 1993년 서해 훼리호 침몰 사고 당시에도 언급되었다. 하지만 오히려 그 이후 선령제한은 완화되고 과적 관행은 전혀 근절되지 않았다. 해양수산부에서 제출할 연안여객선 현대화 계획이 업계의 이익만을 보장하는 것이 아니라 실제로 실효성이 있는지, 과적 근절을 위해 이미 도입되었다고 밝힌 제도가 실제로 지켜지고 있는지 점검·감시하여 안전대책이 다시 역행하지 않도록 해야 한다.

규제완화 및 민영화·외주화 문제도 마찬가지다. 세월호 참사 이후 정부는 경제적 규제는 철폐하고 국민의 생명 및 안전과 관계된 사회적 규제는 합리적으로 운영하겠다는 방침을 내세웠다. 그러나 2014년 11월 새누리당은 규제비용총량제 도입과 규제개혁위원회 강화 등의 내용이 포함된 '국민행복과 일자리 창출·국가 경쟁력 강화를 위한 규제개혁에 관한 특별법' 제정안을 발의했고, 2016년 2월에 박근혜 대통령은 '일단 모두 물에 빠뜨려놓고 꼭 살려내야만 할 규제만 살려야'

한다는 발언을 하기도 했다. 또한 정부는 안전업무를 외주화하지 않겠다고 하면서, '안전업무'의 범위를 항공기 조종사, 철도 기관사 및 관제사 등으로 매우 좁게 설정하여 공항소방대나 KTX 승무원, 화학물질을 다루는 노동자 등 위험 영역에 종사하거나 안전을 담당하는 수많은 노동자들을 여전히 외주로 사용할 수 있도록 하고 있다.

정부의 언행불일치는 왜 생겨나는 것일까? 이 역시 구체적으로 규명되어야 하겠지만, 아무래도 정부는 위험 창출자인 기업을 제대로 감독하거나 규제할 마음이 없는 것 같다. 그렇다면 결국 산업현장에서 가장 먼저 위험에 처하는 노동자들과, 대형사고가 발생했을 때 큰 피해를 입을 수밖에 없는 평범한 시민들이 기업을 통제할 제도를 만들고, 정부가 제대로 된 역할을 하도록 목소리를 높이는 수밖에 없지 않을까. 그것이 불확실한 재난의 시대를 살아가는 우리가 안전을 위해 해야 할 가장 기본적인 의무이자 권리일 것이다.

2

김한균

세월호 참사에서 국가범죄와 희생자의 권리

세월호 참사는 "이것이 과연 국가란 말인가?"라는 참담한 물음을 던진다. 국가의 무능과 무책임이 범죄라 할 만한 정도가 아닌가 하는 탄식이다.

세월호 참사는 일회적 사고가 아니라, 사고와 사건이 겹쳐진 참사 (박민규, 2014)다. 세월호 참사는 2014년 4월 16일 참사가 발생한 시점부터 현재까지 여전히 진행되고 있는 장기적 사태다. 당일 희생자들만 피해자가 아니다. 이후에도 동일한 원인의 각종 대형사고로 대량 인명 피해가 되풀이되었다. 세월호 참사 진상규명과 피해해결이 부진한 가운데 증폭되어온 정부에 대한 불신과 사회적 불안 역시 국가의 책임이고 국민들이 입은 피해다. 실로 세월호 참사를 상징하는 '4·16'은 '사

---

*   이 글은 필자의 논문, 「피해자를 위한 나라는 없다: 국가범죄피해자학적 관점에서 본 세월호참사 대응과제」, ≪민주법학≫, 제58호(2015)의 내용을 일부 수정·보완한 것이다.

고 발생-대책 실패(구조·피해수습·진상규명·안전제도 개선)-사고 반복-사회적 불안의 연쇄'로 구성되는 하나의 사회적 참사현상을 가리키는 기호가 될 수 있다. '9·11'이 테러 이후 변화한 세계를 상징하는 기호가 된 것과 마찬가지다.

물론 국가가 모든 사고의 발생을 막을 수는 없다. 그러나 그 진상과 원인을 규명하여 대책 실행과 피해 수습을 통해 참사의 반복을 예방하고 더 안전한 사회를 보장해야 하는 책임만큼은 피할 수 없다. 책임 있는 역할을 다하지 못한 국가는 무능하거나 아예 없는 것이나 마찬가지다. 심지어 국가가 안전을 지켜주는 역할을 다하기를 바라는 피해자들과 국민의 요구를 지속적으로 왜곡하거나, 진상파악과 대책실행을 소극적으로 회피하거나 적극적으로 방해한다면 범죄적이다. 따라서 4·16 참사는 사고가 아니라 범죄적 사태이기 때문에 국가의 가해책임과 피해자 권리보장의 문제를 제기해야 마땅하다.

4·16 세월호 참사 피해의 본질과 특성

2014년 4월 16일 참사의 직접적인 피해는 인명피해와 재산손실이다. 그래서 법적인 4·16 참사 피해자 개념은 참사 당시 세월호 희생자(사망·실종자)와 그 밖의 승선자, 희생자의 가족에 한정된다.[1] 이에 비해 2014년 7월 세월호 사고 희생자·실종자·생존자 가족 대책위원회가 대한변협, 민변, 세월호 참사 국민대책회의와 함께 제안한 '4·16참사

---

1   '4·16 세월호 참사 피해구제 및 지원 등을 위한 특별법' 제2조 제3호; '4·16 세월호 참사 진상규명 및 안전사회 건설 등을 위한 특별법' 제2조 제3호.

진실규명 및 안전사회 건설 등을 위한 특별법안'에 따르면, 4·16 참사 피해자는 '세월호 희생자, 상해, 질병, 후유장애를 입은 승선자, 희생자와 부상 승선자의 가족'뿐만 아니라 '참사 당시 단원고등학교 학생 및 교직원, 세월호 화물적재로 물적 피해를 입은 자, 그 밖에 진도 어민, 안산 시민 등으로 4·16 참사와 관련하여 직간접적인 피해를 입은 자'(안 제2조 제2호)를 포함한다. 이를 비교해볼 때, 가족대책위원회 특별법안의 피해자 개념이 4·16 사태의 사회적 진실에 더 가까운 내용을 담고 있다.

세월호 참사 피해는 순수 피해자라는 통념에서 비롯되는 폭력, 국가기관에 의한 '2차 피해', 피해경험 반복의 형태들로 나타난다. 이는 국가폭력범죄의 피해 특성에 상응하며, 따라서 세월호 참사를 국가범죄[2] 차원의 관점에서 분석할 근거가 된다.

순수 피해자라는 통념에서 비롯되는 폭력

범죄 피해자에 대한 왜곡된 통념은 그 자체로 피해자에게 폭력적이다. 그런 통념에 사로잡힌 자들은 이른바 '순수 피해자'라면 수사와 처벌 과정에 참여하고 의견을 제시하고 나설 생각은 하지 않아야 한다고 여긴다. 피해자 스스로 자력구제를 하려 들어서도 안 되고, 진상규명을 고집하면서 집단적으로 의사를 표시하는 통에 가족 친지와 마을 사람들을 갈등과 분열로 몰아넣어서도 안 된다. 그저 각자 슬픔과 실의에 잠겨 '가만히 있어야' 한다. 국가의 처분을 기다리되, '일반인'의 개입은 마다해야 한다는 것이다.

---

2   국가범죄라 함은 국가권력에 의한 중대한 인권유린행위를 뜻한다(이재승, 2010: 17).

세월호 참사 피해자(유가족)들도 순수 피해자일 것을 요구받는다 (JTBC, 2014.5.9). 이러한 통념의 폭력을 악용하거나 강화하는 국가기관의 태도는 진상규명을 관철하고 국가에 책임을 분명히 묻고자 하는 피해자, 그리고 피해자와 연대하는 국민들을 분열시키고, 피해자의 위치를 단순한 피해배상의 개별 대상으로 묶어두려는 부당한 행위다.

국가기관에 의한 '2차 피해'

이 같은 부당한 행위를 더 구체적으로 개념화하면 2차 피해의 문제가 된다. 범죄피해 사후 사법기관, 언론, 의료기관, 주변인의 부정적 반응으로 피해자가 정신적·사회적 피해를 입는 경우를 2차 피해라고 한다.

국가기관은 세월호 참사 피해자가 피해해결의 최우선 과제로 요구하는 진상규명을 사고를 일으킨 회사 직원과 감독을 담당한 공무원을 수사하고 처벌하는 문제로 축소시키고 있다. 진상조사를 위한 법제와 조사기구 활동도 장벽에 가로막혀 있다. 이른바 세월호 특별법을 만드는 과정에서 국가의 소극적 태도는 사회의 분열적 상황을 심화시켰다. 또한 진상규명과 피해배상의 선후관계를 무시하는 태도로 피해자들을 더욱 고통스럽게 만들고 있다. 특히 진상규명을 요구하는 피해자와 시민들의 행동을 사찰하고 통제하는 경찰력의 과도한 행사는 국가기관의 세월호 참사 피해자에 대한 부당한 태도를 여실히 보여준다.

피해 재경험의 구조적 반복

카이스트 재난학 연구소[3]가 4·16 참사 이후 대형사고 10건을 재난학적으로 원인 분석한 결과에 따르면, 대형사고의 반복은 "관행적으로 불법을 눈감아주는 행위", "대충대충식 관할당국의 조직문화", "담당인력 부족을 이유로 일상적 점검에 소홀"(≪중앙일보≫, 2015.4.17)이 주된 원인이다. 대형사고의 반복은 구조적 요인에서 비롯되는 것이며, 그 구조를 해소하지 못하는 국가는 책임을 면하기 어렵다.

더구나 재해나 범죄로 인한 죽음을 목격하거나 심각한 폭력을 겪은 피해자들에게는 여러 가지 방식으로 피해경험이 되풀이된다. 비슷한 사건만 봐도 심한 심리적 고통이나 신체적 반응이 나타날 수 있다. 4·16 참사 역시 원인이 규명되고 구조적 요인이 해소되지 않으면, 새로운 피해자가 거듭 나타나면서 종래 피해자들에게도 피해경험을 반복적으로 겪게 하는 또 다른 피해를 가하게 된다. 대형사고의 반복을 막지 못하여 피해경험을 악화시키는 국가는 책임을 져야 한다.

국가폭력범죄 피해 특성과의 비교

세월호 참사 피해는 국가폭력범죄 피해 특징과 동일대응관계(유비관계)에 있다. 즉, 국가폭력범죄는 광범한 지역, 시간, 사람에 걸쳐 발생할 수 있다. 국가폭력의 종류와 내용이 다양한 만큼 그 피해도 다양하게 나타난다. 피해의 정도가 심각한 반면, 광범위하고 장기간 계속되기 때문에 피해에 대한 명확한 책임규명은 어려울 수 있다. 국가기관의 업무를 위한 행위였다고 주장할 경우, 직접적인 가해행위자 개인에게 피해배상을 요구하기 곤란하다. 국가폭력범죄 피해자는 일반적인 피해자처럼 대응하기도 힘들고 일방적으로 피해를 당하므로 피해자 본인과 가족까지 피해상황에 깊숙이 빠져버린다(박기석, 2012: 320~324; 정지운, 2007: 188~189).

---

3   http://civil.kaist.ac.kr/korean/research03.html(검색일: 2015.6.26).

4·16 참사의 피해는 주로 일정 지역의 특정 집단에서 시작되어 전국적인 현상이 되었으며, 지금까지처럼 앞으로도 반복되리라는 두려움의 형태로 널리 퍼져나간다. 가해의 책임은 여전히 불투명한 상태인 데다가, 범죄에 대한 책임을 묻고 피해배상을 요구할 대상을 가리지 못하고 있기 때문이다. 피해자를 위해 책임지는 국가의 존재를 찾기 어려운 가운데, 세월호 참사 피해자는 회복되기 어려운 피해상황으로 더 내몰린다.

4·16 세월호 참사 피해에서 국가책임의 본질과 특성

4·16 참사 발생 이후 진행되는 상황에 따라 국가에게 물어야 할 책임도 단계적으로 쌓인다. 세월호 침몰 사건이 세월호 제1사태라면, 제1사태 직후부터 정부가 보여준 무력과 파행은 세월호 제2사태다. 진상조사, 참사예방과 대응제도 구축, 피해자 보호와 배상을 둘러싸고 세월호 제3사태가 이어진다(김훈, 2015.1.1).

4·16 사태 전반에 걸쳐 국가책임의 양상은 두 가지로 나타난다. 하나는 사고방지와 구조 및 수습실패에 대한 일차적 책임이다. 이것은 국가기관의 무능에 대한 책임이다. 다른 하나는 피해자 보호와 지원의 책무[4]를 다하지 않은 책임이다. 이것은 피해자 보호를 국가의 책무로 규정한('범죄피해자보호법 제4조') 법 위반의 책임이다. 구체적으로 보면 4·16 시대에서 구조책무를 방기한 책임이 있다. 이이서 진상규명과

---

4 '범죄피해자보호법' 제4조.

피해배상의 책무를 진압적 통제로 갈아치운 책임이 있다. 국가가 책임져야 할 피해자에 대한 보호 의무를 저버린 책임을 저야 한다.

구조책무 방기와 진압적 통제의 책임

4·16 참사에 10년 앞선 2005년 미국 뉴올리언스에서 발생한 허리케인 카트리나로 인한 참사는 4·16 사태에서 한국의 국가기관, 일부 정치집단, 언론이 보여준 양상과 너무나 흡사하다.

카트리나가 닥쳤을 때 대중매체는 미쳐갔고, 다수의 권력자와 총을 가진 일부 남자들 집단도 그랬다. 그들은 수적으로 소수였지만, 재난의 모습을 결정하는 데, 더 정확하게는 재난 위에 인간이 만들어낸 재앙들을 켜켜이 쌓는 데 커다란 역할을 했다(솔닛, 2012: 398).

허리케인 카트리나가 뉴올리언스를 덮쳤을 때, 인근 지역과 멀게는 텍사스에서 보트를 소유한 수많은 사람들이 뉴올리언스로 달려와 고립된 사람들을 구조한 덕분에 수천 명이 목숨을 건졌다. 반면 경찰과 방범대원, 정부 고위관료, 대중매체는 뉴올리언스 시민들이 너무 위험해[5] 침수된 도시에서 대피시킬 수 없으며, 심지어 병원에 있는 환자들조차 구조할 수 없다고 수색과 구조작업을 중단하는 바람에 수백 명이 목숨을 잃었다(솔닛, 2012: 394).

재난과 참사 앞에 무능하고 부패한 정부들은 공통된 구조적 특성

---

5   당시 고립된 시민들은 폭력과 약탈을 자행하는 폭도로 매도되고 있었다

을 보여준다. 또한 이러한 구조적 특성은 특정해서 책임을 물을 수 있는 지위에 있는 자들을 통해서 구현된다.[6] 국가의 무능에 대한 책임을 구체적으로 물어야 하며, 또 물을 수 있는 이유가 여기에 있다.

.

> 부시 행정부가 연방재난관리청의 역할을 축소시킨 조치 또한 거의 분명한 간접살인이었다. 연방재난관리청은 뉴올리언스에서 사람들을 대피시키는 데 워낙 무기력한 모습을 보여, 만일 국토안보부 산하의 이 기관이 구호물자와 구조 인력을 한사코 거절하지 않았다면 사람들은 재난관리청을 그저 철저히 무능한 기관이었거니 생각했을 것이다(솔닛, 2012: 388).

그리고 그 무능은 '간접살인'에 다름없다는 지적이 나올 만큼 범죄적인 수준이었다. 4·16 사태의 경우도 마찬가지다.

> 카트리나의 피해자는 골칫거리나 괴물로 간주되었고 당국의 대응 방침이 구조에서 통제로 바뀌었으며 때로는 더 심한 대응도 있었

---

6 "대통령, 주지사, 시장은 카트리나 사태에 대처해야 할 책임자들이었다. …… 뉴올리언스 시장은 긴박했던 순간 자리를 비우고, 대피명령도 내리지 않아 모든 구조장비와 인력을 무용지물로 만들었다. 루이지애나 주지사는 연방재난관리청(FEMA)이 미숙하게 대응한다고 연방정부만 탓했다. 주지사는 여론 압력에도 불구하고 재해대책 지휘권을 연방정부에 넘기지 않아 혼선까지 자초했다. …… FEMA 역시 구조대인과 물자를 현지에 보내는 결정을 차일피일 미루었다. 부시 행정부는 법률상 주정부와 지방정부가 초기 재해 대책을 책임지며 연방정부는 요청이 있을 경우 지원하는 역할만 한다고 뒤로 물러섰다. …… 뉴올리언스가 무법천지로 변했지만 부시 대통령은 흑인 탄압이란 정치적 부담을 우려해 군대투입마저 주저했다"(박현수, 2014.6.16).

다. 카트리나는 여러 재난이 겹친 재난이었다. 폭풍우라는 자연재해가 있었고, 엄밀히 말하면 자연재해가 아닌 제방 붕괴가 있었으며, 대피와 구조를 제공하기를 거부하거나 실패한 각급 당국으로 인한 사회적 피해도 있었고, 시당국에 이어 주정부와 연방정부가 피해자들을 범죄자로 간주하고 뉴올리언스를 감옥도시로 만들어버린 오싹한 참화도 있었다(솔닛, 2012: 351).

특히 구조실패에서 진압적 통제로 전환하는 양상은 국가의 무능이 폭력으로 전환된다는 사실을 보여준다. 즉, 국가의 무능을 폭력으로 가리려 한다면, 국가폭력범죄의 문제로 전화(轉化)할 수 있다. 나아가 바로 이러한 진압적 통제로의 전환은 국가(기관)범죄 피해자를 법적 피해자가 아니라 가해자로 역전시키기도 한다. 4·16 사태에서 국가가 피해자를 대하는 방식의 특징이다.

따라서 이들은 국가로부터 보호 또는 배상을 받아야 할 피해자가 아니라 '사회에서의 요주의 인물 또는 사회의 질서를 해치는 자로 평가받음으로써' 피해자의 지위조차 갖지 못한다(정지운, 2007: 189). 국가는 4·16 피해자들을 사회질서를 해치는 가해자로 역전시켜버린 책임 역시 면하기 어렵다.

피해사태의 왜곡 은폐와 피해자 권리침해의 책임

따라서 세월호 참사의 진상과 피해실태가 분명하게 밝혀져야 함은 물론이다. 이는 재발방지와 안전강화를 위한 제도개선과 피해배상 및 회복의 출발점이기 때문이다. 진상규명에 소극적이거나 피해사태를 왜곡하거나 은폐하는 국가는 안전대책과 제도개선, 피해배상 및 회복을 위한 실천의지가 없음을 자인(自認)하는 셈이다.

첫째, '범죄피해자보호법'에 따르면, 범죄 피해자는 피해상황에서 빨리 벗어나 인간의 존엄성을 보장받을 권리가 있다(제2조 제1항). 피해상황을 빨리 벗어나려면 진상규명과 피해배상이 이루어져야 한다. 이를 거부하거나 방해하는 국가는 피해상황 속에 세월호 참사 피해자들을 가두어둠으로써 인간 존엄성을 보장받을 권리를 침해한다. 구체적으로는 피해자가 참사의 원인과 책임소재를 알고자 하는 권리, 적절한 배상을 적절한 시점에 받을 수 있는 권리를 인정하지 않는 것이다.

둘째, 범죄 피해자의 명예와 사생활 평온의 보호는 국가(제4조)와 지방자치단체(제5조)와 국민의 책무(제6조)다. 배상금을 흥정하고 피해자를 진압대상의 시위대로 낙인찍는 국가는 세월호 참사 피해자의 명예와 사생활의 평온을 해함으로써 피해자에 대한 책무를 부인한다.

셋째, 범죄 피해자는 해당 사건과 관련하여 각종 법적 절차에 참여할 권리가 있다(제2조 제3항). 진상조사기구 구성과 운영에서 세월호 참사 피해자를 배제함으로써 국가는 법적 절차에 참여할 범죄 피해자의 권리를 거부한다. 따라서 국가책임의 관점에서 피해자 권리침해의 문제가 제기된다.

국가가 책임져야 할 행위로 피해를 당한 사람에 대한 보호의 책임

'범죄피해자보호법'상 범죄 피해자는 타인의 범죄행위로 피해를 당한 사람을 뜻한다(제3조 제1항 제1호). 여기서 타인은 자연인이므로, 자연인의 범죄행위가 아니라 국가기관에 의해 자행된 범죄의 피해자에 대해서도 국가의 범죄 피해자 보호 책무(성시운, 2007: 181)가 인정될지는 법해석상 문제의 소지가 있겠다. 무능과 불법으로 피해를 초래한 국가가 그 피해자를 역시 보호하고 지원할 책임도 지는, '병을 주고 약도 주는' 이중의 역할을 과연 부담할 만한지 의문을 가질 법도 하다.

다만, 2015년 1월 '4·16 세월호 참사 진상규명 및 안전사회 건설 특별법'과 2015년 3월 '4·16 세월호 참사 피해구제 및 지원 특별법'은 국가책임 관점에서의 피해해결이라는 요소를 배제한 채 진상규명 및 안전대책과 피해구제 및 지원을 분리하여 법제화했다. 이로써 '진상규명 – 책임관철 – 피해배상'의 정당한 연쇄를 끊어버리고, 진상규명과 피해구제가 서로 단절된 틈새로 국가책임이 실종될 우려가 있다.

또한 '4·16 세월호 참사 피해구제 및 지원 특별법'은 '범죄피해자 보호법' 규정[7]의 취지에 따라 신체적·정신적·경제적 피해를 입은 사람 등에 대한 신속한 피해구제와 생활 및 심리안정 등의 지원을 통하여 피해지역의 공동체 회복을 도모(제1조)하기 위한 국가의 책무로서 피해자 및 피해지역에 대한 종합적인 시책을 수립·시행할 것을 규정(제3조 제1항)했다. 그 종합적 시책의 내용은 배상과 보상(동법 제2장), 피해자 및 피해지역 지원(제3장), 추모사업(제4장) 등인데, 이 부분에서도 국가는 무력과 파행의 책임을 면할 길이 없다.

4·16 세월호 참사 피해자의 보호: 피해자의 권리와 참여

국가에 대한 피해자의 권리

세월호 참사 피해자가 국가에 대해 주장할 수 있는, 즉 '4·16 세월호 참사 피해구제 및 지원 특별법'상 국가가 보장해야 할 권리의 목록

---

7   '범죄피해자보호법'상 국가의 책무는 범죄 피해자 보호·지원 체제의 구축 및 운영, 보호·지원을 위한 실태조사, 연구, 교육, 홍보, 관계 법령의 정비 및 각종 정책의 수립·시행이 내용이다(제4조).

을 제시해보면 다음과 같다.

첫째는 손실보상의 권리다. 세월호 참사와 관련된 구조 및 수습에 직접 참여하거나 어업활동 제한으로 피해를 입거나 수색작업으로 피해를 입은 어업인, 어업생산피해 및 수산물 판매 감소로 피해를 입은 진도군 거주자는 손실을 보상받을 권리가 있다(제7조).

둘째는 배상금·위로지원금의 권리다. 피해자는 세월호 참사로 인하여 발생한 손해에 대한 법령에 따른 손해배상금, 위로지원금을 지급받을 권리가 있다(제6조).

셋째는 생활지원금의 권리로, 피해자는 생활지원금, 의료지원금을 지급받을 권리가 있다(제23조).

넷째는 심리상담 지원, 심리적 증상 검사 및 치료를 받을 권리다. 피해자는 심리상담, 일상생활 상담, 세월호 참사로 인해 악화된 심리적 증상에 대하여 의학적 검사 또는 치료지원을 받을 권리가 있다(제24, 25조).

다섯째는 치유휴직의 권리다. 피해자는 세월호 참사로 인한 신체적·정신적 피해를 치유하기 위한 치유휴직의 권리가 있으며, 국가는 사업주에게 고용유지비용을 지급해야 한다(제26, 27조).

여섯째는 교육비 지원금의 권리로, 피해자는 수업료를 지급받을 권리가 있다(제28조).

일곱째, 긴급복지 지원의 권리다. 피해자는 피해회복 관련 활동으로 자녀에 대한 돌봄 공백이 발생한 경우, 친권자가 희생된 미성년인 경우 보호와 지원을 받을 권리가 있다(제29조).

그리고 4·16 세월호 참사 특별법에서 특별한 점은 피해자 권리로서 피해지역[8]의 권리를 인정하는 규정들이다. 대형 참사의 경우 사고 발생 지역주민 전체가 피해자가 된다는 점에서, 동법이 공동체 회복

프로그램의 개발·시행(제31조), 공동체복합시설의 설치(제32조), 단원고 등학교 교육 정상화 지원(제33조), 교직원 휴직(제34조), 안산트라우마센터 설치(제35조) 규정을 둔 점은 의미가 있다. 이 중 특히 공동체 회복 프로그램 개발과 시행의 원칙은 대형 참사 피해해결 및 안전대책 개발과 시행에서도 중요한 일반적 원칙으로 정립되어야 마땅하다.

동법을 근거로 대형 참사 피해해결과 안전대책 수립의 원칙을 제시해보면 다음과 같다. 첫째, 피해자 및 주민의 특성을 고려해야 한다(제31조 제1항 제1호). 둘째, 피해자 및 주민이 지역사회로부터 고립되거나 이탈되지 않도록 방지하고 삶의 질 향상 차원을 고려해야 한다(제31조 제1항 제2호). 셋째, 지역 소재 민간단체, 공익단체 등의 참여 및 연계를 보장해야 한다(제31조 제1항 제3호). 넷째, 대책 개발에서 피해자 및 주민 의견을 충분히 수렴해야 한다(제31조 제3항). 다섯째, 대책 개발·시행을 위해 필요한 조사·연구를 수행해야 한다(제31조 제4항).

피해자 지향·참여형 안전정책

4·16 사태에서 피해해결의 가장 큰 과제는 제도개선을 통한 안전정책 실현이다. 안전보장과 안전문화는 국가의 역할만으로는 실현 불가능하다. 국민의 참여와 협력이 필수다. 특히 기획과 실행, 평가 단계에서 피해자 관점이 반영되고 피해자 참여가 보장되어야 한다. '4·16 세월호 참사 피해구제 및 지원 특별법' 또한 피해자 및 피해지역 지원계획을 수립·시행할 때 피해자와 주민의 의견을 듣고 최대한 반영함으로써 피해자 참여를 보장하고 있다(제21조).

---

8   4·16 세월호 참사와 관련하여 '재난 및 안전관리 기본법'에 따라 특별재난지역으로 선포된 지역(제2조 제4호).

그렇다면 4·16 이후 제도개선의 대표적 정책시행 결과인 국민안전처의 전략과 프로그램을 피해자 지향·참여형 안전정책의 관점에서 살펴보면 어떠할까? 국민안전처가 제시한 전략은 '국가는 지속가능한 재난안전 인프라 확충', '국민은 위험 속 생존전략 생활화', '중앙은 재난안전 컨트롤 타워 기능 강화', '현장은 신속한 대응구조 시스템 운영'[9] 등으로 기능적 내용에 그친다. 그리고 '지난 20년간 대형사고를 분석하여 유사한 문제점의 반복을 교훈삼아' 4대 분야 8대 핵심과제를 선정했다.[10] 유사하게 반복되어온 과제 목록이다.

중점 추진과제 중에서 '국민 모두가 참여하는 안전점검 실시 및 취약계층 위해요소 선제적 제거' 과제의 내용을 살펴보자. 그 내용은 매년 국가안전대진단 집중기간을 두고 전국 위험시설물을 진단하고, 안전신문고 포털 홍보를 강화하고 안전신고 앱(App)을 개발하며, 민관 합동으로 교통법규 위반과 개학기(開學期) 안전 위해요소 단속을 실시하고, 각 부처가 운영 중인 위해요인 정보시스템 간 공유체계를 구축한다는 것이다.[11] 근래 대형사고에서 반복된 문제점으로부터 어떤 교훈을 얻었으며, 피해자와 국민의 의견을 어떻게 반영해나갈지 현재로서는 구체적 전략이나 실천내용을 제시하지 못하고 있다.

---

9   국민안전처(www.mpss.go.kr/images/sub06/sub_060102.jpg).
10   안전혁신분야 2015연두업무보고, 국민안전처 보도자료(2015.1.19).
     1. 제도개선: 재난안전관리 컨트롤 기능강화, 신속한 재난대응체계 확립
     2. 점검강화: 국민참여 안전대진단, 취약계층 위해요소 선제적 점검
     3. 교육확대: 생애주기별 안전교육, 범국민 안전문화운동
     4. 인프라보강: 안전산업육성, 지자체 재정지원 및 책임강화
11   국민안전처 보도자료(2015.1.19).

4·16 세월호 참사 피해에 대한 국가책임의 관철: 진실과 회복

국가범죄에 대해 국가의 책임을 묻기 위해서 가장 필요한 조치는 정확한 실태를 파악하고 진상을 규명하는 일이다. 특히 피해자의 관점에서 설 때 가해의 실상이 사회적 진실의 마당으로 나올 수 있다. 가해자의 진정한 반성을 피해자가 받아들이고 용서할 때 근본적인 피해회복도 가능하다. 이를 위해서는 정부 차원의 조사위원회를 두되, 학계, 시민단체 등을 포함하여 중립적으로 구성해야 한다(박기석, 2012: 329~330). 진실규명을 하지 않은 채 얼마간의 배상금을 지급하는 것으로 문제를 덮으려는 시도는 진정한 화해와는 거리가 멀다(박기석, 2012: 330). 진상규명 후에는 국가의 책임 인정과 사과가 있어야 용서와 화해가 가능하다. 또한 국정 최고책임자가 진지하게 국가권력의 잘못을 시인하고 사과하는 것이 피해자의 명예를 회복하는 가장 효과적인 길이다(박기석, 2012: 331). 효과적인 피해구제를 위해서는 근거법을 제정하고 전담 정부기관과 상담·치료기관을 설립해야 한다(박기석, 2012: 332).

세월호 참사 피해자들이 제시하는 피해해결에 필요한 조치 역시 마찬가지다.[12] 진상조사를 통하여 국가책임을 가려야 한다. 그러나 현실 한국 사회는 세월호 참사에서 드러난 집단적이고 총체적인 무능력의 책임소재가 어디에 있는지 밝혀내기 위한 실질적 절차 개시뿐만 아

---

12 "'참사를 겪은 사람들은 다시 삶을 살아내기 위해 어떤 도움이 필요하다고 이야기를 하던가요?' 두 가지 이야기를 했습니다. '우리에게 진짜로 벌어진 일을 밝혀 세상에 들려주세요', '우리가 겪은 비극으로부터 사회가 뭔가를 배우면 좋겠습니다'" (이원재, 2014.10.8).

니라 절차 자체에 대한 결정도 내리지 못하는, 책임을 지는 사람도 책임을 물을 수 있는 사람도 나타나지 않는 총체적 무능력 상태에 빠져 있다(홍철기, 2014: 204).

물론 "진실을 세상에 공개하는 것으로 모든 것이 해결되는 구조는 진실이 힘을 발휘하는 선진국에서나 통하는 일이지, 한국 같은 왜곡된 공동체에서는 통하지 않을 것"이라는 지적도 있다(배명훈, 2014: 109). 조사결과 밝혀진 '진상(眞相)'이라 한들 국가나 사회 곳곳에서 각자의 진상만을 받아들이거나, 공식적으로 규명된 진상을 수용하고 과연 책임질 것인지는 또 다른 문제다. 그런 만큼 진상조사기구와 절차에 피해자의 참여를 보장하는 일이 더욱 중요하다. 피해자는 진상조사과정 참여 자체를 피해회복의 출발점으로 삼을 수 있을 것이며, 국가는 책임자의 사과와 반성에 상응하는 조치와 재발방지, 제도개선으로 나아갈 수 있는 더 바람직한 근거를 확보할 수 있다. 이어 밝혀진 진상에 근거한 법제에 따라 피해배상과 치료지원이 이루어져야 한다.

진상조사기구의 역할과 권한

현행 법령상 4·16 세월호 참사 특별조사위원회가 진실과 회복의 과제를 감당할 수 있을 것인가? 실로 위원회의 목적은 세월호 참사의 진상규명[13]이며, 제1의 업무는 4·16 원인규명에 관한 사항이다. 그리고 세월호 참사의 원인을 제공한 법령, 제도, 정책, 관행 개혁 및 대책 수립, 세월호 참사와 관련한 구조구난 작업과 정부대응의 적정성에 대한 조사업무[14]는 진상규명을 위한 핵심과업이다

---

13 '4·16 세월호 참사 진상규명 및 안전사회 건설 특별법' 제3조.
14 같은 법 제5조 제1-3호.

이를 위하여 조직된 위원회에는 전체 17명의 위원 중 희생자가족 대표회의에서 선출하는 상임위원 1명을 포함한 3명이 선임된다. 상임위원 5명 중 2명, 전체위원 17명 중 7명만 정부 측 위원이라 할 수 있고(제6조), 위원의 직무상 독립과 신분, 직원의 신분은 보장된다(제8조, 제19조). 조사는 피해자신청뿐만 아니라, 직권으로 할 수도 있고(제22조), 조사방법으로는 진술서제출요구, 출석요구, 자료제출요구, 사실조회, 감정의뢰, 실지조사(제26조), 그리고 청문회 실시(제31조)가 가능하다. 동행명령과 고발 및 수사요청(제27조, 제28조), 감사원에 대한 감사요구(제30조)의 권한을 가진다. 또한 위원회의 직무를 방해하는 행위, 청문회에 자료를 제출하지 않거나, 청문회 출석 선서 증언을 거부하거나 허위로 증언 또는 감정하는 행위, 출석 검증을 방해하는 행위에 대해서는 형사제재가 부과된다(제51조).

반면 2014년 세월호 사고 희생자·실종자·생존자 가족 대책위원회 특별법안에 따르면, 특별위원회는 국회가 추천하는 8인과 피해자단체가 추천하는 8인을 대통령이 임명하는 방식으로 조직된다(법안 제4조). 위원회의 업무도 더 특정되어 있다(법안 제5조 3항). 또한 진상규명에 가장 중요한 정부기관의 자료 확보를 위하여 제출요구, 제출거부기관의 구체적 소명의무, 제출명령 등의 규정을 상세히 두었고(법안 제23조 5~9항), 위원회 조사관에게 특별사법경찰관리의 지위를 부여했다(법안 제25조).

관건은 피해자를 비롯한 국민 참여와 공개적 절차 진행, 그리고 조사를 위한 실질적 권한이다. 성과 측면에서는 진실규명뿐만 아니라 피해배상 및 법제도적 개혁 권고안까지 나올 수 있어야 한다. 영향 측면에서는 책임 있는 개인과 기관의 책임 인정과 사과가 있어야 한다. 그리고 진상내용과 권고안이 담긴 보고서는 한국 사회의 안전권리장

전(安全權利章典)이 되어야 한다.

특히 진실을 밝히거나 진실규명에 필요한 중요자료 등을 발견하거나 제출한 기업 안전업무 책임자 또는 국가기관 담당 공무원에 대한 보상과 지원, 사면을 제도적으로 보장하는 현실적 방안을 고려해볼 필요가 있겠다. 무엇보다도 면책적 증언을 통해 국가기관 책임자가 공개적으로 진상을 고백하고 용서를 구하는 과정에서 피해자와의 화해와 사회적 치유를 모색하는 진실화해위원회의 모델[15]도 진상규명의 방식이 될 수 있다. 2014년 대책위 특별법안에는 제보자 보호규정을 두어, 조사사건의 진실을 밝히거나 진실규명에 중요한 자료 등을 발견 또는 제출한 자 또는 관행적인 적폐에 대한 구체적 자료를 제공한 자에게 필요한 보상 또는 지원을 할 수 있고, 사면대상으로 건의할 수 있게 한 바 있다(법안 제34조 제1항).

국가범죄 피해자의 권리보장과 4·16 참사 이후 안전사회 실현을 위한 정책

국가의 무능과 짝을 이룬 폭력은 범죄적이다. 세월호 참사 '제1-2-3 사태'로 이어지는 경과가 "문제 조직 해체에 이어 피해자 보상 등 법적 절차까지, 사고의 교훈을 잊는 수순"을 밟았던 과거를 다시 되풀이해서는 안 된다(신준봉, 2015.4.12). "부시행정부를 무너뜨린 것은 이라크가 아니라 기후[필자 주: 카트리나]였다"는 경고를 새겨듣고, 국가책임

---

15 1995~2000년 남아공 화해와 진실위원회의 국가적 치유과정에 관하여는 헤이너 (2008: 381~382)와 이재승(2010: 33) 참조.

의 관점에서 세월호 참사 피해를 해결하고 청산해야 한다(솔닛, 2012: 421쪽에서 재인용).

국가범죄 피해자학적인 관점의 정책

세월호 참사는 일회적인 사고나 한국에서만 일어날 수 있는 특유한 사건이 아니다. 무능하고 부패한 정부를 선택한다면, 어떤 나라에서건 발생 가능한 범죄적 사태다. 또한 재난방지 실패와 진상규명 방해, 피해자 권리침해를 되풀이함으로써 국민의 피해를 초래했으니, 국가범죄[16]의 책임을 물어야 마땅한 형사정책적·피해자학적 연구대상이다.

폭력적인 국가든 무능한 국가든, 그 피해자인 국민은 국가에 대해 상대적으로 취약한 위치에 놓인다. 그런 점에서 피해자 권리 보호는 중요한 이론적·실천적 과제다. 하지만 국가범죄의 피해자에 대한 연구 관심은 거의 없다가, 1990년대 중반 이후에야 급진적 피해자학(radical victimology)의 관점에서 국가범죄 피해자학(victimology of state crime)이 정립되기에 이르렀다(Kauzlarich, Matthews and Miller, 2001: 175).

피해자학적으로 국가범죄는 국가 또는 국가기관의 이익을 목적으로 자행되는 불법적이고 사회적으로 해악적이며 불의한 행위를 뜻한다. 국가의 적극적 행위뿐만 아니라 부작위(omission) 역시 국가범죄다(Faust and Kaularich, 2008: 86). 그런 점에서 카트리나 사태에서 정부의 구조실패와 무능 역시 국가부작위범죄(state crime of omission)로 규정된다

---

16 국가범죄는 계획적·체계적으로 자행되는 경우가 대부분이다. 다만 1차 행위가 우발적으로 발생했더라도 그 행위의 진상규명을 방해하거나 피해자 구제조치를 저지하는 2차 행위가 더해져 체제적인 국가범죄로 될 수 있다(이재승, 2010: 23).

(Faust and Kaularich, 2008: 87). 국가, 국가기관, 기업조직의 불법을 본격적으로 다루는 비판범죄학(critical criminology)에서는 정부 또는 국가범죄를 조직범죄의 한 형태로 보기도 하며, 국가범죄 피해자로 참전 군인 또는 전시 민간인, 대량학살 피해자, 인종차별이나 성차별 피해자, 계급차별 피해자, 노동조합 노동자, 이민자, 수형자, 형사절차상 피의자, 강국에 억압받는 약소국 국민에 이르기까지 다양한 범위를 다룬다(Kauzlarich, Matthews and Miller, 2001: 175~176). 따라서 국가범죄 피해자(state crime victim)는 다음과 같이 정의된다.

> 법위반 내지 인권을 침해하는 직간접적 국가조치로 인하여 경제적 문화적 신체적 해악, 고통, 배척(exclusion), 착취를 경험하는 개인 또는 집단(group)(Kauzlarich, 1995).

그리고 국가범죄 피해자학의 핵심명제는 다음과 같다(Kauzlarich, Matthews and Miller, 2001: 183~189). 첫째, 국가범죄 피해자는 사회적으로 가장 권력이 약한 자들 중에 나온다. 둘째, 국가범죄 가해자는 정책과 제도의 해악성을 인정하지 않는다. 피해자에 대한 고통이나 해악이 밝혀진 뒤에도 오히려 정당화하려 든다. 셋째, 국가범죄 피해자는 그들이 고통받고 있다는 이유로 비난을 받는다(Victims of State Crime are often blamed for their suffering). 넷째, 국가범죄 피해자는 피해해결을 위해 국가 제도 자체 또는 시민사회운동에 의지할 수밖에 없다. 다섯째, 국가범죄 피해자는 재피해자화(re-victimization)의 대상이 되기 쉽다. 여섯째, 국가의 불법적 정책이나 조치는 개인이나 집단에 의해 자행될지라도 제도적·관료적 차원의 목적 실현을 위함이다.

결국 4·16 사태는 국가범죄, 국가폭력, 국가무능에 의한 피해 문제를 피해자학적·형사정책학적인 새로운 차원의 연구과제로 제시하는 계기가 될 것이다. 세월호 참사 피해자들이 고통을 호소하고 있다는 이유로 비난을 받고, 국가권력에 의해 재피해자화되고 있는 현실을 직시해야 한다. 4·16 피해해결을 위해서는 국가제도의 개혁도 필요하고 시민사회운동의 지원도 필요하다. 따라서 4·16 참사 이후 안전정책의 근본적 전환을 요청해야 한다. 범죄 방지와 범죄 피해자 보호를 다루는 형사정책 역시 마찬가지다.

포스트 4·16 형사정책의 전망

4·16 이후의 형사정책은 더 안전한 삶을 위한 형사정책적 대응의 원칙과 방법을 고민해야 한다. 포스트 4·16 형사정책은 불안과 범죄의 요인을 사후적으로 해소하는 소극적 의미에서의 안전정책이다. 아울러 형법뿐만 아니라 행정법, 경찰법적 수단까지 동원하여 사회적 안전도와 개인적 안전 체감도를 증가시키는 적극적 의미의 위험관리정책이기도 하다.

물론 적극적 안전정책으로서의 형사정책이라는 문제 설정에는 회의적 물음표가 뒤따른다. 4·16 참사 이후 종종 논의되는 위험사회나 안전사회 이론적 모델은 한국 사회 현실에 타당한 답을 주기 어렵다. 한국 사회는 적어도 현시점에서 고도의 위험과 고도의 위험관리체계가 결합되어 있어서 위험인식을 사회적 합의에 기초해 관리해나가야 하는 서구사회와는 다르다. 전근대적·현대적·후기현대적 위험이 복합되어 있고 전근대적이고 낙후된 위험관리체계가 결합되어 있기 때문이다. 따라서 현실을 이론 모델과 규범원칙에 끼워 맞추려 하지 말고, 당대 현실로부터 제기되는 개별 현안을 두고 구체적인 해법을 찾는 가운데 새로운 이론과 원칙을 만들어나가야 한다(김한균, 2014.6.13).

무엇보다도 포스트 4·16 형사정책은 범죄피해와 국가책임의 구조를 꿰뚫어 보아야 한다. 그런 점에서 4·16 참사의 구조적 원인 중 가장 경계해야 할 것은 바로 안전불평등 또는 안전의 양극화다(≪중앙일보≫, 2015.4.17). 한국 사회의 양극화 문제가 심화될 경우 안전현실과 안전체감도 또는 사회적 두려움의 양극화를 초래할 것이다. 또한 국가책무인 안전보장이 불평등하게 배분되거나, 안전을 이윤으로 대체하는 기업범죄에 대한 국가의 통제가 약화될 경우 사고와 재난피해의 양극화도 현실이 될 것이다. 한국 사회가 이런 수준의 양극화에까지 이른다면 이는 민주사회의 해체에 다름없다. 그때는 피해자를 위한 나라는 없다는 원성이 그치지 않을 것이다.

　　따라서 4·16 참사 이후의 형사정책, 안전정책과 피해자정책은 4·16 참사 이전과는 차원이 다른 안전의 평등과 국민안전에 대한 국가책임의 관철이라는 과제를 담당하게 되면서, 이론적 지평과 정책적 관점의 전환을 결단해야 한다. 포스트 4·16 형사정책을 전망하고 발전시켜나가는 일은 4·16 해결의 과제이면서, 민주사회의 근간을 유지하는 과업이기도 하다.

　　물론 포스트 4·16 형사정책과 국가범죄 피해자학의 이론적 틀이 한국 사회 현실에 대한 설득력 있는 설명을 제시하거나, 그 설명이 문제해법의 도출을 당연히 보장하지는 못한다. 세월호 참사 전후로 드러난 한국 사회의 다층적인 불안과 안전문제를 4·16 특정 시점(時點)에 고정하거나, 국가범죄 피해자학이라는 시점(視點)을 거칠게 끌어들이거나, 또는 국가범죄라는 포괄적 개념으로 구체적 설명을 건너뛰려는 작업이라 하여 비판을 받을 여지가 있다. 구체적 현실문제로부터 이론적 관점을 이끌어내기보다는 추상적 이론 모델에 현실을 끼워 맞추려 할 수 있기 때문이다.

그러므로 포스트 4·16 형사정책이 4·16 참사 이후의 한국 사회 현실 속에서 구체적으로 수행해나가야 할 과제는 다음과 같다(김한균, 2012: 180~182 참조). 첫째, 한국 사회의 안전정책은 부패구조와 연관된 특성의 이해를 전제해야 한다. 관리감독체계의 부패와 부실, 시민 참여를 통한 투명한 검증체계의 미비가 위험의 근본요인이다. 따라서 국가기관과 민간기업의 부패문제 해결을 형사정책적 선결과제로 삼아야 한다. 둘째, 위험과 피해의 책임을 국가가 아니라 개인에게 떠넘기려는 정치적 기획에 형법이 수단으로 동원되는 현상을 비판하고 저지해야 한다. 오히려 국가범죄나 기업범죄로 인한 피해에 대한 책임을 관철할 수 있는 형법을 기획해야 한다. 셋째, 불안과 범죄피해에 대한 두려움은 위험과 범죄 자체보다는 안전 및 범죄통제 체계와 방식에 대한 불신 또는 신뢰 저하로부터 비롯되는 경우가 많다. 형법의 투입은 시민의 범죄와 형벌에 대한 인식, 형사사법기관에 대한 신뢰도, 형사정책수단의 효과에 대한 평가에 근거하여 결정되도록 정책기준을 제시해야 한다. 넷째, 사회현실 자체가 불평등과 격차가 있기 때문에 균열이 있거나 높낮이가 심한 상황에서는 편만(遍滿)한 불안요인과 범죄피해도 사회적 약자에게는 더욱 가혹한 피해가 된다. 위험과 피해의 양극화를 4·16 참사 이후 안전정책의 우선적 관심주제로 다뤄야 한다.

이병천

3

세월호 참사, 국가를 묻다

불량국가의 정치경제

문제의 제기

한국은 이전 시기 선진국들이 수 세기에 걸쳐 이룬 산업화와 민주화를 동시에 압축적으로 달성했다고 자랑한다. 수출강국 한국은 세계 5위의 해운국가이기도 하다. 그러나 이 벅찬 성공 스토리는 오늘의 우리에게는 딴 나라 이야기처럼 낯설기만 하다. 지금은 한국 민주화의 전진과 후퇴의 모순적 동학을 새롭게 인식하고 탐구해야 할 시점이다. 불평등 또는 '새로운 가난'과 함께 안전 및 생명은 두 가지 핵심 주제로 제기된다. 세월호 참사는 광복 70년을 맞은 한국 사회와 한국인의 삶이 어디에 와 있는지, 국가란 무엇인지 다시 묻고 있다. '선성장 후분배'와 함께 '선성장 후안전' 기조를 양 날개로 삼아 치달아온 불균형성

---

*   이 글은 ≪기억과 전망≫, 제33호(2015)에 수록된 논문을 수정·보완한 것이다.

장 지상주의와 속도 제일주의는 무수한 위험의 축적과 대형재난 및 참사의 발생, 무고한 생명의 죽음과 인권의 희생, 그에 대한 거듭된 반성의 목소리에도 불구하고 별로 변한 기색이 없어 보인다. 한국형 압축성장은 동시에 압축생략형이며 이른바 다이내믹 코리아에는 무반성적 위험사회라고 하는 변화 속의 연속성 코드가 관철되고 있다. 그런데 바로 이 반성과 학습을 모르는 고위험사회의 중심에 무책임 위험국가, 그리고 국가와 재벌의 지배 동맹이 놓여 있다.

지난 돌진적 개발독재 시대 이래 줄곧 우리 국민들은 강력한 국가주도, 그리고 '관민협력' 또는 '민관협력'으로 불리는 국가와 재벌의 성장 동맹에 어쩔 수 없이 동원되면서 충성을 다해야 했다. 그리하여 국가의 능력 여하와 국가-재벌 성장 동맹의 질(quality) 또는 성적표에 따라 울고 웃어야 했다. 경우에 따라서는 국가와 재벌 동맹이 자신의 이익을 추구하면서도 일정하게 국민 대중의 이익, 즉 먹고사는 문제, 민주화 시대에 들어와서는 생명과 안전, 그리고 분배와 복지 문제를 고려할 때도 없지는 않았다. 그럴 때는 지배 세력이 '공공적 책임성'을 갖고 있다고 말할 수 있는데 국민들도, 비록 사회경제적 삶의 민주적 주체로서 참여권을 보장받지는 못했다 해도, 지배 블록의 능력과 역할을 인정해주었다. 그렇지만 지배적 권력 동맹은 속성상 끈끈한 정경유착을 통해 온갖 부패와 비리를 일삼으며 제반 비용을 사회에 떠넘기려는 경향이 있다. 그것을 감시할 대항적 견제력이나 감시규율제도는 취약하기 때문에 그들은 탈공공 무책임 담합체, 심지어는 공범자 동맹으로 타락할 큰 위험을 안고 있었다.

그런데 우리의 관점에서 주목하고 싶은 것은 특히 민주화와 세계화 시대에 들어와 변화된 상황이다. 이 시기 흥미롭게도 특히 국가가 금과옥조로 무분별한 '규제완화'를 정책기조로 추구할 경우 지배 동맹의 위험은 엄청나게 증폭되었다. 이는 시장 무책임과 국가 무책임이 결합·악조합되었기 때문이다. 많은 사람들은 박근혜 정부 시기 세월호 참사가 지난 시기 서해 훼리호 침몰, 삼풍백화점 붕괴, 성수대교 붕괴, 대구지하철 사고 등을 반복한 것이라고 말한다. 그렇지만 이들 참사가 규제완화 정책의 다른 이름인 '세계화' 정책을 무분별하게 추진했던 김영삼 정부에 의한 실정의 산물임은 흔히 빼놓는다. 이런 점에서 박근혜 정부는 이명박 정부뿐만 아니라 김영삼 정부와도 닮았다고 할 수 있다.

두말할 것도 없이 국가가 국민의 생명과 안전을 보호해야 함은 국가존립의 기본 이유다. 그렇지만 세계화 시대에 우리 국민은 이전 전통적 위험에 새로운 형태의 위험이 중첩되어 한층 심화된 삶의 위험에 노출되었다. 그중에서도 예측이 가능하거나 예측이 어려운 재난 위험, 그리고 시장자본주의에 의한 인간 및 사회의 상품화 위험에 대비해 위험 관리자 및 복지 제공자로서 공공성을 담지함으로써 경제성장과 사회발전의 균형을 도모하는 책임국가의 역할은 아주 절실해졌다.[1] 국가의 이 공공성의 책무는 해도 되고 하지 않아도 상관없는 것이 아니라 국가의 헌법적 의무다(현행 헌법 34조를 보라). 그런데 불행히도 오늘날 우리는 바로 그런 두 가지 시대 책무에 부응하는 공공적 책임국가가 아니라 규제완화를 맹목적으로 내세우며 시대에 역행하는 무책임하고 무능력한 국가, 재벌의 탐욕과 자기 이익을 위해 그것과 한 몸이 되어 새로운 무책임 파트너십, 나아가 공범자 관계를 구축한 고삐 풀린 국가와 마주하게 되었다.

---

[1] 이는 한국만이 아니라 압축성장 이후 신흥 아시아 국가에 공통된 과제이기도 하다(末廣昭, 2014: 203~216).

원래 재벌을 비롯해 사기업체란 맹목적으로 영리를 추구하는 동물적 속성이 있다. 바로 그 때문에 벌거벗은 탐욕과 횡포를 규제하고, 감시 감독해야 할 국가의 책임과 능력이 중요한 것이다. 그러나 제도 정치나 시민사회 수준에서 국가권력 및 재벌권력의 방종을 막는 민주적 견제력이 발휘되지 않을 때, 그리고 민주적 견제력이 취약하다 해도 사기업 자본의 맹목적 영리 추구 행태에 대한 국가의 기초 규제력, 무엇보다 안전규제력이 실종되었을 때, 국가권력과 국가-재벌 동맹은 동업자에서 공범자로 타락하게 된다. 우리는 2014년 4·16 세월호 참사가 이렇게 기본적 공공성의 시대 책무를 저버리고 퇴행해 탐욕스러운 대기업과 공범자가 된 탈공공국가의 소산이라고 이해한다. 그런 관점에서 이 글은 국가권력에 초점을 맞추어 세월호 참사의 발발과 대응에서 박근혜 정부가 어떻게 무책임한 행태를 보여주었는지를 밝히고자 한다. 이어지는 글에서는 세월호 참사가 일어나기까지 박근혜 정부가 '과거 적폐' 청산 약속을 스스로 깨고 규제완화로 회귀함으로써 그 부메랑 효과로 세월호 참사를 자초했다고 파악한다. 그러면서 박근혜 정부의 형태가 보여주는 복합적 성격, 즉 신자유주의 요소와 개발독재 요소의 결합에 대해 분석한다. 이어 참사 이후 경제활성화 정책의 검토를 통해 박근혜 정부가 여전히 규제완화 일변도로 나아감으로써 무책임, 무능력국가의 속성이 재생산되고 있음을 살펴볼 것이다. 결론 부분에서는 이 글의 내용을 요약하고, 재난 안전과 복지 안전장치 구축을 위해 시대가 부과하는 기본적 공적 책임을 공동화시키며 국가시민의 시민권 요구에 반응하지 않는 퇴행국가, 기본적 책임규율을 내던진 무능한 국가를 '불량국가'로 부를 것을 제안한다. 그리고 불량국가를 극복하고 인간의 생명과 존엄에 기초한 사회로 나아가기 위해 절실한 시민적 책임과 연대의 과제를 논의한다.

세월호 참사, 책임국가의 공동화

배신의 정치와 세월호 참사

오랜 기간 성장과 안보를 최우선 가치로 내세우며 거의 무조건적 충성을 강요해온 국가에 대해 우리 국민들이 국가를 대상화해 '국가란 무엇인가'라는 물음을 던지기는 쉽지 않았다. 1997년 IMF 외환위기 때, 2008년 미국산 쇠고기 수입 개방에 저항한 촛불시위 때 이 물음이 나왔던 것으로 기억된다. 촛불시위 때는 국민의 생명과 안전, 공공성이 민주화와 세계화 시대 국가가 지켜야 할 중심적 가치로 부각되었고 '대한민국은 민주공화국이다'라는 말이 공감을 불러일으켰다. 4·16 세월호 참사는 다시 새롭게 '국가란 무엇인가'라는 물음을 던졌다. 그리고 '국가는 없다'라는 답을 내놓았다. 우리는 이 물음과 대답에 담긴 뜻을 더 파헤쳐봐야 할 것이다. 참사의 원인은 시간대를 어떻게 잡는가에 따라 다르게 파악하게 되는데, 박근혜 대통령이 '과거 적폐'를 들고 나왔기 때문에 이 문제부터 논의를 풀어보는 것이 좋을 것이다. 대통령은 다음과 같이 말한 바 있다.

저는 과거부터 겹겹이 쌓여온 잘못된 적폐들을 바로 잡지 못하고 이런 일이 일어난 것에 대해 너무도 한스럽습니다. 집권 초에 이런 악습과 잘못된 관행들, 비정상적인 것들을 정상화하는 노력을 더 강화했어야 하는데 안타깝습니다(2014년 4월 29일, 국무회의 모두 발언).

이번 사고는 오랫동안 쌓여온 우리 사회 전반에 퍼져 있는 '끼리끼리 문화'와 '민관유착'이라는 비정상의 관행이 얼마나 큰 재앙을 불러올 수 있는지를 보여주고 있습니다. …… 이러한 민관유착은 비

단 해운분야뿐만이 아니라 우리 사회 전반에 수십 년간 쌓이고 지속
되어온 고질적인 병폐입니다(2014년 5월 19일, 대국민 담화문).

박근혜 대통령은 세월호 참사가 일어나고 한 달이 넘어서야 떠밀
려서 '최종 책임'을 인정하기에 이르렀다. 그러나 여전히 자신의 책임
을 과거로 떠넘겼는데 이때 쓴 '오랫동안 쌓여온'이라든가 '과거부터
겹겹이 쌓여온'이라는 설명도 모호하기 짝이 없다. 누구의, 어떤 과거
적폐인지를 분명히 하지 않음으로써 자신의 책임을 회피하고 있다. 박
근혜 대통령은 과거 적폐를 저 멀고 먼 과거의 일로 밀어낸다. 그럼으
로써 그 적폐를 낳은 주범이 이명박 정부였다는 사실, 그리고 이명박
정부의 정책이란 다름 아니라 박근혜 대통령 자신의 줄기찬 이념적·
정책적 신조였던 '줄푸세'(세금을 줄이고, 규제는 풀고, 법질서는 세운다) 공약
(이는 2007년 당내 대선경선 때의 슬로건이었다)을 실천한 것이었음을 숨기고
있다. 이 대목에서 이명박과 박근혜는 둘이면서도 사실상 하나였다고
해도 과언이 아닐 것이다. 이명박 정부는 당시 보수 이데올로그들이
산업화, 민주화의 다음 과제로 만들어낸 '선진화'를 수용해 '선진화를
통한 세계일류국가'를 장밋빛 국가 비전으로 삼았다. 그러나 실제 이
정부가 추진한 줄푸세 정책의 결과는 참담했다. 그 결과는 대략 다음
과 같다.

• '작은 정부 큰 시장'의 이름 아래 온갖 규제완화 정책, 감세, 복지
  지출 통제 정책이 진행되었고, 이를 통해 재벌과 부자들은 이익은
  사유화하고 비용은 사회화하되 책임은 지지 않게 되었다. 책임과
  위험, 불안이 약자에게, 즉 노동자와 서민, 취약한 중산층, 중소기
  업에 집중되고 아래로 떠넘겨지는 '갑'의 무책임 체제와 '을'의 자

기책임 및 각자도생 체제가 구축되었다.
- 노동소득과 가계소득의 감퇴, 복지억제에 따른 대중소비 침체를 부동산 및 금융시장의 규제완화와 경기 활성화로 만회하려고 했다. 이는 대중적 재테크와 가계 부채의 폭증현상을 초래했다. 이명박식 양극화 성장체제는 곧 거품과 부채에 의존하는 성장체제였다.
- 무분별한 규제완화는 선박안전을 비롯해 국민안전에 필수적인 안전규제의 완화를 포함하고 있었고 관리 감독 권한이 민간에 위임되었다. '수난구호법'이 개정되어 해경의 해난구조 업무가 민영화되었다. 게다가 선박안전과 사고대응을 주관해야 할 해양수산부가 해체되었다.
- 국가의 공적 규제력, 자기규율력이 공동화 또는 파괴되면서 '민관유착'과 부패, 비리가 새로운 얼굴로 나타났다. 이전 시기 국가주도 '관민협력'과 유착 체제는 국가와 재벌의 방종이 합세해 기본규율이 붕괴된 벌거벗은 민관유착 체제로 타락했다.

이처럼 이명박 정부 말기에 대한민국호는 이미 가라앉고 있었다. 무분별한 규제완화, 민영화와 민관유착, 부정부패가 중첩되고 그에 따른 국가책임 및 능력의 공동화(空洞化)로 세월호 참사와 같은 대형재난을 예고하고 있었다. 이 대목에서 우리는 이명박 정부와 노무현 참여정부의 근본적인 차이를 지적해야 한다. 참여정부가 여러 실정으로 이명박 정부에 정권을 넘겨준 것은 사실이지만, 참여정부는 국민의 안전과 복지 증대를 국가책임으로 끌어안았다. 주목해야 할 것은 참여정부가 국방·외교 등 전통적 국가안보와 관련된 사태뿐만 아니라 태풍이나 화재, 붕괴 사고 등 각종 재난과 신종 전염병 창궐 등을 모두 포함한 '포괄적 안보' 개념을 국가 재난관리 시스템에 적용시켰다는 사실이다. 그런 새로운 책임국가관에 서 있었기에 국가안전보장회의(NSC) 산하에 국가위기관리센터를 설치해 청와대가 직접 대형재난을 총괄하는 컨트롤 타워 역할을 수행했다. 그뿐 아니라 필수적 안전규제를 위험하게 완화하거나 구조업무를 민영화하는 일은 금기로 여겼다.[2]

관련 사정이 이와 같고 박근혜는 이명박 정부가 남긴 과거 적폐에 연대책임이 있는 인물인 데도 어떻게 집권에 성공한 것일까? 풀리지 않는 수수께끼가 많다. 변화하라는 시대흐름에 편승한 박근혜의 변신을 국민들이 순진하게 믿었기 때문일까? 고삐 풀린 시장에 다시 고삐를 채워 고위험·고불안 사회에 사는 민생의 고통을 덜어줄 어떤 강력한 국가권력을 국민들이 그리워하고 박근혜에게 이를 기대했던 것일까?(김의겸, 2011). 아니면 국정원과 군 사이버사령부가 수행한 대선개입공작이 성공했기 때문일까? 여하튼 박근혜의 승리와 그의 시대는 우리가 변화 속의 연속 시대에 살고 있음을 통렬하게 확인시켜주었다. 돌진적 개발독재의 화신인 박정희의 후광을 업은 박근혜와 취약한 민주화 시대정신을 대표하는 노무현의 후광을 받은 문재인이 경합한 대선에서 박근혜가 승리했을 때, 이어 대통령이 된 박근혜가 안전사회와 복지국가 만들기 공약의 중요 부분을 파기해 국민 '배신의 정치'[3] 길로 나서고 자신의 오랜 신조인 규제완화 또는 '줄푸세'주의로 회귀했을 때

---

2   특히 선박연령 제한 완화조치는 해운업계의 오랜 숙원이었고 한국해운조합이 규제완화를 건의했으나 노무현 정부는 이를 수용하지 않았다(박병률, 2014.5.16; ≪월간중앙≫, 2014.6.17).

3   이는 박근혜 대통령이 '국회법' 개정안에 대한 거부권을 행사하며 새누리당 유승민 원내대표를 겨냥해 한 말에서 유래되었지만 '배신의 정치' 원조는 대통령 자신이라고 해야 한다.

우리는 대한민국 시계가 다시 거꾸로 돌아가고 있음을 알게 되었다.

　세월호 참사는 다름 아니라 시대흐름에 맞춰 변화하겠다는 국민과의 약속을 깨고 대한민국 시곗바늘을 거꾸로 돌린 박근혜식 '배신의 정치', 그리하여 이명박 불량정부의 적폐와 위험을 여과 없이 상속하고 더욱 진전시킨 '규제완화'의 정치경제가 불러왔다. 세월호 참사의 직접적 원인이 된 안전 관련 규제완화, 그리고 초기 골든타임에서 대응 실패 등 모든 부분에서 정부의 무분별한 규제완화가 사고를 참사로 키웠다(해운업 관련 규제완화의 자세한 내용은 〈표 3-1〉 참조할 것).[4] 규제완화에 따른 재난 발발의 역사를 더 소급해 올라가면 박근혜 정부는 이명박 정부뿐만 아니라 김영삼 정부와도 크게 닮았다고 해야 한다. 김영삼 정부는 하나회 숙청, 금융실명제 실현 등 중요한 성취를 이루어내기도 했다. 하지만 동시에 서해 훼리호 침몰 등 역대 정부를 통틀어 가장 많은 대형 재난사고들이 일어났던 정권으로도 손꼽힌다.[5] 나아가 대형 참사들에 이어 1997년 IMF 외환위기까지 초래했다. 즉, 무분별한 규제완화 정책을 추구함으로써 국민의 삶을 큰 위험에 빠트렸다. 이러한 점에서 보면 박근혜 정부는 김영삼-이명박 정부의 계보 위에 있다고 볼 수 있는 셈이다.[6] 거기에 그쳤던 것인가. 박근혜 대통령이 세월호

4　더 구체적인 내용은 민주사회를 위한 변호사모임(2014: 61~158)과 진실의 힘 세월호 기록팀(2016)을 참조할 것.

5　특별히 지적해두어야 할 것은 해운업자의 이익단체인 해운조합이 자신에 매우 이질적인 여객선 안전운항 관리업무를 전담하게 된 것이 김영삼 정부 때라는 사실이다. 서해 훼리호 사고를 계기로 그런 조치가 취해졌다(정유섭, 2015: 56).

6　나는 다음과 같이 지적한 바 있다. "김영삼 정부 시절 규제완화와 민관유착이 아이엠에프 사태를 낳았다면, 이번 참사(세월호 참사)는 아이엠에프 사태의 재난형 버전이라고 할 만하다"(《한겨레신문》, 2014.5.28).

표 3-1   **이명박 및 박근혜 정부 선박 관련 규제완화 조치**

내용	시행일
항만 안에서 항해하는 여객선의 풍압기준 완화	2009년 1월
연안여객선 선령제한 완화(25년 → 36년)	2009년 1월
카페리 과적 및 적재 기준 완화	2009년 1월
여객선 엔진 개방 검사 완화(7000시간 → 9000시간)	2009년 2월
2시간 미만 운항하는 선박에 대해 위치발신장치 설치 면제	2010년 6월
항해 시간 3시간 미만은 입석으로 승선 가능	2011년 1월
점검 대상 선박 선령 기준 완화(15년 이상 → 20년 이상)	2011년 1월
선장의 선박안전관리체계 부적합 보고 의무 면제	2013년 6월
선박 최초 인증심사 때 내부 심사 면제	2013년 6월
컨테이너 현장 안전검사 대신 서류 제출	2014년 1월
선장 휴식 때 1등 항해사 등이 업무 대행	2015년 1월
예인선에 대해 일반 선원 야간당직 의무 폐지	2005년 1월
항내에서 선박 수리 허용	국회 상임위 통과
요트 등 수상레저기구의 항구 출입신고 면제	국회 상임위 통과

자료: 박병률(2014.5.16) 재인용.

참사의 국가책임을 회피하고, 진실을 밝혀 모두가 안전하고 존엄한 정
의로운 대한민국을 세우자는 요구를 억압하고 경찰국가적 행태를 노
골화했을 때 우리는 대한민국 국가의 정신과 실천이 거듭 과거로 퇴행
하고 있음을 알았다. 이에 따라 배신, 무책임, 무능, 불통이 박근혜 정
부를 설명하는 네 가지 열쇠말이 되기에 이르렀다.

박근혜 무능·무책임 정부의 복합적 성격: 신자유주의 요소와 개발독재 요소의 중첩

세월호 참사와 그 이후 과정에서 나타난 박근혜식 부실 국가는 대체적으로 이명박 정부의 후속판이라고 볼 수도 있지만, 꼭 같은 것은 아니다. 그 둘은 세계화 시대 신자유주의의 세례를 깊게 받았다는 점에서 쌍둥이 같은 존재다. 그러나 이명박이 박정희 체제로부터 주로 기업가적 개발주의를 이어받았다고 한다면(4대강 사업이 대표적이다), 박근혜의 머리와 신체에는 유신독재의 뿌리가 한층 깊이 배어 있다. 박근혜 대통령은 자신의 아버지 박정희 곁에서 유신독재를 보좌하면서 경험한 정치 방식을 이어받았다. 그 핵심은 국가권력을 자의적·음모적으로 오남용하면서 법, 국민, 국회, 정당 위에 군림하는 영도자적 국가주의다. 그런 의미에서 박근혜 정부의 행태는 이명박식 규제완화 신자유주의에 박정희식 유신 개발독재의 어두운 유산이 중첩·악조합된 복합적 성격을 띠고 있다.[7] 이제 이 박근혜식 부실, 무책임국가의 복합성을 밝히기 위해 박근혜의 '과거 적폐' 프레임으로 돌아가 보자. 앞서 이에 대해 언급했지만 이제 한 걸음 더 들어가 검토할 필요가 있다.

먼저 지적해야 할 것은 박근혜 대통령의 해명에 민관유착의 '적폐' 문제에 대한 언급은 있으나 규제완화의 위험에 대한 언급은 실종되어 있다는 사실이다. 박근혜는 안전 관련 규정에 대해 "원칙"을 지켰어야 한다든지, "감독" 또는 "관리·감독"을 제대로 했어야 한다는 말은 한다. 그러나 적절한 "규제"를 했어야 한다는 말은 결코, 아니 절대로 하

---

7   이 문제와 관련하여 나는 ≪한겨레신문≫이 던진 "무엇이 세월호 참사를 낳았나"라는 물음에 "부정부패와 줄·푸·세가 결합된 한국식 신자유주의"라고 말한 바 있다(이세영, 2014.5.14). 여기서는 이 문제에 대해 좀 더 분석을 진전시킨다.

지 않고 있다. 이는 단순한 표현 방식상의 차이는 아니다. 왜냐하면 "규제"를 제대로 해야 했다고 말하는 순간 집권 초기 이명박 정부로부터 물려받은 바, 무분별한 규제완화와 민영화로 안전장치가 사라진 위험국가 상태를 재정비해야 할 과제를 몰각하고 규제는 '쳐부술 원수', '암 덩어리'라며 국정기조 전반을 무분별한 규제완화로 거꾸로 돌린 통치실패, 첫 단추를 잘못 꿰어버린 패착을 인정해야 하는 궁지에 빠지기 때문이다. 그리고 이런 빠져나가기식 해명으로 박근혜는 참사 이후 태연히 '돌진적 규제완화=경제활성화' 몰이를 할 수도 있었다.

둘째, 박근혜는 민관유착의 적폐 중에서 단지 일부만 말했을 뿐이다. 세월호 참사를 초래한 민관유착 형태에서 '해수부-해운조합-해운사 유착(〈그림 3-1〉에서 A 부분)'은 매우 중요하다. 그러나 유착에는 그것만 있는 것이 아니다. 이와 별개로 해양경찰청과 민간구난업체('언딘') 간의 유착이 있다. 둘 사이에 한국해양구조협회가 끼어 있으므로 삼자 유착관계로 봐도 좋겠다(〈그림 3-1〉에서 B 부분). 이는 국가의 재난구조 책임이 민영화되고 외주화됨으로써 나타난 것이다. 두 가지 민관유착은 이른바 '작은 정부(예산 절감)와 큰 시장'의 목표를 추구한다는 점에서 쌍생아적 존재나 다름없다. 그러나 '해수부-해운조합-해운사' 간의 유착이 안전장치의 규제완화 및 외주화로 세월호 침몰사고를 가져온 원인이 되었다면, 세월호 침몰 이후 현장 인명구조 작업의 실패는 주로 '해경-해양구조협회-언딘' 간의 삼자 유착에 기인한다.

한 걸음 더 들어가 보면 이들 유착은 복합적 성격을 갖고 있음을 알 수 있다. 먼저, 국가의 재난구조와 안전책임을 민영화·외주화한 것, 그리하여 국민 개개인의 책임으로 떠넘긴 부분, 이것은 명백히 미국의 길을 본뜬 신자유주의적 형태다. 이는 흔히 신자유주의적 '행정혁신'이라 말하는 것의 핵심 부분이다(프랭크, 2013; 한종희, 2005). 그러니

그림 3-1 　세월호 참사 유관 기관과 상호 관계

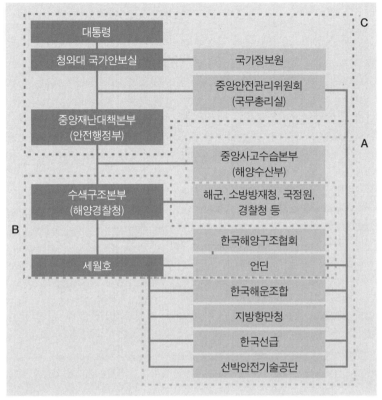

자료: 나눔문화(2015)에서 재구성.

까 결코 개발독재 시대가 물려준 '과거 적폐'가 아니다. 나오미 클라인
(Naomi Klein)의 개념을 빌리자면 재난을 뛰어나게 영리사업 기회로 삼
는 새로운 '재난자본주의' 길을 국가가 앞장서 밀고 간 것이다(클라인,
2008: 363~592). 한편, 안전장치의 규제완화, 외주화와 구조 책임의 민영
화에서 발생하는 정경유착과 부패 비리는 이와 좀 다르다. 여기에는
신자유주의적 민관유착과 개발독재 이래 뿌리 깊은 관민유착 유산이

혼합되어 뒤엉켜 있다고 생각된다.[8] 요컨대, 세월호 참사에서 드러난 민관유착은 개발독재 관민유착에 '뿌리'를 두고 있다고 말할 수 있다. 그러나 시장의 시대에 들어와 진전된 국가 타락과 공동화의 역사적 과정을 동시에 봐야 전모를 파악할 수 있다.[9]

마지막으로, 장기 시간대의 구조사 관점에서 파악할 때 박근혜의 말과 행동에는 가장 중요한 대목이 빠져 있다. 그것은 무엇일까? 성장과 돈을 최고의 가치로 우선시하고 인간의 생명, 인권과 인간의 존엄을 가벼이 여겨온 성장 지상주의와 생명경시 사조에 대한 진지한 반성을 우리는 찾아보기 어렵다.[10] 단순히 안전 이상으로 이것이야말로 실로 중대한 문제가 아닐 수 없다. 그뿐만 아니라 정치권력을 특정 개인이나 극소수 집단이 독점적으로 장악해 자의적이고 음모적으로 행사, 오남용하고 무책임한 행동을 취할 경우, 그럼에도 이를 감시·견제하고 균형을 잡을 수 있는 대항적 견제력과 규율제도가 취약할 경우, 그 힘과 제도의 성장이 무책임 권력에 의해 저지·억압될 경우 어떤 불행

---

8   어디에나 민영화와 외주화 과정 뒤에는 정부와 기업의 검은 거래가 있었다. 미국의 사례가 보여주듯이 재난 자본주의에서 부패, 비리는 매우 심각하며 한국과는 차원을 달리한다.

9   재난에 대한 연구는 아니지만 개발독재 시기의 강성국가가 이후 공동화되는 과정을 구체적으로 분석한 연구로는 하용출(2006)을 참고할 수 있다. 우리는 이 과정을 개발국가의 진화적 분기 중에서 '타락(degeneration)의 경로'로 파악한다.

10 세월호 참사를 인권과 인간의 존엄이 파괴당한 사건으로 파악하고 있는 견해로는 4.16인권선언제정특별위원회(2015, 2016), 4.16인권실태조사단(2015) 참조할 수 있다. 인권선언제정위원회에서는 다음과 같이 쓰고 있다. "인간의 존엄이 침몰한 그날 이후 모든 권리들이 침몰했다. 생명, 안전, 진실, 정의, 배상, 회복에 대한 권리들, 말하고 모이고 행동하고 다른 사회를 도모할 권리들을 짓밟으려는 국가에 맞서 피해자와 시민들의 연대가 권리들의 마지막 숨을 겨우 지켜내고 있다."(4.16인권선언제정특별위원회, 2015: 23).

한 일이 일어날 수 있는지, 이 문제에 대한 반성을 우리는 박근혜의 말과 행적에서 찾아볼 수 없다. 이것이야말로 현재 대통령 박근혜가 자신의 아버지 박정희의 실패, 즉 어두운 유신독재의 '과거 적폐'로부터 뼈아프게 배워야 할 가장 중요한 교훈일 수 있는 데도 말이다(한배호 1997: 528; 이병천, 2000: 126~128).

　　장기 구조사의 관점에서 바라본 이 '과거 적폐'에 대한 박근혜의 몰각과 무반성은 세월호 참사 발발과 결코 멀리 떨어져 있는 문제가 아니다. 국민들은 이렇게 생각하지 않을까? 만약 대통령이 진정으로 생명과 안전, 인권과 인간의 존엄을 무겁게 여기는 생각을 가졌더라면, 변화하겠다는 약속을 지키고 권력을 투명하고 책임 있게 행사할 줄 알며 국민과 진지하게 소통하고 공감할 줄 아는 대통령이었더라면 세월호 사고는 결코 참사로까지 번지지는 않았을 것이라고 말이다. 그러나 불행히도 재난대응의 컨트롤 타워를 지휘·감독해야 할 대통령이 사고가 발생한 이후 7시간이나 넘게 대면보고를 받지 않고 회의를 주재하지 않아 행방이 묘연해지고, 293명의 실종자들이 선체에 갇혀 있는 줄도 모르고 "구명조끼를 입었는데 왜 발견이 안 되냐"는 엉뚱한 질문을 던지고, 청와대 국가안보실장이 "국가안보실은 재난사고의 컨트롤 타워가 아니다"라고 발언하는 등의 일이 일어났던 것이다. 그런 까닭에 한 연구자가 지적했듯이 국민들의 눈에 "국가가 한 사람의 생명도 구출하지 못한 것은 단순한 무능력을 넘어 무의지의 결과"로 보였다. 다시 말해 대중에게 "국가는 단지 사람들을 구조할 능력이 없었을 뿐만 아니라 구조할 생각이 없어 보였다"(진태원, 2015).[11] 바로 이런 데

11　그러나 국가 행위의 범죄적 성격을 법학적으로 어떻게 볼 것인지 하는 문제는 큰 논란의 대상이다. 이에 대해서는 이재승(2015), 김한균(2015)을 보라.

목에서 나는 박근혜식 불량국가에 신자유주의적 요소와 유신독재적 요소가 중첩, 악조합되어 있다고 보며 우리 국민들이 '박정희 체제의 신자유주의적 재림'과 맞닥뜨리게 되었다고 말하는 것이다(이병천, 2014: 304).

노벨경제학상 수상자 아마르티아 센(Amartya Kumar Sen)은 "민주주의 체제에서는 흉년이 닥쳐도 기근을 겪지 않지만, 권위주의 체제에서는 가벼운 흉년조차 쉽게 기근으로 전환된다"라고 말했다(센, 2001: 235~236). 이것은 민주주의가 가능케 하는 두 가지 핵심적 역할, 즉 '권력 감시 역할'과 '정보 전달 역할' 덕분이다. 센의 이러한 설명은 기근뿐만 아니라 재난사태에도 마찬가지로 적용된다. 우리가 보기에 세월호 사고가 대참사로 증폭된 것 역시 센의 논리로 설명된다(이병천, 2014: 309). 세월호 참사는 신자유주의와 유신독재 과거 적폐의 중첩에 따른 민주주의의 빈곤 때문에 빚어졌다.

참사 이후 박근혜 정부: '줄푸세'주의 재가동

참사 이후의 참사

국가권력이 큰 과오를 저지르고 난 다음에는 두 가지 선택지 앞에 서게 된다. 첫째 자신의 과오를 솔직히 인정하고 사과하며 응당한 책임을 감수하는 것이다. 진실을 규명해 책임자를 처벌하고 재발방지대책을 세우며 국정기조와 고장 난 위기 시스템을 쇄신하는 것이다. 둘째, 과오를 인정하지 않거나 책임을 떠넘기고 미봉책으로 넘어가는 선택지가 있다. 진실을 감추고 책임자를 처벌하지 않고 과거의 잘못에서 배우지 않는다. 이에 따라 다시 적폐를 누적해 얼마든지 제2, 제3의 유사한 사태가 반복해서 일어날 위험을 자초한다.

박근혜 정부가 선택한 것은 후자였다. 세월호 참사의 본질적 성격은 (구조책임이 있는) "국가가 국민을 구조하지 않은 사건"(박민규, 2014)이라는 데 있었고, 참사 원인과 메커니즘은 규제완화 및 민영화라는 국정 핵심기조, 그리고 고삐 풀린 민관유착에 직결되어 있었다. 그러나 공공적 책임국가라면 마땅히 갖추어야 할 두 가지 규율능력, 즉 권력 남용과 오용을 떨쳐내는 자기 통제력과 대자본에 대한 사회적 책임 부과능력 모두에서 보기 드물게 기강이 해이한 박근혜 정권에 이 '불편한 진실'과 마주할 책임감과 용기는 없었다.[12] 세월호의 비극은 국가의 구조 실패로 침몰이 참사로 번진 데 그치지 않고 참사 이후 참사 사태로 이어졌다. 그 주요 내용은 다음과 같이 정리해볼 수 있다.

- 세월호 참사를 '일종의 교통사고'로 치부하거나 단식 중인 유가족 앞에서 '폭식투쟁'(일베)을 벌이는 등 진실을 왜곡·은폐하며 유가족과 희생자를 조롱하고 모욕하는 일이 일어났다. 정부는 진실을 알고자 하는 이들을 감시·통제하고, 이들에게 침묵을 강요했다. 공권력은 진실규명을 위해 집회, 시위에 나선 시민들을 폭도로 몰아붙이고 정당한 민주적 의사표현을 폭력적으로, 경찰-안보국가 방식으로 억압했다.[13]

---

12 이는 서해 훼리호 참사 당시 김영삼 정부의 대응과는 사뭇 대조적이다(정유섭, 2015: 87~89). "유신 없이는 공산당의 밥이 되었을지 모른다"고 생각하는 국가수의자 박근혜와 유신녹재에 생애를 걸고 항거했던 민주주의자 김영삼의 차이를 보여주는 대목이라 여겨진다.

13 세월호 1주년 추모집회를 주도한 혐의로 박래군 4·16 연대 상임운영위원이 구속된 바 있다.

- 세월호 특별법이 제정되어 진상규명과 안전사회 건설을 위해 특별조사위원회가 설치되었지만, 특별법 위에 군림하는 '시행령'을 제정해 독립적이고 성역 없는 진상 조사를 원천 봉쇄하고 특별조사위원회를 무력화하는 전략을 도모했다. 새누리당은 세월호 특검법안을 거부하고 있다.

- 세월호 선장에 대해 부작위에 의한 살인 혐의가 인정되긴 했으나 참사에 책임 있는 관련자들을 예외 없이 강력히 처벌해야 함에도 대부분 무죄 판정을 받았다. 비리를 인정받은 이는 몇 명 되지도 않지만 그들마저 집행유예를 받았다.

- 세월호 참사 이후에도 청와대는 재난 안전의 컨트롤 타워 책임을 회피했다. 메르스 사태, 돌고래호 사태 등이 잘 보여주듯이 달라진 것은 거의 없었다.

- 국민안전에 대해 국가가 공적 책임을 담당하는 것이 아니라 안전을 '창조적 돈벌이'로 삼아 안전산업을 육성하는 방안이 제시되었다. 이는 참사를 창조경제 분야의 새로운 확장 기회로 삼아 본격적으로 한국판 '재난 자본주의' 길로 가겠다는 이야기와 다를 바가 없는 것이다(이병천, 2015.4.15).

- 대국민 공약을 파기하고 국정기조를 규제완화와 민영화 정책, '위험양산-각자도생' 기조로 역주행하여 세월호 참사가 일어났는데도 정부는 참사 이후 규제완화와 이를 통한 경제활성화 전략을 더욱 강력히 추진했다.

'줄푸세'주의의 재가동: 규제완화와 경제활성화 전략

참사 이후 국가의 기본 전략은 갖가지 방식으로 유가족을 정치적 소수자로 고립시키면서 세월호 사태를 덮는 것이었는데 국민을 이 망

각 전략에 포섭하는 가장 유력한 단기 전략은 경제였다. 특히 경기가 침체상태였고 선거가 두 차례(6·4 지방선거, 7·30 재보궐선거)나 있었기 때문에 지배 권력은 '경제활성화 = 민생 살리기' 전략으로 세월호 심판론을 꺾고자 했다.

참사 이후 박근혜의 규제완화 드라이브와 경제활성화 정책은 취임 이후 6개월여 만에 회귀했던 '줄푸세' 노선의 연장선상에 있다. 특히 대통령의 재벌총수들과 청와대 회동(2013년 8월 28일) 이후 재벌 대기업의 요구사항인 규제완화와 투자활성화 정책으로 돌아서고 경제민주화 종료를 선언했다. 그리고 '증세 없는 복지'가 실현 불가능하다는 사실이 드러났음에도 세금부담에 노심초사하는 국민심리를 악용해 각종 꼼수를 부리거나 이른바 '복지 없는 증세' 정책으로 서민 주머니를 털기 시작했다. 그에 따라 집권 2년째인 2014년 초에는 '경제혁신 3개년 계획'을 발표하고 '규제와의 전쟁'을 선포하기에 이른다. 이로써 '규제완화-재벌투자-낙수효과-일자리 창출'이라는 경제정책 기본 기조를 확고히 수립했던 것이다(이병천, 2014: 300~301). 그러나 우리는 세월호 참사 이후 규제완화 정책이 참사 이전 정책의 연장선상에 있다 해도, 새로워진 지점들을 놓쳐서는 안 된다. 첫째 규제완화와 경제활성화 정책이 세월호 참사를 지우기 위한 공격적 프레임의 성격을 가졌다는 것이다. 새 경제사령탑으로 들어선 최경환 부총리가 선봉장이 되었다. 둘째 '재벌 프렌들리 규제완화-투자활성화-일자리 창출'을 겨냥하는 낙수효과 정책과 함께, 박근혜 경제의 또 하나의 축으로 대대적인 '빚 권하기-부동산 부양 정책'을 추진했다는 것이다.

참사 이후 박근혜 정권은 규제완화와 이를 통한 경제활성화를 세월호 참사 책임에 시달리고 있는 권력의 수세적 위치를 반전시키는 공세적 대항 기획으로 밀어붙였다. 세월호 참사는 물론, 유가족과 시민사회의 무리한 요구 때문에 정국 혼란이 이어지고 소비 부진과 경기 침체가 야기되었다고 주장하면서, '규제완화-경제활성화' 정책을 민생 대책이라며 들고 나왔다. 대표적으로 대통령의 다음 발언을 볼 수 있다.

최근 세월호 사고 여파로 소비심리 위축 조짐이 나타나고 있습니다. 경기지표가 나빠진 다음에 뒤늦게 대책을 내놓기보다는 선제적으로 대응해서 심리 위축을 최소화하고 경기회복의 모멘텀을 이어가야 하겠습니다. …… 경제에 있어서 뭐니뭐니 해도 가장 중요한 것은 국민의 심리가 아니겠습니까. 심리가 안정돼야 비로소 경제가 살아날 수가 있습니다. 그런데 사회불안이나 분열을 야기시키는 일들은 국민경제에 전혀 도움이 안 될 뿐 아니라 결정적으로 우리 경제에 악영향을 끼치게 됩니다. 또 그 고통은 국민들에게 돌아오게 됩니다(박근혜 긴급민생대책회의, 2014년 5월 9일).

이것은 청와대 앞에서 대통령 면담을 요구했던 세월호 유가족들이 경찰에 둘러싸여 있을 때 대통령이 '긴급민생대책회의'를 주재하며 했던 발언이다. 박근혜는 사태의 근본적 맥락은 묻어버린 채 경기가 침체하면 국민이 고통받고 서민경제가 어려워진다고 말하고 있다. 요지인즉 경제가 회복되지 않는 것은 세월호 탓이고 불순한 유가족이 사회불안을 일으키기 때문이다, 경제가 어려우니 세월호 문제로 시끄럽게 하지 말고 '가만히 있으라'는 것이다. 이 선동적 발언 이후 정부 관료들과 보수언론들에 의해 '경제침체로 가장 큰 피해를 입는 것은 서민의 삶이다, 규제를 풀어 경제를 살려야 한다'는 취지의 말들이 줄을 이었다. 박근혜의 프레임에 따르면 세월호 진상규명과 재발방지를 요구하고 이를 위해 합당한 규제를 주장하는 사람들과 행동은 사회불안과 혼란을 조성하며 경제를 죽이고 그래서 국민을 고통에 빠트리는 주범으로 몰리게 된다. 즉, '규제완화는 선, 규제는 악'으로 둔갑한다(나익주, 2015 참조). 진실을 말하자면 경기 침체는 다름 아니라 세월호 참사를 초래한 국가의 무책임과 무능력, 그리하여 재난위험에 대한 국가의 위기관리능력과 안전책임담당능력에 대한 국민들의 근본적 불신, 불안 때문이라고 해야 한다. 여기에 고용불안, 주거불안, 교육불안, 보육·육아불안, 노후불안, 빚에 눌린 불안 등, 고위험·고불안 사회에 사는 국민들의 삶의 불안과 미래 불안이 겹쳐 있다(백남주, 2014). 그러나 박근혜식 '세월호-경기침체' 프레임에 따르면 이 같은 진실이 밀려나고 묻힌다.

초이노믹스와 부동산 규제완화, 부채주도 성장

'세월호-경기침체' 프레임은 대통령의 5.19 국민담화에 이어 진상규명 요구의 예봉을 꺾는 데 상당한 성공을 거두었다. 그러나 실제 경제를 활성화시키는 것은 또 다른 문제다. 박근혜 정부 1기 경제정책을 이끈 현오석 부총리는 청와대에 충성을 다하는 거수기로는 좋았을지 모르지만 무능, 무소신, 무책임한 인물이었다. 그리고 최경환은 2기 경제팀 구원투수로 등장해 대통령의 말대로 경제심리를 살리는 '규제완화-경제활성화' 드라이브를 걸었다. 그는 일찍이 2007년 대선 때 박근혜 후보의 '줄푸세' 공약을 주도했던, '규제완화'의 대명사와도 같은 인물이었다.[14]

---

14 최경환은 이명박 정부 시기 해외 자원개발 사업에 중대 책임을 지고 있는 인물이기도 했다(김정필, 2015.9.1).

등장 초기에 최경환은 세법 개편안으로 이른바 가계소득증대세제 3대 패키지(근로소득증대세제, 배당소득증대 세제, 기업소득환류세제)를 내놓아 사람들이 짧은 기간이나마 기대에 부풀게 만들었다. 이 정책은 낙수효과조차 말라버린 수출주도, 부채주도 성장체제를 넘어서고 고삐 풀린 재벌 지배체제를 견제할 수 있는 대안을 낸 것은 물론 아니었지만, 일각에서는 진보석 '소득주도성장론'을 일부 수용한 것이라는 말까지 나왔다. 특히 기업소득환류세제는 투자, 임금증가, 배당 등이 당기 소득의 일정액에 미달한 경우 기준 미달액에 추가과세를 하는 제도로 주목을 받았다. 엄청나게 쌓인 대기업의 사내유보금이 가계소득으로 흘러가 구조적 내수 부진을 타개할 수 있는 방안으로 보였기 때문이다. 그러나 이 정책의 실체는 이명박 정부의 나쁜 유산인 법인세 감세를 정상화해 복지를 확대하는 정공법의 회피책이었다. 그뿐만 아니라 세월호 참사 특별법과 마찬가지로 여기서도 '시행령'이 말썽이었다. 시행령에 따르면 설비 투자나 연구개발 투자 외에 업무용 부동산까지 투자에 포함시켜 과세 대상에서 제외된다. 결국 기업소득환류세제는 빈껍데기만 남게 되었다. 그리고 배당소득 증대세제도 혜택은 부자들에게 집중될 뿐이었다. 최저임금 인상이나 비정규직 양산 정책의 개선 등 실질적인 근로소득증대대책을 회피한 것은 두말할 것도 없다.

이른바 '초이노믹스'의 본색은 세법 개편안이 아니라 부동산 규제완화와 이를 통한 경기 부양책에서 드러났다. 이 정책 또한 박근혜의 대선 공약[15]을 배신한 것으로 세월호 이후 박근혜 줄푸세 경제의 핵심

---

15 하우스푸어 및 렌트푸어 대책, 행복주택, 공공임대주택 등의 패키지로 되어 있었으며 가계부채율을 5% 감소시키겠다고 했다. 부동산을 띄워 경기를 부양한다는 정책은 없었다. 이 점을 지적해준 김남근 변호사께 감사드린다.

이며 두 차례 선거에서 야당의 무력한 세월호 심판론을 누르고 여당이 압승하는 데 공신 역할을 했다. 최경환은 부동산 규제를 속속 무장해 제시켰다. 대출규제 완화(담보인정비율 LTV, 총부채상환비율 DTI 각각 60%, 70%)에서 시작해 재건축 규제완화, 그리고 분양가 상한제 폐지를 비롯한 부동산 3법 개정 등의 정책이 이어졌다. 그리고 한국은행을 압박해 기준금리를 1%대로 낮추게 했다.

이처럼 국가가 대대적으로 가계 빚을 권장하고 대중이 부동산 재테크에 몰두하는 투기적 시장 포퓰리즘 또는 '부채주도 성장'은 '규제완화 및 노동시장 유연화-대기업 투자-나쁜 일자리 창출-낙수효과' 정책과 함께 소비 침체, 수출 부진 및 실물 투자 침체에 따른 구조적 수요 부진과 저성장의 악순환을 타개하기 위한 신자유주의 줄푸세 정책의 핵심적 기둥이다. 기존 주택 소유자나 주택 구입능력이 있는 소유자 계층은 당연히 이 정책에 큰 박수를 보낸다. 그뿐 아니라 집값이 계속 오른다는 기대가 있으면 중하위계층도 호응한다. 그러나 한국에는 세입자의 굴레를 벗어나지 못하고 과중한 주거비 부담 때문에 고통받는 무주택계층(주거빈곤층)이 널리 존재한다(〈그림 3-2〉 참조). 이들에게 정체된 소득 대비 높은 주택가격과 주거비는 삶의 불안과 고통을 안겨주는 심각한 요인이다. 원리금 상환 부담 때문에 주택을 구입할 수 없는 사람들이 매우 많다.

초이노믹스가 추구하는 '가계부채 증대-주택가격 상승-경기활성화' 정책은 본질적으로 주택문제에서 불평등을 심화시키는 정책이다. 초이노믹스의 유산계급 편향성은 전세 대책의 부재에서 확언히 드러나 취약한 중산층과 서민들은 전셋값 폭등과 월세 전환으로 고통받게 되었다(선대인, 2015.9.7). 또한 거시경제 측면에서도 폭증한 가계부채 부담과 미래 불안 때문에 자산효과는 미미한 것으로 나타났다. 신규

그림 3-2　소득계층별 주택 자가보유율 추이 (단위 %)

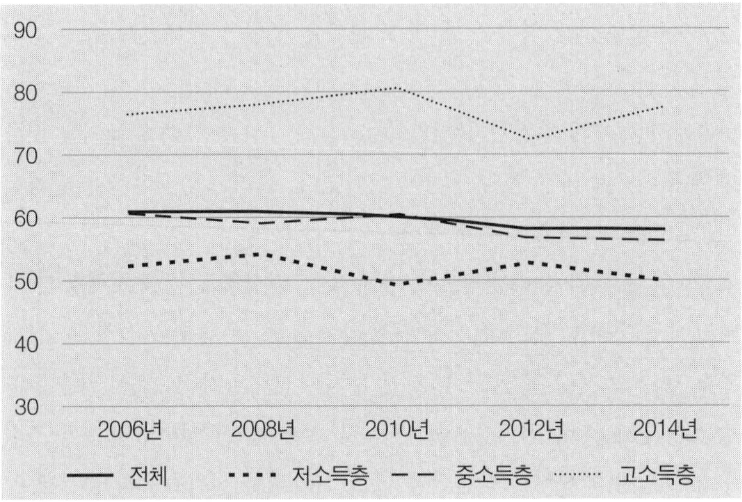

자료: 국토교통부 '주거실태조사'(각 연도).

표 3-2　은행권 주택담보대출 자금용도별 신규취급액 추이 (단위: 조 원, %)

구분	2013년 상반기	2013년 하반기	2014년 상반기	2014년 하반기	2015년 상반기
주택담보대출	66.8 (100)	57.0 (100)	56.7 (100)	90.3 (100)	109.6 (100)
주택 관련	34.1 (51.0)	34.0 (59.7)	35.0 (61.8)	50.5 (55.9)	60.0 (54.7)
(주택구입)	30.2 (45.1)	30.1 (52.8)	29.7 (52.4)	43.8 (48.5)	53.6 (48.9)
기차입금 상환자금	16.5 (24.7)	9.8 (17.2)	9.1 (16.1)	18.5 (20.5)	22.3 (20.3)
생계자금	7.4 (11.1)	7.0 (12.2)	6.9 (12.1)	11.4 (12.6)	15.7 (14.4)

주: 괄호 안은 비중(%)임.
자료: 박원석 의원실, 2015 국정감사 보도자료 #12, 2015.9.10.

주택담보대출의 자금용도를 보면, 주택구입에 사용한 비중은 감소한 반면 기차입금 상환이나 생계자금 비중이 증가했다(〈표 3-2〉 참조). 빚에 허덕이면 소비는 멈추기 마련이다.[16]

결론: 불량국가와 그 너머

이 글은 세월호 참사 과정에서 유가족들과 국민들이 던졌던 "국가란 무엇인가", 그리고 "국가는 없다"라는 말이 정확히 어떤 의미를 갖고 있는지에 대해 한 걸음 더 들어가 탐구해보려는 문제의식을 갖고 있었다. 그러나 한 편의 짧은 글로 그 물음과 대답이 갖는 의미를 전반적으로 다루는 것은 불가능한 일이다. 따라서 이 글에서는 세월호 참사의 발발과 이후 대응과정에서 박근혜 정부의 규제완화 기조가 어떤 복합적 내용과 문제점을 가지고 있었는지를 밝히는 데 한정했다. 분석은 두 부분으로 나누어 이루어졌다. 먼저 박근혜 정부가 과거 적폐의

---

16 2015년 이후 박근혜 정부는 단기 경기부양책의 한계를 알았기 때문인지 4대 구조개혁 과제(공공·노동·교육·금융)를 들고 나왔다. 그러면서 롯데그룹 사태 등 재벌총수 일가의 경영권 분쟁으로 연일 떠들썩하고 한국형 세습자본주의와 불평등 경향이 공고화되고 있음에도 불구하고 노동개혁을 최우선 과제로 밀어붙였다. 임금피크제 도입과 일반해고의 자유화로 일자리를 늘린다는 것이 목표다. 정부는 장년 노동자, 정규직 노동자를 가상 표적으로 삼았는데, 이는 세월호 참사에 대한 대응에서 유가족을 '순수'와 '불순'으로 살라지기 한 것과 유사한 전략이라 하겠다. 불량 '저질국가'의 또 다른 얼굴을 보여주는 이 노동시장 개혁은 불안정 노동을 확대하고 노동조건을 악화시킴으로써 '저질 일자리'를 양산하고 삶의 불안과 사회 분열을 심화시킬 것이다. 그뿐만 아니라 의도와는 반대로 내수 침체와 저성장 함정 상황을 한층 심화시킬 것이다.

청산 약속을 깨고 규제완화로 회귀함으로써 그 부메랑 효과로 세월호 참사를 자초했다고 보면서 신자유주의적 요소와 개발독재적 요소의 중첩에 대해 분석했다. 이어 참사 이후 세월호 국면 타개를 위해 취해진 경제활성화 정책을 검토해 박근혜 정부가 여전히 규제완화 일변도로 나아감으로써 무책임 국가의 속성이 재생산되고 있음을 살펴보았다. 박근혜 정부는 집요하게 규제완화 정책 기조가 세월호 참사의 근본원인이라는 점에 대해 침묵하거나 이를 억압한다. 그리고 참사 이후에도 규제완화 일변도 정책을 추구한다. 이 글은 왜, 어떻게 그것이 세월호 참사의 근본 원인으로 작용했으며, 이후에도 우리의 삶을 위험에 빠트리고 있는지를 밝혔다.

재난안전과 복지안전 장치 구축을 위해 그리하여 구성원의 생명과 존엄을 지키기 위해 시대정신이 부여하는 기본적 공적 책임을 공동화(空洞化, hollowing out)시키며 국가시민의 시민권 요구에 반응하지 않는 퇴행적 국가, 기본적 책임규율을 내던져버린 무책임하고 무능한 국가는 공공성을 담지하는 유능한 책임국가와 대비하여 족히 '불량국가'라 부를 만하다. 원래 불량국가(不良國家, rogue state)는 냉전종식 이후 미국이 자국의 안전보장과 대외 군사개입의 구실을 찾기 위해 만들어낸 개념으로, 미국의 입장에서 '평화로운 세계질서'에 위협을 가하는 범죄국가 또는 저질국가를 의미한다. 그러나 우리는 재난 위험과 시장자본주의 위험으로부터 국민을 보호하고 구성원의 생명과 존엄을 지켜야 할 국가의 공적 책임 및 그에 대한 시민권적 요구에 부응하지 않고 복종을 강요하는 무책임하고 무능력한 저질국가라는 의미로 불량국가를 확장·재구성할 수 있다고 본다.[17] 그런 의미에서 박근혜 정부는 한국판 불량국가라 해도 좋을 것이다.

세월호 참사라는 사태는 304명의 무고한 희생자, '구조자 0명'이라는 박근혜식 불량국가의 절망적 기록과 함께 엄연한 사실로서, '리얼' 그 자체로 분명히 존재한다. 그러나 참사 이후 우리의 공동의 삶에서 그것이 어떤 '상징적 기원'(진태원, 2015.6.1)으로서 전환적 의미를 가

---

17 촘스키는 불량국가라는 말을 미국에 되돌려주었다. 그는 미국이 세계인권선언과 유엔 헌장, 국제법과 여러 관행들을 철저하게 무시하고 힘의 지배를 실행한다고 하여 미국을 불량국가라고 말한 바 있다(촘스키, 2001). 발리바르는 불량국가라는 말을 사용하진 않았지만 내용적으로 그런 의미를 갖는 '국가 없는 국가주의'라는 개념을 제시했다. 그것은 정치의 책임이 부과될 수 있고 사회적 이해관계와 세력 사이에서 공적 매개의 역할을 수행하는 제도로서의 국가는 사라지고, 행정적이고 억압적인 실천을 일삼으며 특수한 이해관계들이 국가를 사유화하는 새로운 경향을 가리킨다(발리바르, 2010: 292~293). 바우만도 유사한 생각을 피력했다(바우만·보르도니, 2014: 37~61). 벡(2006)은 선진국을 중심으로 산업적 근대화에 내재된 위험사회 경향과 '조직화된 무책임'을 밝혔다. 그의 위험사회론은 성찰적 근대화와 대비되는 '단순 근대화'에 내재된 위험을 비판하고 있고 신자유주의적 국가무력화와 민관유착 문제에 초점을 맞춘 담론은 아니지만 위험과 안전의 문제에 대해 보편 담론으로서 큰 의미가 있다. 클라인(2008)은 벡과 달리 신자유주의 시대 미국을 주된 연구대상으로 삼아 재난을 영리사업화한 자본주의를 재난자본주의로 개념화하고, 그 지배연합을 재난자본주의 복합체로 파악했다. 다른 한편 국내 논의에서는 백낙청이 이명박과 박근혜 정권, 그리고 이승만 정권 하의 한국을 '무능하고 지리멸렬'하다면서 불량국가로 진단했다(백낙청, 2014: 144~145). 조한혜정은 세월호 참사와 관련하여 국민안전과 생명을 보호할 공공성의 임무를 저버린 국가를 불량국가로 규정했다(조한혜정, 2014). 내가 확장·재구성한 불량국가 개념은 이들의 논의에 기반을 두며 이어받는다. 그러나 한국적 맥락에서 특히 재난안전과 복지안전에 대한 국가의 무책임과 무반응, 그 바탕에 깔려 있는 인간의 생명과 존엄에 대한 불감증, 공권력의 사유화와 관민유착 현상에 초점을 둔다. 그들의 논의에서는 국가 무책임뿐만 아니라 국가능력 문제에 대한 인식이 부족한 것도 중요한 빈틈이다. 그리고 조한혜정이 풀뿌리 자율과 환대에 초점을 맞추고 있다면, 나의 시선은 그것을 존중하면서도 공공적 책임국가 또는 국가를 경유하는 자치와 연대의 재구성 쪽에 더 두어진다. 풀뿌리 자치주의는 국지적 담론으로의 한계를 극복해야 할 과제를 갖고 있다.

지게 될지는 별개의 문제, 여전히 열려 있는 문제다. 그것은 우리가 어떻게 책임 있는 공적 시민으로서 세월호 참사를 기억하고 이른바 '상속의 책임'을 지는가, 어떻게 애도에만 머물지 않고 불량국가를 넘어 공공적 책임국가, 민주적인 유능한 국가 구성의 길로 나서는가에 달려 있으며 뛰어나게 쟁투적인(contentious) 의제다.

세월호의 책임 있는 시민적 상속자로서 우리의 과제는 이제 시작되었을 뿐이다.[18] 세월호 참사를 통해, 수백 명의 생죽음을 대가로 치르고 또 유가족들과 시민사회의 연대력에 힘입어 우리는 "국가란 무엇인가"라는 물음과 지금 "국가란 없다"란 답을 얻었다.[19] 이 물음과 답을 놓지 말자. 그리고 여기에는 불량국가를 넘어 내일의 국가에 대한 기대와 열망도 깔려 있는 것인데, 그렇다면 어떻게 내일의 책임국가로 나아갈 것인지에 대해서도 함께 생각해보아야 한다. 그런데 중대한 난점은 불량국가가 참사의 공범자일 뿐 아니라 국가에 대한 불신과 우리 서로에 대한 깊은 불신, 그리고 좌절을 조장하고 있다는 사실이다. 불량국가는 근본적으로 불신국가, 불통국가다. 불량국가는 불신공화국, 불통공화국을 조장한다. 이런 '불신의 정치화' 및 그 동전의 뒷면인 '불안의 정치화' 전략은 내일의 국가로 가는 길에 중대한 장애가 아닐 수 없다. 너와 나의 안전을 보장하고 존엄을 존중하는 내일의 국가, 내일의 공화국은 불량국가가 조장하는 불신과 불통, 패배와 좌절의 악순환

---

18 정의를 위한 시민으로서 정치적·집단적 공유 책임에 관해서는 영(2013)의 논의를 참조할 수 있다.

19 우리는 참사 이후 유가족들의 시민적 각성에 대해 주목하고 감사해야 하는데, 이들이 공적 시민으로 재탄생한 것과 관련해서는 416 세월호 참사 시민기록위원회 작가기록단(2015), 김순천(2015.4.23), 이 책의 제10장 「유가족은 왜 활동가가 되었나」를 참조할 수 있다.

에서 빠져나오지 않으면, 고립과 각자도생을 넘어 서로 믿지 않으면 오지 않는다. 그렇다면 우리는 어떻게 세월호 이후 무너진 국가 신뢰와 우리 서로를 이어주는 신뢰를 다시 세우고 너와 나를 연결해주는 시민적·인간적 연대를 만들어낼 수 있을까? 어떻게 우리 같이 숲이 되어 지키고 가꾸는 시민 주체의 나라를 가질 수 있을까? 세월호 참사는 어떻게 기억되고 이후 진로는 어떠할까? 참사에 대한 올바른 진상규명, 책임자 처벌과 권한에 상응하는 책임규율 세우기, 이에 기초한 상처의 치유야말로 내일의 국가, 내일의 공화국을 시작하기 위해 반드시 거쳐야 할 통과점이다.[20]

---

20 이석태 세월호 특위위원장의 인터뷰(2015.4.6) 참고. 그는 이렇게 말한다. "제대로 진상규명을 하지 못하면 그 좌절감이 한국 사회에 심각한 불신으로 나타날 것이다. 진상규명도, 안전 대책과 피해 지원도 확 축소해 한국 사회를 치유할 수 있는 기회를 박탈한다."

4

박태현

세월호의 위험과 대응

개인 책임을 넘어 기업·국가 책임으로

들어가며

세월호 사건에서 나에게 가장 충격적이었던 것은 선장과 123구조선 정장의 행태였다. 판결문이 적시하고 있는 바와 같이 사건 당시 선장이 제때 퇴선 명령을 내렸더라면, 또한 구조선 정장이 최소한의 구호조치를 적시에 취했더라면 마찬가지로 적지 않은 인명이 구조되었을 것이다. 나는 특히 이 문제적 두 사람의 행태를 통해 세월호 사건을 '권력'으로서의 기업과 '조직적 무책임체계'로서의 국가라는 맥락 속에서 살펴보고자 한다. 법원은 선장이 사고 당시 승객들의 퇴선 여부 및 그 시기와 방법을 결정할 수 있는 유일한 권한을 가졌는데도 '골든타임'에 아무런 조치를 취하지 않는 등 선장으로서의 역할을 포기했다며 부작위에 의한 살인죄를 인정했다. 또한 해경의 123정장에 대해 현장지휘관으로서 기본적인 승객 퇴선 유도 조치를 하지 못했다며 업무상과실치사죄를 인정했다. 이처럼 선원들과 현장구조지휘관에 대한 개

인적 책임을 묻는 것으로 세월호 참사에 따른 형사법적 책임은 마무리
되어야 하는 것인가? 결론부터 말한다면 나는 그렇지 않다고 본다. 세
월호의 위험은 체계가 배태한 위험이고, 또 위험이 결국 현실화되고
만 것은 위험을 통제하고 관리하는 시스템이 기능부전의 상태에 있었
기 때문이다. 따라서 (행위자 개인과 함께) 위험을 배태한 체계와 위험 통
제·관리 시스템도 보아야 한다. 또 이럴 때만이 제2의 세월호를 방지
하기 위한 시스템의 재설계에 관한 올바른 방향을 제시할 수 있다고
믿기 때문이다.

　따라서 세월호 위험을 배태한 체계가 무엇인지를 먼저 확인하고,
이러한 체계적 위험이 현실화될 수 있었던 한 원인으로서 위험대응 시
스템에 어떠한 문제가 있었는지를 살펴보고자 한다.

체계적 위험으로서 세월호와 위험대응 시스템으로서 형사 법의 한계

체계적 위험으로서 '세월호'

　세월호 선원에 대한 형사사건의 재판부는 판결문에서 세월호가
침몰한 원인을 다음과 같이 밝히고 있다.

　세월호 승무원들은 배의 문제점을 알고 있었는데도 무시했고 사고
이후에는 무책임했다. 당시 세월호에는 적재 기준치보다 1천 65t 초
과한 화물이 실렸고 복원성 유지를 위한 평형수 930t 및 연료유
410t, 청수 31t이 줄어든 상태였다. 화물을 과적한 만큼 평형수, 연
료유, 청수를 덜어낸 것이다. 당시 화물 적재 담당자인 1등 항해사

강모(42) 씨는 과적 사실을 묵인했고 총책임자인 이준석(68) 선장은 이를 제대로 점검하지 않았다. 2등 항해사 김모(46) 씨도 과적과 고박 부실 등을 점검하지 않고 3등 항해사 박모(25·여) 씨에게 업무를 일임했으며, 박 씨 또한 점검 없이 안전점검보고서에 적재량 등을 허위로 작성했다. 복원성이 현저하게 약화됐고 과적에다 고박마저 부실한 상태로 항해한 세월호는 4월 16일 오전 8시 48분 변침 지점인 전남 진도군 병풍도 인근 맹골수도에 진입했다. 이 선장은 당시 조타실을 비웠다. 조타상의 과오[1] 내지 조타기 등의 결함과 과적 상태에서 고박마저 부실한 화물로 인해 세월호는 점차 좌현으로 기울며 침몰이 진행됐다. 오전 8시 52분 선실에 있던 이 선장을 비롯한 승무원 6명이 조타실로 모였다. 이들은 배가 침몰할 것이라는 사실을 깨닫고 해경에 구조 요청을 했다. 이들은 선내 방송을 통해 승객들을 통솔하고 불가피하다면 퇴선 명령을 내려야 했지만 안내데스크의 양대홍 사무장(사망)에게 '구명조끼를 입고 선내에 대기하라'는 선내 방송을 내보낼 것을 지시하고 탈출 준비를 했다.[2]

즉, 세월호는 적재정량을 훨씬 초과하여 화물을 실었고, 특히 과

---

1   검사는 조타를 맡은 3등 항해사 박 씨의 지휘를 받은 조타수 조모(55) 씨가 조타기를 우현으로 소각도가 아니라 대각도로 변침하는 실수를 범했고, 이것이 세월호 사건의 한 원인이 되었다며 조타수를 업무상 과실로 기소했고, 1심 법원은 유죄로 인정했다. 그러나 원심 법원은 이 사건 사고 당시 세월호의 조타기나 프로펠러가 정상적으로 작동했는지에 관해 합리적인 의심이 있는 이상 조타에 과실이 있다고 단정하기 어렵다고 판단해 무죄를 선고했고, 대법원은 원심판결이 정당하다고 보았다(대법원 2015.11.12. 선고 2015도6809 전원합의체 판결 33~34쪽).
2   광주고등법원 2015.4.28. 선고 2014노490 판결.

적을 위해 평형수도 일부 빼냈다. 또한 불량하게 고박되었던 화물이 풀려 왼쪽으로 쏠리면서 세월호는 복원력을 상실한 채 서서히 침몰하기 시작했다는 것이다. 바람과 파도가 존재하는 바다를 운항하는 선박의 안전은 복원성[3]에 의해 유지된다. 복원성에 가장 큰 영향을 미치는 것은 배의 중심높이다(정유섭, 2015: 38). 청해진해운은 2012년 10월 8일 세월호를 일본에서 도입한 후 같은 달 21일부터 2013년 2월 12일까지 여객설비 증설공사를 실시했다. 한국선급에 의한 선박 복원성 검사는 2013년 1월 24일에 마쳤다. 증설 공사 이후 세월호의 무게중심은 11.27미터에서 11.78미터로 51센티미터가 높아졌다. 여객 탑승가능 인원은 804명에서 921명으로 117명 증가되었다(정유섭, 2015: 39). 한국선급은 무게중심 이동으로 세월호의 복원성이 약화되었기 때문에 구조변경을 승인하면서 조건을 붙였다(이러한 한국선급의 조건부 승인 자체에 명시적으로 관련 법 위반 사항은 없지만, 그러한 조건의 현실적 준수 가능성에 대한 고려가 제대로 이루어졌더라면 구조변경을 승인하지 않을 수 있는 상황이었다). 즉, 화물적재량은 987톤(구조변경 전 2473톤)으로, 여객은 83톤(변경 전 88톤)으로 각격 축소하고, 평형수는 1703톤(변경 전 370톤)으로 늘려야 한다고 한 것이다(정유섭, 2015: 39).

이러한 승인조건에 따라 복원성을 유지하면서 적재할 수 있는 화물의 최대치는 1077톤이었으나, 세월호는 사고 당일 그보다 1065톤

---

3   '복원성'이라 함은 수면에 평형상태로 떠 있는 선박이 파도·바람 등 외력에 의하여 기울어졌을 때 원래의 평형상태로 되돌아오려는 성질을 말한다('선박안전법' 제2조 제8호). 여객선이나 선박길이가 12미터 이상인 선박 소유자는 해양수산부 장관이 정하여 고시하는 기준에 따라 복원성을 유지하여야 한다(같은 법 제28조 제1항).

초과한 2142톤 상당의 화물을 실었다.[4] 세월호를 도입하느라 발생한 비용을 여객과 화물에서 충당하고자 배를 증축하려는 당초 의도[5]와 달리 증설공사로 말미암아 여객 수는 물론 화물적재량도 대폭 감소하게 되었다. 증설공사로 인해 오히려 수익성 악화가 뻔히 예상되는 상황에서 "회사 대책회의 결론은 복원성 기준을 무시하더라도 화물을 더 실어 수익을 내는 수밖에 없다"는 것이었다(오준호, 2015: 189). 이처럼 한국선급이 구조변경을 승인하면서 붙인 조건은 경영 수익의 측면에서 청해진해운이 도저히 지킬 수 없는 것이었다. 세월호의 과적은 세월호 사건 당시에 한해 문제된 것은 아니다. 청해진해운은 세월호 도입 직후부터 과적으로 초과 수익을 얻어왔다.[6] 말하자면 과적이 일상이었던 것이다.

---

4   광주고등법원 판결문, 72쪽.

5   청해진해운은 2009년까지 '인천-제주' 항로에 오하마나호를 투입하여 운송업을 영위했다. 2010년경 다른 회사가 인천-제주 노선에 들어오려 한다는 말을 들은 대표이사 김한식은 '월-수-금' 노선인 오하마나호 노선에 더해 '화-목-토' 노선도 차지하기로 했다. 그래서 1994년 일본에서 건조한 나미노우에호를 인수하고 2010년 10월 22일 선박명칭을 세월호로 하여 등록했다. 이 과정에서 청해진해운은 공무원과 해경 간부들에게 뇌물을 주고 2013년 3월 증선인가를 따냈고 2014년 12월 11일 목포지원 제1형사부는 인천항만청, 인천해경 전현직 간부들 및 청해진해운 임원에 6개월~5년 형을 선고했다(오준호, 2015: 186~187). 김한식은 세월호 도입으로 발생한 비용을 여객과 화물에서 충당하고자 배의 증축 및 수리를 지시했다(오준호, 2015: 187).

6   이 점에 관하여 검찰의 공소사실에는 2013년 3월 15일부터 2014년 4월 15일까지 총 139회 운항으로 29억 6000만 원의 초과 운임을 획득했다고 한다. 다만 재판부는 증거가 부족하다고 했다(오준호, 2015: 190쪽).

위험 통제 시스템의 기능부전

위험의 통제 시스템은 회사 내부의 자가 시스템과 국가에 의한 통제 시스템으로 나누어볼 수 있는데 당시 이들은 모두 기능부전 상태에 빠져 있었다.

일상적 과적에 따른 세월호의 위험을 선원들은 몸으로 느꼈다. 선장 이준석은 물류팀장에게 좌우 균형이 많이 뒤틀린다고 말했고, 정식 선장 신보식도 "이 배가 대한민국에서 가장 위험한 배"라고 (농담조로) 말하기도 했다(오준호, 2015: 190). 청해진해운의 대표이사는 복원성에 문제가 있다는 보고를 수차례 받았는데도 직원들에게 항상 "열심히 해 달라"고만 얘기했다(오준호, 2015: 192). 세월호는 실제로 여러 차례 사고가 발생했다. 가령 2014년 1월 20일 사고 이후 구조변경으로 인해 선박 무게중심이 이동하여 화물을 싣고 내릴 때 기울어서 안전사고의 위험이 있다는 내용의 사고 보고서가 사장과 임원진에게 올라갔다. 하지만 문제를 해결하려는 조치는 취해지지 않았고, 불안감을 느낀 승무원 일부가 사표를 내고 회사를 떠났다(오준호, 2015: 191). 세월호 운항관리 규정상 안전관리 담당자는 청해진해운의 해무팀장이다. 그런데 이 규정의 안전 지휘 체계에 의하면 안전관리 담당자는 물류팀 등 회사의 다른 부서보다 높은 지위와 권한을 가지고 있어야 하지만 현실은 정반대였다. 청해진해운은 화물영업을 맡은 물류팀이 실권을 쥐고 과적을 지휘했다.[7] 세월호 선장과 선원들은 소극적으로 이의를 제기하거나

---

7   상무 김영붕은 대놓고 물류팀에 "너희들이 회사를 먹여 살린다"고 격려했고 물류팀 부장 남호만은 "빈 스페이스 없이 붙여 실어라"고 독촉했다. 팀장 김정수는 현장에서 이미 고박한 화물도 "풀어서 다시 빽빽하게 붙여라" 하고 요구해 하역업체와 고박 노동자들의 불만을 샀다(오준호, 2015: 195).

하소연을 했지만 적극적으로 화물 선적을 거부하지는 않았다(오준호, 2015: 199). '선원법'에 따라 선장은 출항 전에 화물의 적재 상태를 검사해야 한다.[8] 그런데 선장도 화물 담당자인 1등 항해사(강원식)도 과적을 받아들였다.

한편 선사대표로 구성된 한국해운조합은 현장에서 세월호가 구조 변경 승인조건에 따른 화물의 적정 적재량을 준수하는지 여부를 제대로 검사할 수 없었다. 세월호 출항 전날인 4월 14일 오후 6시 오하마나호 출항을 앞두고 인천 부두에서 실랑이가 벌어졌다. 한국해운조합 인천지부 운항 관리실 소속 당직 운항관리자가 오하마나호 만재흘수선이 잠긴 것을 보고 조타실을 향해 팔을 X자로 엇갈리게 하여 신호를 보냈다. "배 출항 못 합니다." 그 자리에 있던 청해진해운 상무가 운항관리자에게 화를 내며 선장 박진환에게 지시했다. "저 따위 놈 말 한마디에 이 큰 배가 못 가는 게 말이 돼? 야, 빨리 가"(오준호, 2015: 221). '해운법'과 '한국해운조합법'에 따르면 내항 여객선은 한국해운조합이 선

---

8   **선원법 제7조(출항 전의 검사·보고의무 등)** ① 선장은 해양수산부령으로 정하는 바에 따라 출항 전에 다음 각 호의 사항에 대하여 검사 또는 점검(이하 "검사 등"이라 한다)을 하여야 한다.
    1. 선박이 항해에 견딜 수 있는지 여부
    2. 선박에 화물이 실려 있는 상태
    3. 항해에 적합한 장비, 인원, 식료품, 연료 등의 구비 및 상태
    4. 그 밖에 선박의 안전운항을 위하여 해양수산부령으로 정하는 사항
    ② 선장은 제1항에 따른 검사 등의 결과를 선박 소유자 등에게 보고하여야 한다.
    ③ 선장은 제1항에 따른 검사 등의 결과, 문제가 있다고 인정하는 경우 지체 없이 선박 소유자에게 적절한 조치를 요청하여야 한다.
    ④ 제3항에 따른 조치를 요청받은 선박 소유자는 선박과 선박의 안전운항에 필요한 조치를 하여야 한다.

임한 운항관리자로부터 안전 운항에 대한 지도·감독을 받아야 한다. 운항관리자는 선박이 운항 관리 규정을 준수하는지를 점검하며 과승 또는 과적 여부를 점검할 의무가 있다. 운항관리자는 필요하면 선장에 게 출항정지를 명할 수도 있다.[9] 세월호 운항관리 규정에도 "운항관리 자가 안전 운항에 저해요소가 있다고 판단하여 운항 중지를 요구한 때

---

9 **구 해운법 제22조(여객선 안전운항관리)** ② 내항여객운송사업자는 「한국해운조 합법」에 따라 설립된 한국해운조합(이하 "한국해운조합"이라 한다)이 선임한 선 박운항관리자(이하 "운항관리자"라 한다)로부터 안전운항에 관한 지도·감독을 받아야 한다.
④ 운항관리자는 해양수산부령으로 정하는 바에 따라 제21조에 따른 운항관리규 정의 준수와 이행의 상태를 확인하고, 항만에 드나드는 여객선 등을 확인하며, 선 원을 교육하는 등 안전운항을 위한 직무와 지도에 충실하여야 한다.
⑤ 운항관리자는 여객선 등의 안전운항을 위하여 필요하면 해양수산부령으로 정 하는 바에 따라 해양수산부장관에게 다음 각 호의 사항 등을 요청할 수 있다.
2. 출항의 정지
해운법 시행규칙 제15조의11(운항관리자의 직무) ① 법 제22조 제3항에 따른 운 항관리자의 직무는 다음 각 호와 같다.
<u>6. 여객선의 승선정원 초과 여부, 화물의 적재한도 초과 여부 및 복원성 등 감항 성 유지 여부에 대한 확인</u>
같은 규칙 제15조의13(운항관리규정의 준수·이행 상태 확인) ① 법 제22조 제4 항에 따라 운항관리자는 내항여객운송사업자가 제출한 운항관리규정의 이행 상 태를 정기적으로 연 1회 이상 확인하여야 한다(이하 생략).
같은 규칙 제15조의14(운항관리자의 출항정지 등의 요청) ② 운항관리자는 여객 선의 안전확보를 위하여 긴급히 조치하여야 할 사유가 있는 경우에는 내항여객 운송사업자 또는 선장에게 출항정지를 명할 수 있다(이하 생략).
참고로 세월호 사건 이후 선박운항관리책임은 한국해운조합에서 선박안전기술 공단으로 넘어갔다. 해운법 제22조(여객선 안전운항관리) ② 내항여객운송사업 자는 「선박안전법」 제45조에 따라 설립된 선박안전기술공단이 해양수산부령으로 정하는 자격을 갖춘 사람 중에서 선임한 선박운항관리자(이하 "운항관리자"라 한 다)로부터 안전운항에 필요한 지도·감독을 받아야 한다. 〈개정 2015.1.6.〉

에는 운항을 중지한다"고 되어 있다(오준호, 2015: 221~222). 그런데 운항 관리자가 배 출항의 중지를 명했음에도(X자 신호) 어째서 배는 출항할 수 있었던 것일까?

한편 여객선 선장은 '출항 전 여객선 안전점검보고서'를 작성해 운 항관리자에게 제출하고 확인을 받아야 한다. 그러나 세월호와 오하마 나호 선원들은 안전점검보고서를 편법으로 작성해 제출했다. 선체상 태, 기관상태, 통신상태, 화물적재상태 등에는 일괄적으로 '양호' 표시 를, 구명설비, 소화설비, 항해용구 등에는 '완비' 표시를 했다. 가장 중 요한 '현원'란과 '화물'란은 빈칸으로 제출하고 출항한 후 무전으로 운 항관리실에 연락하여 승객 수와 일반화물량 등을 보고한다. 그러면 운 항관리자는 미리 제출받은 안전점검보고서에 이 숫자를 기입한다(오준 호, 2015: 222~223). 어째서 안전점검자와 안전점검 대상 사이에 이런 일 이 일상적으로 일어날 수 있었던 것일까?

법정에서 운항관리자의 변호인은 출항 전 점검보고서를 엄격하게 관리하라는 한국해운조합의 지침은 현실에 적용하기 어려웠다고 주장 했다. 도대체 현실이 어떠하기에 변호인은 이런 주장을 했을까? 해운 조합은 해운업자의 단체이므로 해운선사는 갑이고 상전이며 해운조합 직원은 을의 입장이다. 해운조합이 선임한 운항관리자는 안전관리 시 스템상에서 갑도 을도 아니라 병이다. 운항관리자가 조금만 단속을 강 하게 하면 여객선 선주가 '너희들 우리 돈으로 봉급 받으면서 까불지 말라'고 야단칠 수 있었던 까닭이 바로 여기에 있다(정유섭, 2015: 57).[10]

---

10 이와 관련하여 정유섭은 다음과 같이 말하고 있다. "해운법에 여객선 운임비에 운항관리비를 붙여서 받도록 되어 있다. 그러나 그 돈을 받고 호주머니에서 내놓 은 주체는 해운조합이다. 그래서 당연히 자기들이 운항관리사들에게 봉급을 준

세월호 사고 후 전국 각지 여객터미널에 근무하던 운항관리자 19명이 운항관리를 제대로 하지 않았다는 이유로 구속되었다. 운항관리자 73명이 174척의 여객선을 340개소에 달하는 여객선 기항지에서 출항 전 30분 이내 지도·감독하는 것이 물리적으로 불가능함을 고려한다면 운항관리자만을 탓할 수 없다(정유섭, 2015: 57~58).

그러면 어떻게 해서 이런 터무니없는 감독 시스템이 만들어지게 된 것일까? 해운조합은 1962년 '한국해운조합법'에 근거하여 설립된 특별법인이다. 조합은 2000여 개가 넘는 내항 해운선사들의 협동조직으로 존속하며 해운선사들의 이익을 도모하기 위해 다양한 사업을 수행한다. 그런데 해운조합에 어울리지 않는 이질적 업무가 하나 있는데 바로 여객선 안전운항관리업무다. 1970년 남영호 침몰사고로 326명이 사망하자 정부는 해운조합에 운항관리업무를 부여하여 항만청 공무원과 같이 여객선 안전운항을 담당하게 했다. 그러나 1993년 서해훼리호 사고로 292명이 사망하자 해당 업무는 전적으로 해운조합으로 이관되었고 감독기관도 지방해운항만청에서 해양경찰서로 변경되었

다고 생각하는 것이다. 해운조합은 정부에 운항관리 몫을 받아다가 해운조합에 지급해달라고 요청했다. 그러면 운항관리사들이 심적으로 '나는 정부에서 위임받은 업무를 하는 사람이고, 내 봉급을 주는 것이 정부'라고 느낄 것으로 생각했다. 공무원들은 예산회계상의 문제를 들며 받아들이지 않았다"(정유섭, 2015, 141~142).

참고로 '해운법' 시행규칙 제15조의15(운항관리자의 운용비용) ① 법 제22조 제7항에 따라 내항여객운송사업자가 무담하여야 할 비용은 운항관리자의 보수와 업무수행에 드는 비용(운항관리자의 업무를 보조하는 자에게 필요한 비용을 포함한다)으로 한다.

② 제1항에 따른 비용은 해양수산부장관이 정하여 고시하는 바에 따라 한국해운조합이 내항여객운송사업자로부터 징수한다.

다. 서해 훼리호 사고로 교통부장관, 해운항만청장, 해운국장 등 주요 인사가 물러난 것을 겪은 해운정책당국은 책임선상에서 빠지고 한국해운조합에 여객선 안전점검의무를 부여해 수십억 원의 예산을 지원했다. 하지만 10년이 지나면서 여객선 사고가 없자 예산지원이 줄어 급기야 2004년에는 예산지원이 없어지고 말았다(정유섭, 2015: 56). 해운조합은 여객선 안전짐검업무를 정부가 다시 가져가거나 독립기관으로 옮겨달라고 건의했으나 민간이 스스로 해야 한다는 의견을 가진 국토해양부는 이를 묵살했다(정유섭, 2015: 59).

그러나 법원은 운항관리자가 승선원과 화물량처럼 안전 운항에 결정적으로 중요한 요인을 형식적으로 기재하여 한국해운조합이 여객선의 안전 상태를 오인하게 만들었다며 한국해운조합의 운항 관리업무에 대한 업무방해죄를 인정했다. 세월호 재판을 기록한 작가 오준호는 다음과 같이 말한다.

원칙이 없는 것도, 규정이 없는 것도 아니다. 원칙과 규정을 존중하지 않았기에, 이해관계에 따라 뒷전으로 미루었기에 이렇게 되었다. 또한 원칙과 규정을 지키려고 용기 있게 싸우는 사람이, 원칙과 규정에 따른 불편을 흔쾌히 감수할 사람이 부족했다. 우리는 이 진실 앞에 무엇을 깨달아야 할까(오준호, 2015: 232).

나는 오준호와 달리 원칙과 규정 자체에 물음을 던지고 싶다. 이러한 원칙과 규정은 앞서 언급한 선사와 한국해운조합, 그리고 운항관리자 간의 현실적 역학관계에서 정상 작동하리라 기대할 수 있는 것일까? 그런 점에서 나는 운항관리자는 잘못된 제도가 만들어낸 피해자라고 본다.

체계적 위험의 대응 시스템으로 형사법의 한계

이처럼 세월호의 위험은 경영 오판과 초과 이윤을 거두려는 기업 본성, 그리고 운항 안전 통제 시스템의 기능부전 등에 따른 체계 배태적 위험이었다. 이러한 위험은 체계의 재조정을 통해 제거 또는 최소화해야 하지만, 법('선원법')은 선장이나 항해사 등 개인에게 과적 확인에 대한 최종 책임을 지움으로써 이러한 위험에 대응했다.

법은 일정한 지위를 가진 사람에게 특정한 행위의무를 부과한다. 의무부과는 그 행위자가 의무이행을 할 수 있다는 기대가능성을 전제로 한다. 이러한 기대가능성은 어디까지나 행위자에게 판단 및 선택능력이 현실적으로 존재하는 경우에 한하여 인정된다. 그러나 현실에서는 권력관계가 존재한다. 그리고 이러한 권력관계가 작동함에 따라 행위자가 법이 부과한 의무를 이행할 가능성은 (극도로) 축소되어버린다. 과적이 회사의 계속적 존립유지를 보장하는 조건이 된 시스템적 상황에서, 회사에 소속된 선장이 '선원법'에 따라 선박 소유자에게 과적에 대해 적절한 조치를 요청할 수 있을까? 현실적으로 이를 기대하기란 불가능하다고 보는 것이 맞지 않을까? 그럼에도 법은 현실적 권력관계(경제적 예속관계)를 의무이행을 기대할 수 없는 사유로 고려하지 않는다. 법이 일단 선장에게 출항 전 검사의무를 부과했다면 현실적 권력관계를 고려하지 않고 그 의무 위반을 처벌해야 한다. 그렇지 않으면 검사의무를 부과한 법은 스스로 붕괴할 수밖에 없다. 현대 인간사회의 불행 가운데 하나가 여기에서 배태된다. 개체로서 한 인간은 자신의 판단·선택능력을 제약하는 정치적·경제적 권력관계에 둘리싸여 있다. 그런데 법은 이러한 권력관계를 사상한 채 개체로서 인간 자체를 문제 삼아 책임을 지운다. 책임을 지우는 근거는 우리 인간에게는 칸트의 자율성과 이에 기초한 행위 선택능력이 있다는 것이다. 그런데 과연 그리한가?

배가 점점 기울면서 선원들은 조타실로 모이기 시작했다. 하지만, "3등 항해사는 우느라 사고 경위를 선장에게 설명하지 못했고, 기관장은 가타부타 뛰쳐나가 버렸다. 선장 이준석은 몇 마디 지시를 엉겁결에 던진 것을 끝으로 조타실 뒤편 해도대 옆에 멍하니 쪼그리고 앉아버렸다. 선장이 이런 상황이면 다음 서열인 1등 항해사, 2등 항해사라도 선장이 사리 판단을 하게끔 보좌하든지 아니면 선장을 대신해 지휘를 했어야 하지만 그러지 못했다. 지휘의 구심이 무너진 세월호에서 속절없이 시간만 흘러갔다"(오준호, 2015: 274). 세월호에는 '비상 부서 배치표'에 따른 비상시 지휘 체계가 있었지만 당시 별 소용이 없었다. 선장을 비롯한 선원들은 각자 역할과 기능을 가진 사람들의 유기적 체계가 아니라 계약에 의해 부과된 역할에 따라 기계적 기능을 수행하는 인간들의 단순 집합이었다.

법정에서 선장과 선원들은 공통적으로 "이런 사고가 처음이라 공포로 인해 무능력해졌다"라고 했다. 또한 선원들은 "상부의 지시, 명령이 없어서 쉽사리 행동할 수 없었다"라고 한다(오준호, 2015: 206). 체계는 각자 역량을 유기적으로 연결시켜줌으로써 비상 상황에 조직적·효율적으로 대처할 수 있게 한다. 그런데 이러한 체계가 상하 소통이 되지 않고 위에서 아래로 한 방향으로 정보와 판단이 전달되는 경직된 것이라면 체계에 속한 성원들은 스스로 사고하기보다는 자신의 사고를 오로지 체계에 맡겨버리는 행동을 취하게 된다. 체계에서 정보와 의견, 판단이 상하로, 쌍방향으로 흘러야 자기 스스로 사유하고 판단하는 성원으로서의 개체가 보존되고 이것이 강건한 체계 형성과 유지에 기여한다. 결국 건강한 조직문화에서 강한 위기관리능력이 나오는 것이다. 그러나 한 인간이 언제라도 대체가능한 기계의 부품으로 취급되는 조직과 사회 문화에서는 개인이 스스로 사유하고 판단하는 능력은 점점 취약해질 수밖에 없다. 구조 또는 조직 위계의 힘이 성원 사이에서 지나치게 압도적인 것으로 인식되고, 그래서 무력감을 느낀다면 개인은 체념 속에 스스로 사유하기를 멈추고 체계로 투항해버린다. 타인의 생명과 안전에 관한 책임의식을 가져야 하는 직역에 종사하는 사람들이 이렇게 되어 자신의 일과 조직을 밥벌이를 위한 단순한 일터로, 아렌트의 말을 빌린다면, 행위활동의 여지는 철저히 증발되고 노동행위만이 남는다면, 비상 상황에서 책임의식과 위기수습능력을 발휘하리라 기대하기란 어려울 것이다. 이와 관련해 민변은 다음과 같이 기록하고 있다.

> 국내 최대의 여객선과 승객의 안전을 책임지는 선장이 임시로 투입된 1년 계약직이었고 선원들 대부분이 저임금의 비정규직이었다. 선박회사의 인건비 절감을 위해 선장과 선원들에게 주어진 열악한 근로조건과 대우는 책임의식의 부재로 나타났고 결국 세월호 참사로 귀결되었다(민주사회를 위한 변호사모임, 2014: 158).

청해진해운은 선장들은 배제한 채 매주 간부직과 부장 직급 중심으로 회의를 했다. 선장들은 출항 후 안전 운항에 최종 책임을 지는 자임에도 회의에 참석하라는 통보는 한 번도 받지 못했다(오준호, 2015: 199). 화물을 최대한 적재하기 위해 상습적으로 최소한의 안전장치인 평형수마저 빼버리는 회사의 그러한 조직문화 속에서 세월호 선장 이준석은 선장으로서 사고하고 말하고 행동할 수 있었을까? 직원으로서의 권리는 박탈당한 채 의무와 책임만 강요받는 구조 속에서 과연 비정규직 승무원들이 자신들의 목숨을 걸고 안전임무를 수행하겠는가의 문제는 결국 구조의 문제다(박일준, 2015: 273).

이처럼 문제는 체계 속에서 나왔지만, 처음부터 개인에게 책임을 지우는 귀책의 논증체계로 형성·발전되어온 형사법은 오로지 개인에게 초점을 맞춰 책임 유무를 따진다. 『예루살렘의 아이히만(Eichmann in Jerusalem)』에서 한나 아렌트(Hannah Arendt)는 직업군인(관료)으로서 그저 명령에 따라 행동했을 뿐 미처 그렇게까지는 생각하지 못했다는 아이히만의 법정진술에 대해 이 끔찍한 '사유의 부재'가 얼마나 가공할 범죄인가를 준엄하게 물었다. 검사는 아이히만이 군인으로서, 자신의 지위나 신분에 걸맞게 "말하지도, 생각하지도, 그리고 행동하지도 않았다"며 사형을 구형한다. 자신의 잘못으로 위험에 빠진 승객들을 구하기 위해 최소한의 조치를 취하지 않고 세월호에서 내린 선장은 물론 행위와 결과에 상응해 형사처벌을 해야 한다. 그러나 오늘날 일어나는 대형사고 대부분은 특정한 개인에게 책임을 돌릴 수 없는 '조직유발사고(조직사고)'의 특성을 가지고 있다.[11] 우리는 이러한 특성에도 주의해 위험과 피해의 책임을 개인에게 떠넘기려는 관행적 대응을 넘어 국가나 기업 등에 책임을 관철할 수 있는 (형)법을 기획해야 한다.[12]

조직적 무책임체계로서 국가

'바다 위 경찰'로서 해양경찰청의 구조 실패와 법적 책임

한편 세월호 사고 당시 현장 구조 지휘관으로 지정된 해경 소속

---

11 이 책의 1장 「세월호 참사의 원인과 안전사회로 가는 길」 참고.
12 이 책의 2장 「세월호 참사에서 국가범죄와 희생자의 권리」 참고.

123정장은 승객들이 퇴선하도록 유도하는 조치를 제대로 취하지 않았고, 마치 퇴선유도조치를 이행한 것처럼 함정일지를 허위로 작성했다는 이유로 업무상과실치사 등 혐의로 기소되었다. 업무상과실치사와 관련해 제1심 법원은 피고인의 과실을 일부 인정하고, '탈출이 용이한 곳에 있었던' 피해자들의 사망(56명)과의 사이에 인과관계를 인정해 유죄로 판단, 징역 4년을 선고하고 법정구속했다.[13] 그런데 항소심 법원은 업무상과실치사 관련한 피고인의 과실과 123정이 도착하기 전에 바다로 추락한 1명을 제외한 나머지 모든 피해자들의 사망(303명)과 실종, 그리고 상해(142명) 사이의 인과관계를 인정했다. 구체적으로 피고인에게는 123정이 2014년 4월 16일 9시 30분경 세월호 사고 현장에 도착하기까지 '세월호와 교신 유지, 상황 파악, 승조원 임무 배치 등에 대한 조치'를 소홀히 한 과실과 9시 30분경 이후 '세월호 선장 또는 선원과의 교신을 통한 승객 퇴선 유도', '123정의 방송장비를 이용한 승객 퇴선 유도', '123정 승조원에 의한 갑판에서의 승객 퇴선 유도'의 각 조치를 소홀히 한 과실을 인정했다. 그리고 피고인이 위 조치들을 제대로 취했더라면 승객들이 모두 구조될 수 있었을 것이라고 보며 징역 3년의 실형을 선고했다.[14] 그리고 2015년 11월 27일 대법원은 항소심 판결을 확정했다(2015도 11610 판결).

　여기서 주목해볼 점은 항소심이 정장의 업무상 과실과 인과관계가 인정되는 사상자의 수를 1심보다 더 넓게 인정했음에도 형량은 오히려 감경했다는 것이다. 재판부는 이에 대해 다음과 같이 판시했다.

13　광주지방법원 2015.2.11. 선고 2014고합436 판결.
14　광주고등법원 2015.7.14. 선고 2015노177 판결.

피고인이 평소 대형 선박의 조난사고에 대비한 훈련을 받지 못하고 피고인이 '현장지휘관'으로 지정한 뒤에도 해경 상황실 등에서 피고인과 TRS로 20여 회 통신하여 보고하게 하는 등 피고인으로 구조활동에 전념하기 어렵게 해 해경 지휘부나 같이 출동한 해경들에게도 공동책임이 있어 피고인에게 모든 책임을 추궁하는 것은 가혹한 정상을 참작해 형량을 정했다.

해양경찰청(이하 해경)은 1953년 내무부 산하 경찰대로 출발했다가 1991년 경찰청 소속의 해경으로 격상되었다. 이후 1996년 경찰청에서 독립하여 1998년 해양수산부의 독립된 외청으로 승격되어 사고 당시와 같은 조직이 되었다(정유섭, 2015: 69~70). 이러한 해경은 한일 및 한중 어업협정이 체결되어 역할이 확대되면서 조직이 비약적으로 증대되었다. 해경은 해양에서의 경찰수사와 오염방제, 그리고 해난구조를 직무로 한다.[15] 경찰수사는 행사할 수 있는 권한이지만, 해난구조 업무는 맡아져야 하는 책임이다. 해경은 자신들이 대국민 서비스 기관이라기보다 권력기관이라는 인식이 강하다(정유섭, 2015: 70). 해경의 한 해 예

---

15 해양경찰청과 그 소속기관 직제 제3조(직무) 해양경찰청은 해양에서의 경찰 및 오염방제에 관한 사무를 관장한다.
   제11조(경비안전국) ③ 국장은 다음 사항을 분장한다.
   6. 해상교통안전 및 질서유지에 관한 사항
   7. 연안해역 안전관리
   7의2. 연안 해상교통관제(VTS) 업무의 총괄·조정
   8. 해양사고 재난 대비·대응
   9. 해양에서의 구조·구급 업무
   참고로 해양경찰청과 그 소속기관 직제령은 국민안전처와 그 소속기관 직제〈대통령령 제25753호, 2014.11.19〉의 제정으로 폐지된다.

산을 보면 수사 예산이 해난구조 예산보다 압도적으로 많다.[16] 앞서 재판부가 사실인정한 바와 같이 해경은 해난구조 훈련은 거의 하지 않았다. 해경은 해난구조 책임을 지는 정부기관이라는 정체성도 없었고, 구조 훈련을 상시적으로 수행할 예산도 없었으며, 구조 인력은 실제 훈련도 거의 받지 않아 구조 역량도 갖추지 못했다.[17] 돌이켜 생각한다면 구조기관으로서의 정체성도, 구조 역량도 없는 해경이 세월호 사건에서 상황적합적 판단능력과 이를 전제로 한 체계적 구조능력을 발휘할 것을 기대할 수 없어 보인다. 달리 말하면, 세월호 사태는 "123정의 역량, 장비, 훈련 상태, 지휘관의 상황 판단력 모두를 넘어서는" 사건이었다(오준호, 2015: 167). 세월호 사건이 미국이나 일본에서 발생했으면, 미국 연안경비대나 일본 해상보안청에 의해 전원 구조되었을 것이라는 분석이 뼈저리게 다가오는 것은 이 때문이다(정유섭, 2015: 71).

국가의 조직적 무책임성

그렇다면 왜 해난구조를 직무로 하는 해경의 구조 역량은 제로에 가까웠을까? 국가는 '수난구호법'을 개정하여 구조업무를 외주화했다.

---

16 해상치안과 안전을 책임지고 있는 해양경찰청의 한 해 예산이 1조 원을 상회하고 있지만 정작 해상 재난상황 등과 관련된 해양안전 예산은 180억 원(0.01%)대에 그친다. 25일 국회 예산안 검토보고서를 살펴보면, 2014년도 해양경찰청 예산 전체규모는 전년 대비 5.3%(564억 원) 증가한 1조 1136억 원을 기록했다. 인건비와 기본경비 소요예산이 절반 이상을 차지하는 데다 중국 불법어로 퇴치 등 해양경비분야에 예산이 집중되어 있는 반면 세월호와 같은 재난상황에 대비하기 위한 해양안전 분야 예산은 181억 원에 머물렀다(정혁수, 2014.4.25).

17 감사원의 감사 결사를 보면, 서해청이 주관한 2010~2013년 합동 훈련의 양은 '연간 수색구조 훈련' 실시 기준의 57%에 불과했다. 본청, 서해청, 목포해경 상황실 요원들에 대한 정기적인 전문교육은 형식적으로 이루어졌다(오준호, 2015: 171).

이 법에 따라 사고 선박 소유주는 사고 초기에 직접 민간 구난 구조업체를 선정하여 구조계약을 체결해야 한다(민주사회를 위한 변호사모임, 2014: 83). 이러한 구조역량의 외주화를 통해 '해경-한국해양구조협회[18]-언딘'이라는 유착관계가 형성된 것이다. 세월호 사건 발생 당시 해경차장은 청해진해운에 연락하여 선박인양구난업체를 언딘(언딘의 주주 및 지분은 한국해양구조협회 부총재인 김윤상이 64.5%, 정부 지분 합계 29.92%, 기타 5.56%였다)으로 하라고 종용한 바 있다. 구조 책임 방기를 통해 오히려 유착에 따른 불법이득을 취하는 구조가 형성되었다. 한국의 해경은 구조업무에 관한 한 조직적 무책임 상태에 있었다. 그리고 이 무책임 상태는 정부의 실패와 부정부패가 겹쳐진 데서 기원한다. 이와 관련해 이병천은 다음과 같이 말한다. "'해수부-해운조합-해운사' 간의 유착이 안전장치의 규제완화 및 외주화로 세월호 침몰사고를 가져온 원인이 되었다면, 세월호 침몰 이후 현장 인명구조 작업의 실패는 주로 '해경-해양구조협회-언딘' 간의 삼자 유착에 기인한다."[19]

따라서 구조에 적극적으로 나서지 않은 정장에게 책임을 물어야 한다. 그러나 구조업무를 외주화하는 등으로 구조 역량을 갖출 여건 자체를 제거해버린 정부의 책임이 보다 근원적이라고 본다. 이것이 위험의 관리 및 통제 시스템의 재설계 방향과 내용에 대한 철저한 고민

---

18 **수난구호법 제26조(한국해양구조협회의 설립 등)** ① 해수면에서의 수색구조·구난에 관한 기술·제도·문화 등의 연구·개발·홍보 및 교육훈련, 행정기관이 위탁하는 업무의 수행과 해양 구조·구난 업계의 건전한 발전 및 해양 구조·구난 관계 종사자의 기술향상을 위하여 한국해양구조협회(이하 "협회"라 한다)를 설립한다. 제27조(협회의 업무) 협회는 다음 각 호의 업무를 수행한다.
   5. 수색구조·구난업무에 관하여 행정기관이 위탁하는 업무

19 이 책의 3장 「세월호 참사, 국가를 묻다」 참조.

이 필요한 이유다.

나가며

인간이 한 개체로 기업 지배적인 사회 조직문화에 둘러싸여 사유
판단능력이 갈수록 취약해지면 책임의식도 위축되고 그때그때 상황을
모면하려는 의식이 만연해진다. 정부는 권한은 최대한 확보하되 책임
은 최소한으로 지려는 속성에 따라 책임을 지지 않는 쪽으로 제도를
변화시켜왔다. 구조역량이 전무한 해경이 그것을 전형적으로 보여주
고 있다. 국가의 국민안전 보장 능력은 물론 책임성도 모두 약화되었
다. 위험을 통제하고 관리하는 능력은 시민 개개인의 역량, 정부 역량
과 함수관계에 있다. 그런 점에서 세월호는 우리 사회의 위험통제 관
리능력의 상태를 여실히 보여준 사건이다.

나는 오늘날 인간의 조건에 가장 강력한 영향을 미치는 외부환경
을 권력으로서의 기업, 조직적 무책임체계로서의 국가, 그리고 경제
적·사회적 권력관계라고 하는 현실을 사상한 채 인간의 자율성과 선
택(행위) 능력을 전제로 개인에게 책임과 의무를 부과하는 법 시스템이
라고 본다. 앞에서 본 바와 같이 기업이라는 경제적 권력관계에 철저
히 예속되어 있던 세월호 선장은 판단 및 행위능력이 위축되어 선장으
로서의 윤리와 책임의식이 증발되어 있었다. 또한 국가 자체가 이미
해난구조 업무를 사실상 방기했으므로 해경 123정장이 신속하고 적절
한 구조 역량을 발휘하도록 기대할 수는 없었다. 아울러 사실상 선사
의 이익을 대변하는 해운조합에 의해 선임된 운항관리자에게 법이 부
여한 운항 안전에 대한 감독권한의 적정한 행사를 기대할 수 없었다.

그런데 세월호 사건은 이러한 기업과 국가, 그리고 법 시스템이 저마다의 위험관리와 책임을 스스로 떠맡지 않은 채 자기 체계의 바깥으로 책임을 전가한 결과에 따라 발생한 것이다. 따라서 기업과 국가에도 일정한 책임을 지워야 한다. 하지만 늘 그래왔듯이 우리는 선장과 정장, 그리고 운항관리자 개인을 형사처벌하는 것으로써 이 사건을 마무리 지으려 한다.

스탠퍼드 교도소의 실험을 통해 "권력의 절대적인 불균형을 제도화한 교도소의 구조와 규칙을 변경하는 작업과 함께 인간의 보편적 가치의 중요성에 대한 공감대가 형성된다면 개인이 비윤리적인 행위를 할 수 있는 가능성은 많이 줄어들 것이다"라는 점을 확인했다.[20] 개인의 판단능력과 선택능력을 기르는 것은 매우 중요하다. 그러나 이러한 개인의 능력에 영향을 미치는 외부환경 조건들에 대한 고려는 더 중요하다. 권력의 절대적 불균형체계로서 기업과 국가의 구조와 규칙을 변경하는 것이 필요하다. 여기서 이러한 변화를 촉발하고 추동할 수 있는 강력한 잠재력을 가진 법 시스템에 주목해야 한다. 법이 세월호와 같은 조직사고에 대해 기업과 국가에 책임을 관철시킬 수 있는 정교한 장치를 마련한다면 기업과 국가는 제한적일지라도 위험에 대비한 위험관리체계를 자체 내에 구축하려는 행위동기를 가질 수 있을 것이다. 하지만 기업과 국가에 법 시스템이 포획된 현실에서 법에 그러한 책임 관철 장치를 마련하기란 결코 쉽지 않다. 그러나 그렇게 하지 않으면 세월호는 계속해서 우리의 생활세계의 주변을 떠돌아다니다가 모종의 계기를 통해 또다시 사건화될 것이다.

---

20   이 책의 5장 「세월호와 행정악, 그리고 해법」 참고.

5

김대건

세월호와 행정악, 그리고 해법

논의의 출발: 세월호와 관피아

세월호는 한국 사회의 모습을 대변하는 축소판이다. 이는 세월호를 통해 현재의 한국 사회를 유비추론할 수 있다는 의미다. 세월호는 정의에 기초한 행동으로는 성공할 수 없다는 비뚤어진 인식의 구조, 국가기관의 공신력 실추, '그들과 우리' 이분법으로 편을 가르고 상대를 향해 스스럼없이 행하는 비인륜적 행태, 잘못된 권위에도 복종하는 무사유의 행태, 깨어 있는 이타적 시민이기를 스스로 포기하는 자폐적이고 비뚤어진 개인 이기주의 등을 고스란히 반영하고 있다. 즉, 부실 덩어리인 세월호가 운행될 수 있게 한 추악한 부패와 유착구조, 침몰 중에 본 도저히 납득힐 수 없는 구난 구조 시스템과 가만히 있으라고만 하는 선장의 어처구니없는 무책임한 행동과 말, 침몰 이후에 지배자와 지배 이데올로기 주술을 퍼뜨리는 미디어의 편향된 행태와 유가족들에게 가해진 비이성적인 행태들은 우리 사회의 현주소를 반영하고 있다.

이러한 비이성적 행동들은 분명 비도덕적·비윤리적 개인에서 그 원인을 찾아야 할 것이다. 그러나 짚고 넘어가야 할 문제는 과연 세월호와 관련된 사람들의 비윤리적이고 비도덕적인 가학적 성향, 또는 각 개인의 성격 결함 등을 개인의 병적 소인으로 치부할 수 있을까 하는 점이다.

우리 사회는 급속한 경제성장을 이루면서 배제를 전제로 한 경쟁과 사람이 배제된 자본을 기초로 한 '썩은 시스템'을 만들어왔다. 그 '썩은 시스템'에 익숙해져 '썩은 시스템' 속의 가해자는 죄의식이 없고, 피해자는 수동적인 모습으로 변한 결과의 합작품이 아닐까? 잘못 만들어진 시스템에 의해 우리의 사고와 행동방식이 지배당하고 있다. 또 지금도 시스템이 행하는 악의 근원을 알지 못한 채, 잘못을 저지른 개인들의 사소한 악행이라고 치부하고 그 개인을 처벌하면 된다고 생각하는 것에 익숙해져 있다.

세월호 참사 이후 이른바 '관피아'로 대표되는 바람직하지 않은 행정권력 시스템과 그 시스템에 의해 발생하는 '행정악'에 대한 지적이 있다. 과연 비이성적·비합리적으로 작동하는 행정권력과 그 권력에 의해 행정악이 생성되는 구조는 무엇일까?

권위와 복종의 생성 구조

사람인가? 시스템인가? 시스템에 의해 사람의 인식이 달라지는가? 아니면 사람이 시스템을 설계하고 작동시키는가? 그리고 의식과 제도? 사람의 의식이 우선인가? 아니면 제도가 우선인가? 다음의 질문을 던져본다. 우리는 흔히 비도덕적인 인간 또는 불성실한 인격의 소유자들이 나쁜 사회를 만든다고 생각한다. 그러면 반대로 도덕적인 인간 또는 성실한 인격의 소유자들은 좋은 사회를 만드는가? '선량한 자아가 악을 저지를 수 있을까?' 또는 '나쁜 일인 줄 알면서도 죄의식 없이 동참하는 까닭은 무엇일까?'

사람들은 왜 비윤리적인 지시에 복종하는가: 스탠리 밀그램의 실험

20~50대 사이의 평범한 사람들을 선발하여 한 쌍씩 묶는다(물론 실험 참가자들은 실험에 협조하는 대가로 몇 달러 상당의 사례를 받는다). 그리고 실험 감독자에 의해 연출된 제비뽑기를 하여 한 사람은 교사 역할, 한 사람은 학생 역할을 하도록 정한다. 그러나 학생 역할을 할 사람은 실험을 위해 사전에 모의한 실험 공모자이고, 교사 역할을 할 사람이 실제 실험 참가자다. 실험은 학생이 오답을 말할 때 교사가 전기충격을 가하게 하고, 오답을 말할 때마다 강도를 단계적으로 올려 최대 450볼트의 전기충격을 가할 수 있게 했다. 교사에게는 실험 이전에 45볼트 상당의 전기충격을 직접 경험하게 하여 그 고통을 알게 했다. 실험에서는 학생이 전기충격을 받지 않게 설계되었지만, 전기충격 버튼을 누르면 정말 아픈 것처럼 비명을 지르거나 울부짖는 연기를 하게 했다. 그리고 실험 감독자는 교사에게 학생이 아무리 고통을 받더라도 미리 정해놓은 대로 실험을 계속해달라는 말을 되풀이했다.

과연 교사 역할을 한 실험 참가자는 몇 볼트까지 전기충격을 가했을까? 교사 역할을 한 실험 참가자들은 심한 스트레스 상태에서 평균 285볼트까지 전기충격을 가했고, 그중 65%는 최대 강도에 해당하는 450볼트 버튼을 눌렀다. 이는 참가자 중 1~2%만이 최대강도인 450볼트를 누를 것이라는 가설을 너무나도 크게 웃도는 충격적인 결과였다.

한편 실험 감독자가 아무 말도 하지 않았을 때에는 교사 역할을 하는 실험 참가자의 80%가 120볼트 이하의 전기충격만을 가했다. 이 실험이 바로 스탠리 밀그램의 실험, 즉 권위에 대한 복종과 관련된 실험이다.

그렇다면 우리는, 그리고 나는 도덕적이고 성실한 인격의 소유자 또는 최소한 평균 이상이거나 평범한 사람이므로 이와 같은 비상식적 상황을 지적하거나 잘못된 권위에 불복하고 과감히 그 자리를 박차고 나올 수 있을까? 분명 비도덕적인 인간은 나쁜 사회를 만드는 데 일조하고, 도덕적인 인간은 좋은 사회를 만드는 데 일조한다고 생각하는 편이 합리적일 것이다. 그러나 '도덕적 인간 또는 성실한 인격의 소유자다'라고 생각하는 사람이 더 나쁜 사회를 만든다. 이처럼 도덕적 인간이 더 나쁜 사회를 만드는 이유는 무엇인가? 도덕적이고 윤리적인 사람이라 하더라도 잘못된 권위에 더 잘 복종하는 인간의 양면성과 성실한 인격의 소유자들이 부당한 명령을 내리는 권위에 저항하지 못하기 때문이다.

또한 하버드 대학의 대니얼 골드하겐(Daniel Goldhagen)은 『히틀러의 자발적인 학살자들(Hitler's Willing Executioners)』에서 홀로코스트는 "유대인은 죽어 마땅하다"는 반유대주의에 심취한 독일인들이 자행한 일이라고 지적했다. 현실에서 자행되는 이데올로기의 주술과 준거집단의 영향력, 즉 기득권을 놓지 않으려는 지배자들이 퍼뜨리는 이데올로기의 주술에 대한 맹목적인 복종과 잘못된 힘을 행사하는 것을 알면서도 현실적 권세와 힘을 가진 집단을 준거집단으로 삼으려는 복종의식이 작동하는 것이다.

시스템에 의해 인간의 행동과 인식은 어떻게 지배당하는가: 필립 짐바 르도의 실험

1971년에 필립 짐바르도 스탠퍼드 대학 교수는 가히 충격적인 사회심리학 실험을 했다. 이 실험은 시스템에 의해 선량한 사람들조차 사악하게 돌변할 수 있다는 사실을 보여주었다. 그는 지극히 평범하고, 과거에 반사회적 행동이나 범죄, 폭력을 저지른 기록이 없는 정상적이고 평균적이며 건강하고 또래 집단에 비해 평균 이상의 교육을 받은 학생들을 선발해 무작위로 '수감자'와 '교도관'으로 나눈 후 모의감옥 실험을 했다. 일주일도 안 되어 평범했던 학생들은 각각 '가학적인 교도관' 또는 '정신쇠약 증세를 보이는 죄수'로 변해갔고, 급기야 실험은 중단되었다. 교도관 역할을 한 학생은 교도소의 시스템 속에서 사유하는 능력을 잃어버린 채 아무런 죄의식 없이 비윤리적인 행동과 악을 저지르게 되고, 수감자 역할을 한 학생들은 병적으로 수동적이고 피동적인 희생자 모습으로 변해갔다. 이 실험의 가장 중요한 교훈은 인간은 시스템에 의해 누구나 자신의 의지와 달리 순식간에 쉽게 악의 나락으로 빠질 수 있음을 보여준 것이다. 또한 이 실험은 진정한 휴머니즘이란 없다는 것, 그리고 다른 사람을 억압하고 학대할 수 있는 상황에 처한다면 누구나 악인이 될 수 있다는 점을 보여주었다.

이러한 실험이 실제 사건으로 재현된 것이 2004년 이라크의 아부그라이브 교도소에서 있었던 포로학대 사건이었다. 그리고 더 거슬러 올라가면 아우슈비츠 수용소에서 나치 친위대들이 수없이 많은 사람을 살해한 반인륜적인 사건들이 있었다. 이러한 실제 사례들은 시스템에 의해 행해지는 인간 본성의 어두운 측면과 악의 근원을 보여준다. 지극히 평범하고 정상적인 사람이 시스템 안에서 역할, 규칙, 기준, 익명성, 비인간화 절차, 동조화 압력, 집단 정체성 등의 복합적인 요인에

미군들이 아부 그라이브 교도
소 수감자들의 목에 개처럼 줄
을 걸거나 수감자들을 피라미
드 모양으로 쌓아놓고 가혹행
위를 하며 웃고 있다.
자료: wikipedia.org

의해 아무런 죄의식 없이 믿기 힘든 비인륜적이고 비도덕적인 행동을
스스럼없이 할 수 있다는 것을 보여준 사례들이다.

**왜 합리적인 개인의 선택이 공동체에는 해가 될까: 죄수의 딜레마 게임
구조**

게임 이론 중에 '죄수의 딜레마'라는 재미난 이름을 가진 게임이
있다. 게임 내용은 이렇다. 두 명의 죄수가 어떤 A라는 사건의 범인으
로 체포되었다. 검찰은 A사건의 형량을 2년으로 기소할 예정이었다.

표 5-1 **죄수의 딜레마 게임 구조**

	죄수 B의 자백	죄수 B의 거부
죄수 A의 자백	-7, -7 (0, 0)=0	-1, -10 (6, -3)=3
죄수 A의 거부	-10 -1 (-3, 6)=3	-2, -2 (5, 5)=10

※ 괄호 안 숫자는 각각의 행에 7을 더한 후의 값을 적어놓은 것이다. 그리고 부등호 이후의 값은 괄호 안의 수를 합한 값이다. 이는 죄수 A, B 모두 자백을 거부할 때 사회적 편익이 가장 높다는 것을 쉽게 표현하기 위한 것이다.

그런데 조사과정에서 그 두 명의 범인이 또 다른 B라는 사건의 범인들이라는 심증을 가지게 되었다. 그러나 물증이 없는 상태다. 그래서 검찰은 이 두 명으로부터 자백을 받아내기 위해 서로 대화를 할 수 없도록 분리된 심문실에 각각 데리고 간다. 그리고 다음과 같은 제안을 한다. 두 명이 모두 B라는 사건을 저질렀다고 자백하면(여기서 이들이 B라는 사건을 저지른 진짜 범인인지 아닌지는 중요하지 않다) A사건과 B사건을 묶어 두 명 모두 7년 형으로 기소될 것이고, 두 명 중 한 명만이 B라는 사건을 자백하고 다른 한 명은 자백하지 않으면 자백한 자는 최대한 배려해서 1년 형으로, 자백하지 않은 자는 위증혐의를 더하여 10년 형으로 기소된다. 그러나 두 명 모두 제안을 거부하고 B라는 사건에 대해 자백하지 않으면 A사건만 적용되어 두 명 모두 2년 형으로 기소된다.

그렇다면 이 상황에서 두 명의 범인은 자백할까, 아니면 하지 않을까? 죄수의 딜레마 게임 구조하에서는 자백하는 것이 유리하다는 결론에 도달한다. 2×2 표를 그려보면 왜 그런지 쉽게 알 수 있다(〈표 5-1〉 참조). 상대방이 자백하든지 하지 않든지 간에 나로서는 언제나 B라는 사건에 대해 자백하는 것이 우월전략이 되고 더 나은 결과를 얻을 수 있는 경우이기 때문이다. 상대방도 마찬가지다.

그런데 죄수의 딜레마 게임의 구조하에서는 이러한 선택이 이상한 결과를 불러온다. 각자 우월전략이라고 합리적으로 판단해 자백하면 두 죄수 모두 7년 형으로 기소되는 반면에, 만약 두 사람이 모두 B라는 사건에 대해 끝까지 자백하지 않는다면 두 사람 모두 2년 형으로 기소될 수 있는 것이다.

관피아의 구조하에 있는 관료들의 행태는 어떤가? 관료들의 보신주의와 조직이기주의, 자신이 속한 조직을 보호하기 위한 변명과 정보를 곡해하는 부정적 일탈행위를 보면, 마치 개인의 합리적 선택이 전체 공동체에는 해가 되는 죄수의 딜레마 게임과 유사함을 알 수 있다.

관피아 권력은 어떻게 생성되나: 시행령을 만드는 권한을 가진 관료

관피아의 권력생성 구조는 시행령을 만드는 권한을 가진 관료들에 의해 생성되는 것을 볼 수 있다. 다음의 신문기사를 보자. 이 기사는 2015년 4월 2일 당시 새정치민주연합의 문재인 대표가 이석태 4·16 세월호 참사 특별조사위원장을 만난 자리에서 언급한 내용이다.

> "정부가 제시한 시행령과 특위구성을 보면 세월호 진상을 규명하겠
> 다는 의지가 전혀 보이지 않고 오히려 진상규명을 가로막으려는 것
> 처럼 느껴진다. …… 법에는 사무처 규모가 120명으로 되어있는데
> 그것을 90명으로 대폭 축소했을 뿐만 아니라, 진상조사업무자체를
> 공무원이 기획·조정할 수 있게 했다. …… 공무원들까지도 조사대
> 상이라고 할 수 있는데 오히려 공무원이 진상조사를 주도하게끔 되
> 어 있으니 이것은 진상조사특위의 목적에 위배된다고 판단된다"고
> 지적했다. …… 이에 대해 이 위원장은 "상임위원들 봐도 아래에 있

는 직급 중에서 가장 상위직급이 기획조정실장인데, 기획조정실장이 공무원으로 되어 있다. …… 과장해서 말하면 (조사위를) 해수공무원이 주도하게 될 수 있다"(나석주, 2015.4.2).

이 기사에서 언급된 내용은 세월호 특별법 시행령에 관한 것인데, 시행령이란 어떤 법률을 실제로 시행하는 데 필요한 상세한 세부 규정을 담은 것이다. 법령에는 모든 상황을 규정할 수 없기 때문에 큰 원칙만 정해놓고 시행령(대통령령)을 통해 사안별로 자세한 실천 방식을 규정한다.

즉, 법률로는 실제로 시행할 수 있는 자세한 실천 방식이 없기 때문에 시행령을 만드는데, 시행령을 만드는 주체가 바로 관료들이다. 관료들에 의해 큰 원칙만 정해져 있는 법령의 구체적인 실천방식이 만들어진다. 일종의 법령의 모호성을 명확하게 하기 위해 시행령을 만드는 과정에서 관료들의 권력이 막강해지는 것이다. 그리고 시행령을 만들고 실제로 적용하는 과정에서 시행령을 만드는 현직 관료들을 퇴직한 관료들이 로비를 통해 움직이게 된다. 이런 구조 속에서 개조된 세월호가 탄생하는 것이다.

또한 법령에서 규정한 것을 시행령을 만들면서 법령의 해석상의 여지를 왜곡하여, 본질을 호도하게 만드는 목표와 수단의 전치현상이 일어나는 경우가 허다하다. 그 예를 최근의 세월호 특별법의 시행령에서 볼 수 있다.

행정악과 관피아 문제를 해결하는 길

우리는 앞의 모의실험들의 실제 사례를 세월호 참사 이후 볼 수가 있었다. 언론 시스템과 그 시스템 속의 기자들, 구조 시스템과 그 시스템 속의 구조 책임자들, 유착 시스템과 그 속의 안전대책 관계자들, 국가 시스템과 국가책임자들을 보면, 하나같이 잘못된 시스템 속에서 아무런 죄의식 없이 자신의 일에 충실한 사람들이었다. 또한 아우슈비츠의 나치 친위대, 아부 그라이브 교도소의 미군 병사들과 오버랩되는 우리 사회의 자화상을 볼 수 있었다.

누구나 교도소와 같은 장소에 배치되면 비윤리적인 행위를 하게 되는가? 그러면 이러한 잘못된 구조를 바꾸는 방법은 무엇일까? 개인에게 도덕적으로 사고하고 행동하라고 하면 될까? 도덕적이고 성실한 인격의 소유자들이면 교도소와 같은 곳에서도 윤리적인 행동을 할 수 있을까? 종교인뿐만 아니라 학자, 교수, 선출직 공무원, 관료와 일반직 공무원, 기자, 언론인, 심지어 평범한 시민 등이 잘못된 권위에 복종하면서 부조리와 부패, 정의롭지 못한 것들에 항거할 수 있을까?

우리는 때로 무대 세트 위에서 연기하는 연기자와 같은 역할을 하는 상황에 처할 경우가 많다. 그러므로 스탠퍼드 교도소의 실험에서 본 바와 같이 "권력의 절대적인 불균형을 제도화한 교도소의 구조와 규칙을 변경하는 작업과 함께 인간의 보편적 가치의 중요성에 대한 공감대가 형성된다면 개인이 비윤리적인 행위를 할 수 있는 가능성은 많이 줄어들 것이다"(임의영, 2015: 158). 즉, 잘못 배치된, 고장 난 무대 세트와 각본을 손봐야 개인이 비윤리적인 행동을 할 가능성을 약화시킬 수 있다는 의미다.

개인적 차원

권위와 명령에 대한 판단 능력 / 권위가 있는 사람이나 집단이 명령을 할 때, 밀그램의 실험에서 보여준 함정에서 벗어날 수 있는 길은 있을까? 명령의 정당성은 명령 내용의 정당성을 확보해야 한다. 명령의 정당성은 명령하는 자의 정당성에 의해서만 인정될 수 있는 것이 아니며 명령 내용이 정당성을 가져야 인정될 수 있다. 명령의 정당성을 갖기 위해서는 그 명령이 실현가능한 것이어야 한다. 동시에 명령 내용이 사회적으로 타당해야 하고, 인간의 보편적인 가치를 훼손시켜서는 안 된다. 밀그램의 실험이 보여준 함정에서 벗어나는 길은 권위의 정당성을 명령자의 정당성에서만 찾을 것이 아니라 명령의 내용에서도 정당성 여부를 의식적으로 판단해야 한다(임의영, 2015: 153).

주인으로서의 시민의식: 시민의식의 재정립 / 세월호 참사 이후 우리는 이른바 관료 통제의 한계를 보고 있으며, 시민이 주인이 아닌 모습을 보고 있다. 선출되지 않은 정부 관료들을 통제할 방법은 무엇일까? 이를 어떻게 극복할 것인가?

우리 시대의 대안을 제시하기 위한 주인으로서의 적극적인 시민의식이 필요하다. 정치 참여는 시민이 국가 서비스의 수동적인 수혜자에 머무는 것이 아니라 적극적인 향유 주체이며 한 시민이 공적인 결정 과정에 참여하고 국가를 통제하는 행위자가 된다는 뜻이다.

그런데 '고객으로서의 시민' 관점은 '고객이 왕이다'라는 구호를 너무 지엽 말단적으로 적용한 것이다. 고객은 왕이므로 고객인 시민을 왕처럼 모셔야 한다는 논리인데, 하지만 아무리 고객이 왕이고 고객을 위해 더 좋은 상품을 공급하려고 한들 상품을 팔려는 입장에서 보면 여전히 고객은 객체이며 서비스의 수혜자일 뿐이라는 관점에는 변함이 없다. 또한 고객은 이익창출의 대상일 뿐이다. 이는 선거 때마다 표를 얻기 위해 왕같이 모시겠다고 하고서는 표를 얻고 난 후에는 시민을 통치와 관리의 대상으로 볼 뿐 주인으로 여기지 않는 것과 같은 맥락이라 볼 수 있다.

신자유주의의 영향을 받은 행정은 신공공관리(New Public Management) 이론을 도입하고 실제 행정 현장에 그것을 적용했다. 신공공관리의 관점에서 볼 때 시민은 고객이다. 시장에서는 고객이 왕이다. 고객은 시장에 나와 있는 상품 중에서 자신에게 가장 필요한 상품을 선택하기 때문에 상품을 만드는 사람에게 고객은 왕일 수밖에 없다. 완전경쟁체제는 아니더라도 부분적으로 경쟁체제를 갖추고 있다. 그러나 정부는 강권적 권력체이면서 독점체제이기 때문에 선거 후의 고객은 정책이라는 상품을 선택적으로 구매할 수 없는 처지에 놓이게 된다. 선거 과정에서 왕으로 모시겠다는 구호는 많이 들어왔다. 하지만 정작 선거 후에는 독점체제가 공급하는 정책 상품을 받아들일 수밖에 없는 선택권이 없는 고객으로 전락한 경우를 너무나 많이 보았다. 지역정부도 마찬가지다. 지속적인 강권적 독점체제이기 때문에 선출된 단체장이나 단체장을 대리하는 관료들이 만들어낸 정책을 받아들일 수밖에 없는 객체화된 고객으로 전락하는 경우가 많다. 또한 지방자치가 시작된 지 20년이 지났는데도, 시민들은 정책에 대해 객체의 입장을 받아들이는 데 익숙해져 있다.

행정은 '소유주로서의 시민' 관점을 애써 무시한다. 신공공관리주의가 간과하고 있는 관점[1]이다. 이 두 관점 또는 모형은 시민을 어떻게 보느냐에 따라 다르다. '고객으로서의 시민'은 정부관료제를 전통적인

---

1 두 관점은 모형 또는 모델이라고 해도 좋다. '고객으로서의 시민' 모형(모델)과 '소유주로서의 시민' 모형(모델)으로 불러도 된다.

관리주의나 최근의 신공공관리론의 맥락에서 본다. '고객으로서의 시민'은 기본적으로 정부관료제가 공급하는 서비스의 수혜자일 뿐 공공부문의 의제를 설정하는 데 참여하는 것을 강조하지 않는다. 여기에는 정부관료제는 행정 서비스를 공급하는 주체로, 시민은 행정 서비스의 객체로 보게 되는 위험한 측면이 항상 도사리고 있다. 한편 '소유주로서의 시민'은 정부관료제의 주인인 동시에 행정 서비스 수혜의 주체이며, 정부관료제는 행정 서비스를 공급하는 객체로 본다. 시민들 자신이 능동적 시민인 동시에 정부관료제의 주인으로서 정부관료제를 감시하고, 나아가 시민통제의 기제를 통해 통제하려는 노력을 한다. '소유주로서의 시민'은 정부관료제를 정치적 접근의 맥락에서 본다. 즉, '소유주로서의 시민'은 정부관료제의 주인이며, 시민 개개인은 관리주의 접근과 같이 하나의 고객으로 취급되지 않는다.

그러나 현실에서 '소유주로서의 시민' 관점은 많은 한계점을 드러내고 있다. 선출된 단체장이나 선출되지 않은 정부관료들에 대한 시민통제의 한계를 보이고 있다는 것이다. 성숙되지 못한 시민의식이 문제이긴 하지만, 민주적인 시민통제가 이루어질 수 있는 제도가 가진 한계도 큰 문제다.

법적 차원

세월호 참사를 계기로 이른바 '관피아방지법'으로 알려진, 개정된 '공직자윤리법'이 2014년 12월 30일에 공포되고 2015년 3월 31일에 시행되었다. 그리고 '공직자윤리법'에 따른 '공직자윤리법 시행령'도 개정되었는데, 개정 이유는 퇴직 공직자의 취업제한과 업무취급제한을 강화함으로써 민관유착을 방지하고 공무수행의 공정성을 도모하려는 데 있다. 이 시행령은 2급 이상 공무원 등에 대해서는 취업제한 여부 확인 심사 시 업무 관련성의 범위를 확대하며, 공직자윤리위원회에서 퇴직 공직자의 취업심사 결과 등을 공개할 수 있도록 하고, 기관업무기준 취업심사 대상자에 대한 취업이력공시제도를 도입하는 등의 내용을 담고 있다.

이는 일명 '김영란법'과 함께 공직자 윤리를 개선할 수 있는 방안으로 주목받고 있지만, 얼마나 실효성이 있을지는 시행 후 결과를 지켜봐야 할 것이다. 왜냐하면 '공직자윤리법 시행령'에는 '공직자윤리법'의 목적을 달성하기 어렵게 만들 소지가 있는 '눈 가리고 아웅'하는 식의 조항들이 많기 때문이다. 그러나 다음과 같이 서울시의 사례를 보면 어느 정도 그 실효성은 예측할 수 있을 것으로 보인다.

공무원이 단돈 1000원이라도 받을 경우 처벌하는 내용을 담은 '박원순법'(서울시 공직사회 혁신대책)이 시행 반년을 맞았다. 2014년 10월부터 2015년 3월까지 6개월 동안 핫라인을 통한 공직비리 신고가 10배 증가하고, 공무원 행동강령을 위반한 사례가 85%가량 감소하는 등 일정한 성과를 거뒀다는 평가가 있다.

'박원순법'이라 불리는 서울시 공무원 행동강령은 ① 공익·사익 간 이해충돌 방지제도 신설, ② 부정청탁 근절 시스템 마련, ③ 금품수수 공무원 원스트라이크 아웃제 강화, ④ 평상시 안전관리 및 고위공직자 책임 강화, ⑤ 퇴직자 재취업 부패 등 관피아 근절 대책 등으로 구성되어 있는데, 이는 지난해 2014년 10월에 전면 적용된 바 있다.

신문기사에 따르면, 지난 6개월간 공무원 행동강령을 위반한 공무원 범죄 발생건수는 5건(금품수수 1건, 성범죄 4건)으로, 직전 6개월(35건) 대비 15% 수준으로 급감했다. 특히 지난 6개월간 음주운전, 복무강령 위반, 폭행 등의 범죄는 한 건도 적발되지 않았다. 반면 시민들의 공직비리 신고는 6개월간 384건으로 직전 6개월 대비 10배 이상 늘었다. 구체적 신고 내용으로는 ① 갑의 부당행위(153건), ② 공직자비리(131건), ③ 공익신고(96건), ④ 퇴직공무원 특혜제공(1건), ⑤ 부정청탁 등록·신고(3건) 순이었다. 시는 이 중 비리가 의심되는 94건은 감사관이 직접 조사하게 했고, 일반 민원성 신고는 해당부서에서 처리하게 하는 등 관련 조치를 진행 중이다.

다음은 서울시의 홍보자료 중 일부다.[2]

'박원순법' 시행 6개월 …… 공무원 범죄 건수 1/7 감소

구분	합계	금품수수	음주운전	성범죄	복무위반	폭행
2014.10~2015.03	5	1	-	4	-	-
2014.04~2014.09	35	1	5	2	16	11
2013.10~2014.03	14	1	5	1	2	5
2013.04~2013.09	42	3	14	2	20	3
2012.10~2013.03	17	-	3	1	11	2

(2015.3.16 현재)

① 관련 규정 개선: 부정청탁 등록 의무화 및 부정청탁에 의한 업무 중징계

우선, 시는 「서울시 공직사회 혁신대책」 중 시 자체에서 시행 가능한 부분을 즉각 추진하기 위해 「서울특별시 공무원 행동강령」과 「서울특별시 지방공무원 징계 등에 관한 규칙」 개정을 지난 2일(목) 완료했다.

• 「서울특별시 공무원 행동강령」에는 부정청탁을 받은 경우 '부정청탁등록시스템'에 등록하는 것을 의무화.

• 직무회피 대상자를 '본인' 위주의 규정에서 본인, 배우자 또는 본

---

2 2015년 4월 2일 서울시 홍보자료에서 발췌했다.

인과 배우자의 직계존비속까지 확대하고, 학연·지연·종교 등에 의한 연고 관계자가 직무 관련자가 되지 않게 하는 등 공·사익 간 이해충돌 방지를 위한 조항 신설.

• 「서울특별시 지방공무원 징계 등에 관한 규칙」의 징계 사유에 '부정청탁' 항목 추가, 부정청탁에 의한 업무 처리 시 견책 이상(경징계)에서 정직 이상(중징계)으로 징계 양정 기준 강화.

공간적 차원

매체와 소통의 수단이 발전했다 하더라도 시민성이 발현될 수 있는 공간은 여전히 부족하다. 그래서 공론의 장을 형성하는 것은 시민성의 발현에 필수적인 요소이다. 시민성의 발현에 따라 성립되는 공동체적 공간으로서의 공론장이란 "국가와 시민사회를 매개하는 공론과 여론이 형성되는 사회적 공간"(주선미, 2003: 221)으로 개념을 정의할 수 있다. 공론장은 시민성의 발현에 의해 성립되는 공동체적 공간으로서 국가와 시민사회를 매개하는 공론과 여론이 형성되는 사회적 공간이다. 그러면 이러한 법과 제도를 형성하는 주체는 누구여야 하는가? 이러한 공론장은 모든 시민이 직접 참여함을 전제로 한다. 그러나 실제로 지방정부의 정책과정에 참여하는 집단은 엘리트 집단이다. 엘리트 위주의 참여는 시민 중심의 의사소통적 권력이 작동하지 못하게 하는 장애요인으로 작용한다. 엘리트 집단이 순수한 의도로 정책과정에 참여하고, 그들이 결정한 정책이 정당한 제도적 절차(절차적 공정성)를 거쳤다 하더라도 다른 정치적인 이해관계가 있지 않은가 하는 불신이 크다. 그 때문에 진정한 소통에 근거한 지역의 사회적 통합이 이루어질 수 없는 것이 현실이다. 또한 엘리트 집단의 참여도 너무나 단순한 참여에 머물러 있다고 해도 과언이 아니다. 이러한 참여는 시민 참여에 의한 시민통제가 전혀 이루어지지 않을 뿐 아니라, 시민을 지역과 사회의 문제에 적극적으로 끌어들이는 참여라고 할 수 없을 것이다.

언어적 차원: 새로운 언어의 창조

개인적 차원에서의 인식의 변화, 제도적 차원과 공간적 차원에서의 변화를 위해서는 새로운 언어의 창조가 필요하다. 우리의 인식이 새롭게 변하기 위해서는 일상 언어의 중요성을 상기해야 한다.

언어의 중요성을 알 수 있는 실험의 예를 보자. 사람들의 협력 의향을 실험한 게임이다. 어떤 게임을 하기 전에 한 집단에게는 '공동체 게임'을 할 것이라 말하고, 다른 집단에게는 '월가 게임'을 할 것이라 말한다. 두 가지 게임의 구조는 동일하다. 유일한 차이는 게임의 명칭, 달리 말하면 '틀'을 달리한 것이다. 그런데 두 게임에서 사람들의 협력 의향이 서로 매우 다르게 나타났다. '공동체 게임'을 한다고 들은 사람들은 70%가 서로 협력한 반면, '월가 게임'이라고 들은 사람들은 33% 정도만 협력했다. 이 결과는 좋게 나눈다는 의미를 내포하는 '공동체'라는 틀이, 살아남기 위해 공격적이고 이기적인 것을 의미하는 '월가'라는 틀보다 집단 구성원들의 협력을 더 효과적으로 이끌어냈다는 의미를 가진다. '공동체'와 '월가'라는 문화적 의미가 집단 구성원의 인식에 영향을 미치고, 그 인식은 상황을 인식하는 인식의 틀에 영향을 미치며, 그 인식의 틀은 집단 구성원의 행태에 영향을 미친 결과로 나타난 것이다. 이 게임은 여러 다양한 집단을 상대로 이루어졌는데 결과는 동일했다.

'공동체 게임'과 '월가 게임'에서 볼 수 있듯이, 어떤 문제를 정의하고 이해하기 위해서는 이해와 해석의 방법에 대한 지식이 필요하다. 이때 지식은 바로 언어를 통해서 이루어진다는 것을 알 수 있다. 언어는 사람의 인식에 영향을 미치고, 사고의 프레임(틀)을 결정한다. 또한 언어는 의미표현을 위한 체계이면서 동시에 상징적이고 상호작용적 기능을 수행하기 위한 체계이며 한 사회 혹은 문화 내의 사람들 간에 상호작용과 소통의 기능을 한다.

우리는 사람 중심, 배려, 상생과 협력, 공동체라는 언어가 다양한 공론의 장에서 많이 사용되도록 해야 한다. 이러한 언어의 사용은 현재 우리 사회가 겪고 있는 여러 갈등으로 인한 사회적 비용을 지불하지 않고, 지속가능한 지역공동체 발전을 추구해나갈 수 있는 힘을 부여해줄 수 있기 때문이다.

맺음말: 앙가주망

우리는 급속한 경제성장을 이루면서 배제를 전제로 한 경쟁과 사람이 배제된 자본을 숭상하는 '썩은 시스템'을 만들어왔고, 그 결과 지금은 그 시스템에 의해 우리의 사고와 행동방식이 지배당하는 상황이다. 그 '썩은 시스템'에 익숙해져 '썩은 시스템' 속의 가해자는 죄의식이 없고, 피해자는 모두 병적으로 수동적이게 바뀌었다. 시스템에 의해 자행되는 악의 근원을 알지 못한 채 개인들이 저지른 악일뿐이라고 여기고 개인을 처벌하면 된다고 생각하는 것에 너무나 익숙해져 있다. 그러나 우리는 시스템 악에 주목해 그것을 타파해야 한다.

시스템 악을 타파하기 위한 개인적 차원, 법적 차원, 공간적 자원 그리고 언어적 차원 등을 관통하는 한마디 말이 있다. 바로 '앙가주망

(engagement)'이 그것이다. 깨어 있는 실천적·도덕적 인간이 되기 위해서는 앙가주망해야 한다. 이것이 없으면 모든 해결책과 논의가 공염불에 불과하다. 결코 좋은 사회를 만들 수가 없다.

6

정연구

세월호 보도를 통해 본 한국의 언론 현실

문제의 제기

250명이라는 많은 사람을, 그것도 꽃다운 나이에 손 한번 제대로 써보지 못한 채 수장시켜버린 세월호 참사를 지켜보면서 많은 사람들이 국가는 어디에 있는가를 외쳤다. 근대 국민국가의 기본구조는 국민이 국가를 위해 조세 등의 의무를 다하면 국가는 그에 상응해 국민에게 안전과 질서를 보장해주는 법이다. 하지만 이번 세월호 참사에서는 그런 국가를 발견할 수 없었다. 배 안에 생존자가 많이 있는 것을 눈으로 버젓이 보면서도 국가는 어떤 것도 하지 못하는 무기력함을 보였기 때문이다.

시간이 지나면서 국가가 아무것도 할 수 없었던 것은 그 안의 다양한 행위자들이 자신이 맡은 역할을 제대로 하지 못했기 때문이라는 비판이 제기되었다. 그러면서 법과 제도가 있음에도 이를 제대로 지키지 않은 사람들을 처벌하고, 법과 제도가 문제였다고 판단한 경우에는 이를 개정하는 등 법석을 떨기도 했다. 특히 해경과 관련된 사안이 많아 이를 다양한 각도에서 변경했다.

그러나 결과적으로 달라진 것은 없었다. 세월호 사고가 일어난 다음 해인 2015년 9월 5일 남해의 추자도 해상에서 일어난 낚싯배 '돌고래호' 전복 사고는 세월호의 축소판이었다는 평가를 받았다. 승선인원 21명 가운데 사망 15명, 실종 3명, 생존 3명으로 희생자가 많았다는 점이 우선 닮았다. 정확한 승선인원이 파악되지 않아 많은 오보가 양산되고 실종자 구조에 애를 먹는 등 안전의식과 제도가 세월호 때와 다를 바 없이 여전히 부족한 상태임이 드러났다. 세월호 참사로 수많은 희생자를 내가면서 얻은, 사람을 살리는 사회가 되려면 무엇을 해야 하는지에 대한 교훈이 아무 소용이 없었음을 입증하는 사건이었다.

왜 이렇듯 어처구니없는 일들이 반복될까? 여러 가지 이유가 있겠지만, 거기에는 언론의 역할도 큰 몫을 한다. 사건의 인지 자체가 언론을 통해서 이루어지는 경우가 대부분이며, 언론의 프레임대로 사건을 바라보기 십상이어서 그렇다. 따라서 사건을 대하는 태도와 그로 인해 생겨날 수 있는 사건의 재발 가능성이 언론의 영향권에 있다.

이 글은 세월호 참사와 같은 비극이 이 땅에 반복되지 않기 위해서 언론이 무엇을 어떻게 해야 하는가를 논의하는 데 목적이 있다. 이를 위해 이 글은 크게 네 단계로 논의를 진행하고자 한다. 첫째는 세월호 참사 당시 언론보도에 나타난 문제가 무엇인지 진단하는 단계다. 당시 언론보도의 잘잘못을 제대로 파악해야 적절한 원인분석과 대안제시가 가능할 것이다. 둘째는 세월호 참사 보도에 잘못이 있다면 그 잘못이 어떤 원인에 의해 일어나는지를 살펴보는 단계다. 이는 장을 나누어 두 가지 내용으로 정리한다. 한 가지는 자본주의 사회 언론매체 일반에 적용될 수 있는 원인분석이다. 한국 사회뿐만 아니라 자본주의체제에서 민주주의 제도의 일환으로 운영되는 매체가 재난보도를 잘할 수 없는 메커니즘이 어떤 것인가를 먼저 정리한다. 다음으로는 한국 사회의 세월호 참사 보도가 처한 특수한 환경적 요인을 설명한다. 세월호 참사 보도를 비롯한 재난보도를 특정한 방향으로 틀 짓는 한국 사회의 특별한 경향성에 관해 설명한다. 세 번째는 대안 제시 단계다. 세월호 참사와 같은 재난이 한국 사회에서 반복되지 않기 위해서 한국 사회가 힘써야 할 내용이 무엇인지를 논의한다.

세월호 참사 보도의 문제

한국 언론은 세월호 참사를 보도함에 있어서 그간 보여온 재난보도 양상에서 한 발짝도 더 진전하지 못했다. 더 정확히 이야기하자면 악화되었다. 과거의 잘못을 판박이처럼 반복하면서 여기에 몇 가지 문제를 더 얹은 모양새다.

얼마나 똑같은 잘못을 고스란히 반복하고 있는지 한 가지 사례를 보자.

> 뒤에 기적적으로 구출된 유지환 양의 경우에도 병원에서 치료를 받느라 속옷 차림인 몸에다 마구 카메라를 들이대 의료진들이 항의하고 저지하는 목소리가 그대로 방송을 통해 흘러나오기도 했다. 시간을 다투는 응급처치에 방해가 되는 것은 물론이고 젊은 여성의 수치감을 자극할 수 있는 장면이 여과 없이 화면에 나타나고 있었기 때문이다(우병동, 1995).

1995년 6월 29일에 발생해 사망 501명, 부상 937명, 실종 6명의 인명피해를 낸 것으로 알려진 삼풍백화점 붕괴사건 당시 한 언론 관련 잡지에 실린 비평문의 내용이다. 이 글만이 아니라 당시 언론보도에 관한 평가는 대개 이와 유사한 문제를 언급했다.

> 이날 세월호 생존자와의 인터뷰에서 '학생은 몇 명인가', '다른 학생들 연락은 가능한가', '어떻게 나왔나' 등 수많은 질문을 쏟아냈고, 급기야 같은 학교 2학년 정모 군의 사망소식을 전하며 "친구가 사망했다는 것을 알고 있느냐"고 물었다. 이에 충격을 받은 여학생은 "못 들었는데…… 아니요"라며 인터뷰 도중 울음을 터뜨렸다(김창남, 2014.4.16).

이는 앞의 사건보다 약 20년이 지난 2014년 4월 16일 발생하여 약 300여 명의 사망자를 낸 것으로 알려진 세월호 침몰사고에 대한 ≪기자협회보≫의 보도이다. 세월호 참사보도가 누구의 무엇을 위해 이루어졌는지 모르겠다는 내용을 담은 비평문이다.

이 두 기사의 내용은 삼풍백화점 붕괴 사고에 대한 한국 언론의 보도와 세월호 참사에 대한 한국 언론의 보도가 공히 언론의 존재 이유를 망각하고 있음을 보여준다. 사회의 공동이익을 위해 언론이 존재해야 한다는 당위보다는 방송해야 하는 시간, 기사가 담겨야 하는 지면을 채우기 위해 그저 아무 내용이나 주워 담는 양상을 공통적으로 보여준다.

언론매체는 재난현장에서 질서유지를 위해 쳐놓은 폴리스라인을 넘어 들어갈 수 있다. 또 명예훼손 등 이런저런 형법에서 일반인과는 달리 예외적으로 위법성의 조각사유를 인정받을 수 있고, 신문 판매와 같은 콘텐츠 유통에 대해 부가가치세를 면세받는 등의 세제 혜택을 받는다. 이런 이유는 언론매체가 국민 모두의 이익에 봉사한다고 보기 때문이다.

그러나 이번 세월호 참사 보도는 기자와 쓰레기라는 말을 합친 신종 합성어 '기레기'라는 말이 나올 정도로 국민의 이익에 봉사하는 모습과는 거리가 멀었다. 당연히 국민들의 엄청난 질타가 이어졌다. 다양한 각도에서 다양한 사람이 참여하는 다양한 기회를 통해 다양한 비평과 비판이 쏟아졌다.[1]

조금씩 다른 내용이 있기는 했지만, 비판과 비평은 크게 두 차원의 내용을 공통으로 짚었다. 하나는 언론사 행태 차원의 문제이고, 다른 하나는 권력 편향 차원의 문제였다. 언론사 행태 차원의 문제로는 ① 속보 경쟁을 통한 오보 양산, ② 상업적 이익추구에 의한 선정적 보도, ③ 희생양 몰아가기 보도에 의한 구조적 이해 차단, ④ 발표 저널리즘에 따른 심층보도의 불발이 공통으로 자주 등장했다. 권력 편향 차원의 문제로는 ① 희생양 추적을 통한 본질 희석, ② 누락, 축소 등을 통한 사실 왜곡, ③ 프레임 전환을 통한 문제의 개인화가 공통적으로 자주 거론되었다.

이 가운데 언론사 행태 차원의 문제는 지금까지 재난 상황에서 기존의 언론이 지속적으로 비판을 받아온 내용이다. 가령 오보 문제의 경우 삼풍백화점 붕괴 사고보다 두 해 앞선 1993년에 발생한 '서해 훼

---

1   이 글에서 직접 인용되는 문헌 외에도 다양한 비평과 비판이 어떤 내용으로 이루어졌는지를 알고자 하는 독자를 위해, 이 책 1부 끝부분에 실린 '각 장의 참고문헌'에 국내에서 이루어진 다양한 학계와 업계의 토론회, 언론비평지의 특집, 매체의 매체 비평기사 목록을 수록했다.

리호 침몰사고'에서도 대부분 언론들은 서해 훼리호 선장인 백운두 씨가 생존해 도주했다고 보도했다가 배 안에서 시신으로 발견되자 사과문을 게재했다. 삼풍백화점 보도 초기에는 가스 폭발에 의한 붕괴라는 일부 정보원의 잘못된 원인 진단을 신문과 방송에서 앞다투어 여과 없이 내놓기도 했다. 세월호 초기에 '전원 구조' 등의 정보가 정부 관계자의 입에서 나왔을 때 과거의 이런 오보가 마음속에 새겨져 있었더라면 이를 한 번 더 확인해보고, 확인이 안 되면 '확인되지 않은 내용'이라고 덧붙이는 성숙함이 발현되었을 것이나, 그러지 못했다.

상업적 이익추구에 의한 선정적 보도 역시 변함없이 지속되었다. 가령, 삼풍백화점 참사에서도 건물 더미에 끼어 애절하게 구조를 요청하고 있는 사람에게 카메라를 갖다 대는 철면피함으로 사진을 보도한 신문사와 기자가 엄청난 비난을 받았다. 2014년 2월 17일 발생한 '경주 마우나오션 리조트 붕괴 사고'에서도 역시 일부 언론사가 붕괴된 리조트 건축 자재 밑에 깔린 학생의 얼굴 사진을 여과 없이 보도해 많은 비난을 받았다. 그리고 앞서 인용한 구조된 세월호 학생 인터뷰도 학생이 심리적 안정을 취하도록 돕는 것이 우선이었으나 이를 돕기는커녕 더 큰 심리적 충격을 받게 했다.

서해 훼리호 사건 보도에서 선장을 속죄양으로 만들어 이를 비난하고 도주 행각을 파헤치는 기사로 사람들의 관심을 끌려고 한 점이나, 세월호 사건 보도에서 전 세모그룹 회장 유병언 일가의 재산과 도주, 생사 여부에 집중한 점은 예나 지금이나 차이가 없다. 이번에도 역시 이런 보도가 사람의 이목과 논의를 끌어내는 바람에 이 문제를 만들어낸 구조적 차원의 인식을 원천적으로 차단하는 결과가 빚어졌다.

발표 저널리즘에 따른 심층보도의 불발도 역시 지속되었다. 세월호 참사 이후 두 달 동안 보도된 방송, 신문, 인터넷 신문의 기사를 분석한 한 조사보고서(김춘식 외, 2014)는 재난의 원인과 향후 대책, 예방책에 대해서는 제대로 초점을 맞추지 못했다고 평가했다. 취재원이 이야기하는 사건 중심의 브리핑이나 눈에 보이는 현상 중심의 피상적인 보도가 참사 이후 최소한 두 달 동안에는 중심을 이루었다는 이야기다. 이런 현상을 두고 현장 상황이 긴박한 사건 초기여서 어쩔 수 없었다고 변명할 수 있으나, 그 이후에도 언론매체 대부분이 문제의 본질에 접근하고자 노력한 흔적은 찾기 어려웠다. ≪경향신문≫이나 ≪한겨레신문≫ 같은 소수의 일부 진보적 성향을 띤 매체를 제외하고는 심지어 공영 지상파 방송마저도 이런 부분을 외면했다. 주요 중앙 종합일간지와 지상파 방송의 뉴스를 규칙적으로 모니터해온 민주언론시민연합(이하 민언련)이 세월호 관련 보도를 모니터한 결과를 종합해보면 이들 매체가 '세월호 국조특위, 진상규명에 대해 무관심'하고 '세월호 유가족의 세월호 특별법 재정 촉구 농성과 각종 행동을 외면'했음을 확인할 수 있다.[2]

이번 세월호 참사 보도가 과거의 삼풍백화점 붕괴 참사 보도나 서해 훼리호 침몰 참사 보도와 다른 점은 권력 편향 차원의 문제였다. 삼풍백화점이 붕괴했을 때나 서해 훼리호가 침몰했을 때의 보도에 대한 학계와 업계, 언론비평매체의 비판과 비평에는 정부 편향에 대한 논의는 찾아볼 수 없었다. 그러나 이번 세월호 참사 보도에서는 언론매체의 정권 옹호가 도마 위에 올랐다.

---

2   민언련의 세월호 관련 모니터 보고서는 민언련 홈페이지(http://www.ccdm.or.
    kr/)의 '언론비평' 코너에서 확인할 수 있다. 모니터의 중간결산 정도로 이들 내용
    을 종합한 것으로는 2014년 9월 5일에 발행된 「2014년 추석 세월호 특별판」을
    참고할 수 있다.

이런 차이를 보인 가장 큰 이유는 이른바 '박근혜 대통령 세월호 참사 당일 7시간의 미스터리' 때문이라 할 수 있다. 300명에 가까운 꽃다운 청춘을 어른들의 잘못으로 수장시켰는데 그 정점에 있는 책임자가 사태가 발생한 지 7시간이 지나도록 지휘부에 나타나지 않은 것이다. 이 사실이 쟁점이 되자 정권에 의해서 장악되거나 종편방송 등에 진출해 이 매체의 존속을 위해 정권의 안정이 절실한 매체들은 보도의 기본 기조를 정권의 안보에 맞추었다.

사실 2015년 11월 12일에 나온 대법원 판결을 통해 확인된 바와 같이 세월호 참사는 사실상 선장이 학생을 '익사시켰다'고 할 수 있다. 해경의 조언도 무시하고 피난하려는 학생들을 몇 번이나 '그대로 있으라'고 잡아놓고는 자신은 피난하는 바람에 살 수 있었던 많은 사람이 죽었다. 그뿐만 아니라 국가가 관리를 소홀히 하는 바람에 규정을 위반해 화물을 탑재하고, 선체를 개조했다. 이런 문제를 종합적으로 이해하기 위해서는 국가의 재난방지 시스템부터 이 시스템을 운영하는 사람들의 행태나 의식까지 모두 살펴봐야 한다. 그럼에도 일부 진보적인 소수의 매체를 제외한 매체들, 특히 주요 일간지와 정권에 장악된 지상파 방송들이 앞장서서 이런 점검을 정권에 위협적인 내용으로 판단하고 원천적으로 차단하는 행보를 보였다.

희생양 추적으로 본질 희석, 누락·축소 등을 통한 사실 왜곡, 프레임 전환을 통한 문제의 개인화가 이 행보의 주요 수단이 되었다. 희생양으로 등장한 사람은 세모그룹과 관련된 다양한 유명인사, 유병언 전 세모그룹 회장 일가다. 이들을 부덕한 사람으로 몰아가는 방식으로 독자와 시청자의 공분을 자아냈다. 하지만 이들 희생양이 활동할 수 있도록 만든 더 본질적인 내용은 알아차릴 수 없도록 했다.

누락·축소의 가장 빈번한 사례는 역시 피해자 가족들의 움직임이나 호소 관련 보도였다. '단원고 특례입학 부각', '국정원의 세월호 연관성 은폐', '세월호 유가족의 단원고생 대입 특례 요구', '폭력진압 외면하고 시위대 폭력성만 부각한 추모집회 보도'와 같은 내용이 그런 사례라 할 수 있다.

프레임 전환을 통한 문제의 개인화는 문제의 본질이 구조에 있기보다 행위자 몇 사람의 잘못으로 몰아가는 보도 행태를 지목하는 내용이다. 희생양으로 몰아세운 세모그룹 대표 일가나 이준석 선장, 항해사의 잘못을 부각함으로써 세월호 참사의 구조적인 문제가 감춰지도록 한 보도, 세월호 참사를 운이 나빠 마주치게 된 단순한 해양 사고라는 식으로 몰아가려고 한 보도가 이에 해당된다.

자본주의 산업사회에서 재난보도의 일반적 속성[3]

위기상황 보도는 재난보도 준칙을 만들어서 상당한 노력을 하지 않으면 기본적으로 잘못된 보도를 할 수밖에 없는 경향이 있다.

언론보도의 오류 가능성은 다음 두 가지 기제에 의해서 발생한다(Singer and Endreny, 1993). 첫째는 위기 상황 인지에 관한 미디어 의존성이다. 어떠한 경우에도 미디어가 보도해주지 않으면 재난을 포함한 위기상황은 존재하지 않는 것이나 다름없게 된다.

두 번째는 자본주의 시장경제적 요구에 의한 것이겠지만 보도내

---

3   이 글의 '자본주의 산업사회에서 재난보도의 일반적 속성'과 '무엇을 할 것인가?'
    의 많은 부분은 필자가 1995년, 1996년, 2014년에 발표한 내용 일부를 발췌하여
    정리한 것이다.

용이 흥미 위주의 상업주의적 편향성을 띠게 된다는 점이다. 현대사회 언론의 위기상황보도는 위기상황의 본질을 정확히 알고 이를 슬기롭게 극복하는 긍정적인 역할을 하기보다는 그와 반대 방향으로 편향되어 있다. 재난이 생기고 그로 인한 사상자가 있을 때의 뉴스가 재난으로 인한 사상자가 없을 때의 뉴스보다 더 깊이, 그리고 더 두드러지게 묘사된다. 또 사건에만 주로 초점을 맞추기 때문에 사적인 그룹을 포함한 개개인 행위자에게는 지나칠 정도로 책임을 전가시킨다. 반면 사회나 개인이 속해 있는 환경적 속박에 대해서는 책임을 덜 전가시키는 책임 전가의 오류 경향을 보인다.

결과적으로 이런 기제를 통해 미디어에 나타난 위기상황 보도는 현대의 재난이 가지고 있는 포괄적이고 다차원적인 성격을 밝혀내기보다는 드러난 사건의 피상이나 감상적인 내용에만 초점을 맞추어 문제의 본말을 전도하게 된다.

또 다른 각도에서의 문제제기도 설득력이 있다. 현대 언론 미디어는 위기상황 보도와 관련해 다음 두 가지의 치명적인 약점을 지니고 있다는 지적이다(이정춘, 1996, 25~28). 먼저 기자들의 사실 인지능력이다. 현대사회에서 나타나는 대부분의 재난과 위험은 고도로 복합적인 개념과 고도로 기술적인 정보를 포함하고 있다. 반면 그에 대한 매스미디어 보도들은 극히 제한된 시간 내에 행해지는 경우가 대부분이다. 그럼에도 기자들은 대체로 그런 재난을 스스로 측정하는 데 필요한 기술적·통계적인 훈련이 매우 부족하다. 그래서 재난에 대한 미디어의 취재 방향과 그 범위는 언제나 될 정확하고 널 완전한 경향성을 띠게 된다는 것이다.

다음은 이런 상황에서 기자들이 의존하게 되는 전문적인 정보원의 정치화다. 학자들의 연구 자체는 순수한 학술적인 의도에서 이루어진 것이라 해도 학자들의 특정한 정치적·경제적·사회문화적 관심은 연구결과를 일정한 방향으로 제시하게 한다. 그 결과 위기상황에 대한 전문가의 조언은 정치적인 편향성을 가질 가능성이 높다는 이야기다. 이 경우 기자는 양쪽의 의견을 있는 그대로 실어 독자의 혼돈을 불러일으킬 수도 없고 비전문적인 기자의 식견으로 이를 마음대로 재단하여 부정확한 정보를 내보낼 수도 없는 딜레마에 빠지게 된다.

지금까지의 논의가 언론사의 물질적 토대에 의해서 만들어지는 편향이나 기자 개인의 능력 부족으로 생기는 편향을 이야기한 것이라면, 독일의 사회학자 울리히 벡(Beck, 1997)의 위험사회론은 근대 산업사회의 과학문명 자체가 빚어내는 편향성을 이야기한다. 벡에 따르면 재난은 인간의 단발적인 실수나 고의적인 행위에 의해서 발생하는 일시적인 무질서가 아니라 인류사회가 산업사회라는 하나의 새로운 질서를 수립하면서 필연적으로 겪어야 하는 뿌리 깊은 대가다. 그 결과 현대 산업사회는 경제발전, 부의 증대, 과학·기술의 발전 등 진보에 대한 믿음이 지배적 동인이 되는 사회로서 '어떻게' 또 '무엇을 위해'라는 질문이 용납되지 않은 채, 단순히 동의만을 요구하게 된다. 언론매체도 이런 맥락 속에 존재하고 있다.

세월호 보도의 특수한 환경 요인들

자본주의 시장체제가 만들어내는 탐욕 때문에 한국 사회나 한국 언론의 상황이 20~30년 전과 다를 바 없고 외국이나 한국이 크게 다를 바 없는 보편성이 있지만, 세월호 보도는 2000년대 한국 사회가 안고 있는 특수한 국면과 관련한 문제를 드러내고 있다. 언론매체를 둘러싼 몇 가지 환경요인이 각각 독립된 형태로 세월호 참사와 같은 재난보도에 영향을 미치는 것이 아니라 복합적으로 구조화되어 하나의 문화처럼 보이지는 않지만 일상적으로 광범위하게 영향을 미치고 있다.

구조를 형성하는 요소들로는 포털과 종편을 통한 시선 끌기 경쟁, 공영방송 등의 정치 예속화를 통한 공적 영역의 붕괴, 마녀사냥이 가능한 정도의 적대적인 정파성으로 무너진 공론장의 공유 토대를 들 수 있다.

세월호 사고 소식이 전해지자 터져 나오는 선정적인 내용 때문에 네이버 등은 뉴스를 공급하는 회사들에 선정적이고 자극적인 편집을 자제해달라는 협조요청 메일을 보내는가 하면, 종편이 출범하면서 매체 수가 늘어나 채널을 고정시키기 위해 내용을 채 거르지 않은 선정적 보도가 줄을 이었다. '기레기'라는 말까지 등장할 정도였다.

공영방송 제도를 유지하고 있는 일본에서는 공영방송사 NHK가 재난 방송의 중심을 잡아 사영방송사의 선정적 보도를 억제하는 효과를 만들어낸다는 평가를 받고 있지만, 한국의 공영방송 매체는 이와 거리가 먼 상황에 있었다. 이사회의 사장 해임안 가결로 퇴임한 길환영 사장의 사례가 이를 단적으로 보여준다. 먼저 사임한 김시곤 보도국장이 폭로했던 바와 같이 길환영 사장은 KBS 기자를 '기레기'로 만드는 데 큰 역할을 했다. NHK는 재난보도의 중심에 피재자를 두면서 피해를 최소화하는 데 주안점을 두고 중심을 잡아 다른 상업방송의 선정성이 비난받을 수 있도록 분위기를 형성하는데, KBS는 이와 너무도 다른 양상을 보였다. 피재자가 아니라 정권의 눈치를 보면서, 정권의 안위를 위해서라면 피재자와 그 가족, 그리고 그를 지켜보는 잠재적 피해자인 국민의 정서 따위는 안중에도 없다는 듯한 태도를 보였다. 공영방송 MBC도 이와 다를 바 없었다.

재난은 전쟁과 다를 바 없이 정파를 초월해 공동으로 대응해야 하는 상황이다. 바람 앞에 놓인 촛불 신세에 처해 있는 국민과 국가를 구해야 하는 상황에서 적전 분열은 이적행위요, 자해행위이기 때문이다. 그뿐만 아니라 구호 이후의 복구 과정이나 재발방지대책을 수립하는 경우에도 정파적 이해관계를 초월해야 한다. 그러나 길환영 사장의 퇴진을 통해서 밝혀진 바와 같이 대통령과 청와대가 먼저 사건 발발 초기부터 프레임을 전환하려는 노력을 할 정도로 공론장의 공유 토대가 무너졌다. 서로가 먼저 잘못했다고 '우리'가 무엇을 고쳐야 할 것인지를 고민해야 하는 상황에서 서로 네 잘못이라고 물고 뜯고 싸우는 과정에서 정작 재난의 재발방지대책을 마련하는 일은 물 건너가는 상황이 연출되었다.

세월호 참사 2주년이 되어가는 동안 지속적으로 이토록 많은 사람이 이토록 오랫동안 추모하고 진실규명을 외치는 이유는 무엇일까? 이는 바로 이러한 요소들이 중층적으로 작동하면서 언제든 다시 국가가 약자인 국민들을 물속으로 밀어 넣을 수 있는 구조가 형성되어 있다고 믿기 때문일 것이다.

누구 개인의 잘못이 아니라 자본의 무한 경쟁과 이를 비호하는 정치권력의 비인간적 태도에서 형성된 하나의 구조와 문화가 조건만 되면 지속적으로 국민을 죽음으로 몰아넣을 것이라는 생각이 널리 퍼졌다. 어른들 말을 들을 수밖에 없었다는 점에서 최대의 약자 위치에 있었던 단원고 학생들이 최대의 피해자가 되었던 것처럼 국가의 지시를 충실히 따르는 대다수의 국민이 최대의 피해자가 될 수 있다는 의식이 또렷이 형성된 것이다.

무엇을 할 것인가

결국 언론사 자체적으로 재난 전문기자를 양성하여 저널리스트로서의 공적 책임감을 바탕으로 보다 깊이 있고 본질에 접근하는 재난보도를 해야 한다는 당위론이 자연스럽게 등장할 수밖에 없는 대목이다. 벡(1997)은 언론매체가 다양한 사람의 의견이 소통되도록 하면 발전에 대한 맹신으로 생겨난 신화를 깨고 새로운 질서를 만들 수 있다고 내다봤다. 이런 관점에서 가장 간단하면서도 가장 큰 효과를 발휘할 수 있는 일은 재난 전문기자를 양성하고 언론인의 재난보도에 대한 의식을 전환하는 것이다.

앞서 인용한 한국의 삼풍백화점 참사나 사망자 5480명(1995년 3월 13일 현재)과 이재민 8만 6000명을 낸 일본의 고베 대지진처럼 인명피해가 대량으로 발생하고 그에 대한 구조, 구난이 시급히 요구되는 위기 상황이다. 이때 보도는 재난의 구조와 복구가 진행되고 있는 상황에서 취재가 이루어지므로 기존의 일반적인 사건, 사고 보도의 마감기사류와는 다른 새로운 양식의 보도방식과 윤리가 적용될 필요가 있다. 다음과 같은 세 가지 이유가 근거다.

첫째, 언론보도를 통해 흔히 접할 수 있는 소규모 사고의 경우, 그것이 설혹 인명과 관련된 사고라 할지라도 피해자나 피해자 가족들이 하나의 독자 대중이나 청중이 되지 못한다. 그러나 대형재난과 같은 위기상황에서는 재해 지역 이외의 사람들뿐만 아니라 피해 당사자와 그 가족들도 대중을 형성하는 특성이 있다(한국에서 흔히 겪히는 태풍 또는 홍수 피해나 환경오염으로 인한 피해는 더욱 그러하다). 말하자면 피재 지역 이외의 대중에게 가는 정보와는 전혀 다른 그들 나름의 특수한 정보를 요구하고 있는 대중이 평상시와는 달리 새롭게 출현한다는 것이다. 따라서 평상시의 사고처럼 피해자가 단순히 정보를 생산하여 제공하고 이를 제외한 그 밖의 많은 독자와 시청자가 이를 소비하는 이분법적 구도가 이의 없이 관용되는 것이 아니다. 광의의 피해자가 정보 제공자로서 뿐만 아니라 또 하나의 정보 소비자로 등장하여 피해를 입지 않은 사람들의 움직임(구조, 구호, 봉사, 보상, 안부)에 대해 알고 싶어 하는 3분 구도가 형성된다. 둘째, 소규모 사고는 일반적으로 피해의 범위가 사회에서 준비하고 있는 상시 구조체제에 의해 쉽게 통제가 된다. 하지만 대형재난과 같이 인명피해가 짧은 시간에 대량으로 발생한 경우는 그 피해의 규모가 상시 구조체제의 해결능력을 넘어서는 것이 일반적이다. 따라서 전자의 경우는 상황 발생 이후 매우 짧은 시간 내에 구조가 끝나버리는 것이 상례인 데 반해, 후자는 비상의 구조체제를 동원해야 하는 등의 이유로 구조작업 자체가 장기화된다. 이 경우에 언론은 구조작업 전반을 어떤 형태로든지 자세히 지켜보게 되고, 따라서 사고 자체만이 아니라 구조나 구호활동 자체가 하나의 중요한 논제로 떠올라 언론의 주요 시간대와 지면을 메우게 되는 것이 보편적이다. 셋째, 이렇게 구조구난이 장기화되는 상황에서 언론은 일반 사건사고 보도와는 달리 경보 및 예보 체제로서의 언론기능을 하면서 피해 규모 축소의 실제적인 집행자 역할을 해야 한다. 이러한 상황에서는 언론의 보도 태도가 어떠한지에 따라 패닉과 같은 2차 재해의 심각한 피해를 막을 수 있는지 여부도 결정된다.

이러한 세 가지 특성을 감안할 때 양질전환의 법칙과도 같이 재난에서 언론 보도는 일반적인 사건·사고 보도 프레임과는 처음부터 원천적으로 다른 프레임으로 접근해야 한다. 재해를 입은 현장에서 언론이 직접적인 구조 활동이 아니라 보도를 하고 있어도 좋은 것은 언론의 보도 활동이 또 하나의 구조 활동이 될 수 있기 때문이다. 따라서 언론은 사건·사고 보도 프레임과 다른 재난보도 프레임을 바탕으로 보도에 임해야 한다. 즉, 피재자와 피재자의 가족, 피재지의 입장을 철저하게 반영하는 것을 기본 축으로 한 보도를 해야 하는 것이다.

이렇게 피재자 중심 보도를 하게 되면 피해를 당한 사람들이나 그 가족들이 재난이나 위험에 대해 생각하는 바가 매체의 중심을 잡게 된다. 나아가 이런 내용이 확장되면 발전에 대한 맹신을 되돌아보고, 사회는 공멸로 치닫는 근대 문명의 위험을 상당히 완화할 수도 있다.

재난보도 자체의 프레임을 달리하는 의식 전환이나 재난보도 전문기자를 양성하는 일 못지않게 재난보도준칙과 같은 제도적인 보완도 필요하다. 그러나 이는 앞서와 같은 의식 전환이 전제되거나 병행될 때 실효를 낼 수 있다. 이런 관점에서 보면 세월호 참사가 일어난 연도인 2014년 9월 16일, 한국기자협회 등 언론 5단체의 공동명의로 '재난보도준칙'을 마련한 일은 불완전한 진척이라고 평가할 수밖에 없다. 의식 전환을 어떻게 실현해갈 것인가에 대한 논의가 없어서다. 사실 지금까지 재난보도와 관련한 윤리적인 가이드라인이 회사나 협회 차원에서 전혀 없지는 않았다. 재난보도준칙이라는 이름의 가이드라인이 없었을 뿐이지 회사나 협회 차원에서 이에 준용할 만한 내용은 있었으며 언론 연구나 비평을 통해 언론인 스스로도 수많은 제안을 해왔다.

기자협회를 중심으로 재난보도준칙을 만든 경험도 있다. 삼풍백화점 참사 당시에도 '알 권리'보다 피재자의 '살 권리'가 무시되었다는 반성 아래 필자가 참여한 한국언론연구원(지금의 한국언론진흥재단)의 연구팀에서 내무부, 기자협회와 함께 재난보도준칙을 만들었다. 결과는 내무부 장관이 경질되면서 사장되었지만, 재난보도란 재난을 관리하는 정부기관과 재난을 보도하는 언론기관이 하나의 룰에 따라 움직이지 않으면 사실상 아무런 효과를 나타낼 수 없다. 그 때문에 당시 재난 관리 주무부서였던 내무부와 함께 작업을 하기도 했다. 그럼에도 서해 훼리호 전복 사고, 삼풍백화점 붕괴 보도에서 드러난 문제가 세월호 보도에서도 이어지고, 추자도 낚싯배 전복 보도에서 또 그대로 반복되었다. 이는 재난을 보는 의식의 전환이 이루어지지 않았고 전문가를 양성하지 않았기 때문이다.

한 회사의 기자 전원이 재난에 대한 의식 전환을 할 경우나 한 회사에 단 한 명이라도 재난보도 전문가가 상주해 있다면 재난보도는 매우 성공적일 수 있다. 일본에서 재난보도를 할 때 NHK가 중심을 잡아 상업방송을 포함한 전체 매체의 보도가 일정한 방향과 수준을 유지하게 한 경험이 그러한 가능성을 입증해준다. 세월호 참사 당시 JTBC가 보여준 피해자를 중심에 둔 차분한 보도나 일부 진보매체가 보여준 구조적이고 본질적인 문제에 대한 접근만으로는 재난보도의 근원적 전환은 사실상 기대하기 어렵다. 몇몇 회사의 선전으로는 재난보도의 획기적인 변화를 기대하기 어렵기 때문이다.

잘못된 재난보도가 반복되는 데에는 역시 자본주의 상업적 경쟁과 한국 사회의 적대적인 정파성이 끼치는 영향이 크다. 따라서 정파성과 상업성을 초월하여 한국 사회가 더 이상 공유지의 비극을 맞지 않도록 하기 위한 공적 영역의 복원을 서두르는 일도 빼놓을 수 없다. 공적 영역의 복원 없이는 아무리 많은 재난보도준칙을 마련하고, 재난 전문기자를 양성하고, 재난보도 프레임으로 기자들의 의식을 전환하더라도 정파성과 상업성이 결합한 경쟁구도 속에서는 빛바랠 가능성이 높기 때문이다. 이를 위해서는 KBS, MBC, 방송통신위원회와 방송심의위원회의 공영성 강화와 노골적인 정파성을 방지하기 위한 제도 개선이 가장 먼저 이루어져야 한다. 이를 통해 공론장의 공유 토대를 마련하여 재난보도와 같이 국가와 국민 전체의 안위를 위한 사안에 상업성이나 정파성이 기승을 부리지 않게 중심을 잡아야 한다. 그래야만 피해자 중심 보도라는 새로운 프레임의 언론보도도 제대로 빛을 볼 수 있다.

끝으로 피재자에 대한 배려 못지않게 재난을 취재하는 언론인에 대한 배려도 키워야 한다. 재난보도에 경험이 많거나 전문기자가 재난보도를 하는 과정에서 더 이상 일을 할 수 없을 정도의 피해를 입는다면 재난보도 전문가의 축적을 기대하기가 어렵기 때문이다. 한국의 언론사들은 삼풍백화점 붕괴 사고 때에도 보호 장구 하나 없이 무너진 건물 잔해 속으로 언론인을 내려보냈다. 또 2011년 3월 발생한 일본의 후쿠시마 원전 폭발 지역을 취재할 때에도 방사능에 대한 아무런 사전 조치도 없이 기자들을 현장 가까이 내보냈다. 이 바람에 MBC의 경우 11명, KBS의 경우 19명의 기자가 피폭을 당하는 피해를 입었다(김고은, 2011.10.6). 이런 식이라면 여러 번 재난을 취재하면서 그 경험을 축적해갈 언론인이 매우 희박해질 수밖에 없다.

7

나익주

세월호 참사와 프레임 전쟁

들어가면서

2014년 대한민국 국민들의 관심을 가장 많이 끌었고 가슴을 침통하게 했던 사건은, 4월 16일에 일어나 304명의 목숨을 앗아간 세월호 침몰 사고였다. 사고가 발생한 지 2년이 다 되어가는 이 시점에도 사고의 정확한 진상규명을 요구하는 피해자 유가족들은 아직도 다수의 침묵 앞에서 절규하고 있다. "단언컨대 당신들은 아무것도 하지 않았습니다"라는 이 한마디 외침 속에 참사 이후 유가족이 겪어온 분노와 절망, 외로움이 다 함축되어 있다.

이 사고가 알려진 직후, 방송사는 사고 현장의 상황을 거의 생중계하다시피 하며, 90도 각도로 기울어져 침몰해가는 배에 남아 있는

---

* 이 글은 ≪문화과학≫, 제81호(2015), 284~311쪽에 실린 필자의 논문 「프레임의 덫에 걸린 세월호」를 부분적으로 수정하고 재편집한 글이다.

탑승객들이 살아 돌아오기를 바라는 온 국민의 관심을 대변했다. 배가 물속으로 완전히 가라앉은 뒤에도 언론은 에어포켓의 존재 가능성을 언급하며 생존자가 있을 수 있다는 점과 그들이 에어포켓 내에서 버틸 수 있는 한계를 분석하면서 탑승자 가족들과 국민들에게 간절한 희망의 끈을 이어주었다. 언론은 또한 늘 그래왔듯이 사고 직후부터 사고의 원인과 책임에 대해 다양한 관점을 담은 수많은 기사를 내놓았고, 대한민국에 대형사고가 반복되는 이유가 무엇인가에 대한 나름대로의 분석을 내놓는 것도 잊지 않았다.

　이 사고를 보도한 많은 기사에서는 (주)청해진해운과 세월호 선장 (이준석), 선원들의 부도덕성과 (사)한국선급[1]의 선박안전검사 부실에 초점을 두고 이 대형사고의 가장 큰 원인과 책임, 재발방지대책을 다루었다. 물론 해양항만청과 해양수산부 공무원들과 해운회사 사이의 부정한 유착 관행이 이 사고를 초래한 원인의 하나이며, 따라서 정부도 책임으로부터 자유로울 수 없다는 점을 언급하는 기사도 많이 있었다.[2] 사고 직후에는 대부분의 언론 보도가 희생자들을 애도하고 희생자 가족들의 아픔에 온전히 공감하려 애쓰는 모습을 보여주었다. 그러나 얼마 지나지 않아서 '불순한 세력', '경제까지 우울증 걸리게 해서는 안 된다', '누가 (세월호를) 정쟁에 이용하는가', '지금이 정치 다툼할 때인가', '적폐와의 전쟁', '박근혜의 눈물', '민생', '정치적 악용', '가여운

1　한국선급은 1960년 해상에서의 인명과 재산의 안전 및 환경 보호와 조선·해운 및 해양 관련 기술 진흥을 목적으로 설립된 비영리사난법인이다.

2　해양수산부와 해양항만청의 일부 공무원들의 부도덕한 관행을 부각하기 위해 언론은 해양수산부 또는 해양항만청 관리와 마피아의 합성어인 '관피아'와 '해피아'라는 용어를 주조했다. 이러한 표현은 '정부(의 기관)는 폭력조직'이라는 개념적 은유에서 나온다.

대통령(의 눈물)', '불모 정치', '경제: 중진국 함정 대 선진국 도약' 등의 표현이 언론 보도에 등장했다. 이러한 표현은 관심의 초점이 희생자와 유가족들에 대한 온전한 공감에서 무언가 다른 곳으로 옮겨가고 있음을 보여주는 증표였다. 그리고 또 얼마 후부터는 진실 규명을 주장하는 희생자 유가족들에 대해 공감하기보다 '희생당한 자식을 이용해서 많은 보상을 받으려는 부도덕한 사람들'이라고 비난하는 표현(예: 거액 보상금, 황제 단식, 시체 장사 등)이 등장했다.

어떻게 해서 희생자 유가족들에 대한 인식이 피해자에서 탐욕자로 옮겨가게 되었는가? 이 과정을 살펴보는 것은 현재를 살아가는 대한민국 사람들의 인식을 일부나마 보여줄 것이다. 따라서 이러한 분석은 필수적이라고 생각하며, 인지언어학의 프레임 이론과 은유 이론을 바탕으로 이러한 인식의 변화가 어떻게 가능했는지 살펴보고자 한다.[3]

삶을 지배하는 프레임

프레임(frame)은 원래 캘리포니아(버클리) 대학 언어학과 교수인 찰스 필모어(Charles Fillmore)가 언어 표현의 의미를 설명하고 기술하기 위해 고안한 개념이다. 프레임은 문화적 관례나 세상에 대한 믿음, 일을

---

3   개념적 이론의 구체적인 내용은 Lakoff(1987), 레이코프·존슨(1995, 2006), 커베체쉬(2003), 나익주(2003, 2006), 박수경(2006), 박정운(1998), 이창봉(2011), 임혜원(1997) 참조; 프레임 이론의 구체적 이론에 대해서는 Fillmore(1982), Lakoff (1996, 2002), 레이코프(2010, 2012, 2014), 레이코프·로크리지연구소(2007) 참조할 수 있다.

처리하는 익숙한 방식, 사물을 바라보는 방식 등에 대한 특정하게 구조화된 심적 체계로서, 우리에게 실재를 이해시켜주고 때로는 우리의 실재를 창조해주기도 한다. 즉, 프레임은 세계에 대한 가장 기본적인 상호작용을 가능하게 한다. 그런데 프레임은 우리의 아이디어와 개념을 구조화하고, 사유 방식을 형성하고, 심지어 지각 방식과 행동 방식에도 영향을 준다. 대부분의 경우 우리는 프레임을 무의식적으로, 그리고 자동적으로 사용한다.

어떤 프레임을 통해서 세상을 바라볼 때, 그 프레임 안에 들어오는 것은 분명히 인식하지만 그 프레임 밖에 있는 것은 인식하지 못하게 된다. 달리 말하면, 프레임은 현상의 어떤 측면은 부각하지만, 다른 측면은 은폐하는 기능을 수행한다. 예를 들어, 2003년 미국이 이라크에서 벌인 전쟁을 '(이라크 국민에 대한) 구원' 프레임으로 바라볼 때 '독재자 후세인', '후세인의 악행', '독재의 협력자들', '선한 이라크 국민의 고통' 등은 부각되지만 '수천 년 역사 도시 바그다드의 유물과 유적 파괴', '미국 회사가 이라크 석유에서 얻는 막대한 이득', '선한 이라크들의 살상' 등은 은폐된다. 이러한 프레임의 부각과 은폐 기능은 한 손에는 아름다운 꽃을 가슴 앞으로 내밀고 있으나 다른 한 손에는 칼을 숨기고 있는 여인의 이중성에 비유할 수 있다.

프레임이 어떻게 우리의 행동과 사고를 제약하는지는 필모어가 프레임의 한 실례로 제시한 낱말 '고아(orphan)'의 의미를 살펴보면 쉽게 알 수 있다. '고아'는 "부모가 돌아가신 아이"로 정의된다. 이러한 정의는 아이들은 부모의 보살핌과 지도에 의존하고, 부모는 그리한 보살핌과 지도를 자신들의 당연한 의무로 받아들이며, 부모가 없는 아이들은 특정한 나이에 이르기까지 사회의 보살핌을 받아야 한다는 구조화된 배경지식, 즉 프레임을 참조해야만 이해될 수 있는 개념이다. 우리는 그러한 구조화된 프레임에 근거하여 낱말 '고아'가 적절하게 사용되었는지를 결정할 수 있다. 또한 부모를 살해한 젊은이가 자신이 고아라는 이유를 들어 선처를 호소할 수 없을 것이다. 그러한 호소는 '고아'의 의미를 정의하는 개념적 프레임에서 현저하게 벗어난 행동이기 때문이다.

프레임이 어떻게 우리의 행동과 사고를 제약하는지 보여주는 또 하나의 실례로 현재 우리나라의 보수언론에서 퍼뜨리고 있는 낱말 '세금 폭탄'의 의미를 살펴보자. 이 표현은 '세금은 폭탄'이라는 은유에 근거한다. '세금 폭탄'이란 말을 들으면, 사람들은 자동적으로 머릿속에서 전쟁 프레임을 떠올린다. 폭탄은 전쟁에서 사용되는 살상 무기이며, 공격의 직접 대상이든 아니든 투하된 지역의 사람들을 무차별적으로 죽이거나 심각한 부상을 입힌다. 따라서 폭탄은 반드시 피해야 할 무기다. 이 프레임이 작동되면, 세금(특히 종합부동산세)은 모든 사람들에게 해를 끼치는 아주 강력한 무기이기 때문에 이 세제는 반드시 없애야 하는 것이 된다.

한마디로 정의하면 프레임이란 세상을 바라보는 방식을 형성하는 우리의 구조화된 정신적 체계다. 따라서 어떤 한 세력이 프레임을 장악하게 된다면, 그 세력이 우리의 세계에 대한 주도권을 쥐게 된다는 것을 의미한다. 이것을 오늘의 우리 정치 현실과 연결해볼 때 아주 의미심장한 함의를 제공한다. 현재 우리나라의 정치 담론은 보수 진영이 자신들의 정치적 정체성과 세계관을 프레임에 담아 성공적으로 전파하며 주도하고 있는 것으로 보이기 때문에, 우리 사회를 주도할 가능성이 높아지고 있다.

이것은 현재 집권 여당을 축으로 하는 보수 진영이 세월호 참사 사고를 둘러싸고 벌어지고 있는 프레임 전쟁에서도 진보 진영을 압도

하고 있는 상황을 통해 확인할 수 있다. 이러한 확인 과정에서 보수의 프레임이 세월호 참사를 둘러싼 논쟁에서 부각하는 것은 무엇이고 은폐하는 것은 무엇인지도 인식하게 될 것이다.

'인과관계' 프레임: 선장의 부도덕과 무능만이 문제였을까

어떤 사건이나 현상의 원인을 이해하는 방식에는 직접적인 인과관계를 살펴보는 방식과 유기적인 인과관계를 고려하는 방식이 있다. 가장 단순한 종류의 인과관계인 직접적 인과관계에는 단 하나의 행위자만이 있으며, 이 행위자는 어떤 물건에 의도적으로 힘을 가하며, 그 결과로 이 물건은 이동하거나 변화하게 된다. 직접적 인과관계의 속성은 단순해서 행위자도 하나이며 영향을 받는 개체도 하나이고, 행위자가 자유 의지에 따라 하나의 행동을 수행한다. 어떠한 중간 원인이나 다수의 행위자가 없다. 예를 들어, 당신이 '공을 허공을 향해 높이 던지는 행위'나 '전등 스위치를 끄고 켜는 행위'를 생각해보라. 직접적 인과관계와는 상당히 다른 유기적 인과관계에는 흔히 복잡계가 등장한다. 이 복잡계의 실례에는 주식시장, 날씨 체계, 전력망, 경제, 문화, 선거인단, 생태계, 유행성 전염병, 의료보장 체계, 사회현상(예컨대 범죄) 등이 있다. 유기적 인과관계는 적어도 하나의 복잡계를 포함하는 인과관계다. '남북극의 만년설을 녹이는 지구온난화', '조선의 멸망을 초래한 당파싸움', '경제를 압박하는 건강관리 비용 상승' 등의 표현은 주변에서 흔히 듣는 유기적 인과관계의 사례다.

인과관계 프레임에서 중요한 것은 어떤 사건이 세계에서 실제로 일어나는 방식이 아니라, 이 사건을 우리가 개념화하는 방식이다. 독재자를 축출하기 위해서는 실제로 군인 수십만 명의 수백만 가지 행동이 필요하지만, 우리는 독재자의 축출을 군이나 국가의 수준에서 수행하는 단 하나의 행동으로 개념화할 수 있다. "부시가 사담 후세인을 축출했다"는 진술은 이 세상의 복잡한 현상을 직접적 인과관계로 개념화하는 대표적인 실례의 하나다. 진보주의자들은 사회적·생태적·경제적 체계 내에서 유기적 인과관계를 바탕으로 주장을 펼치는 반면, 보수주의자들은 직접적 인과관계를 바탕으로 주장을 펼친다.[4]

인과관계에 대한 진보와 보수의 이러한 인식 차이는 세월호 참사 사건을 보도하는 한국 언론의 기사에서 다시 한 번 분명히 확인할 수 있다. 사고 초기에는 모든 신문과 방송이 현장 상황을 전달하는 데 주력했다. 그런 상황 전달 방식의 보도에서도 진보 성향의 신문과 보수 성향의 신문이 사용하는 '프레임(사건을 보는 주된 관점)'이 차이가 났다. 사고 다음 날 보수 성향의 ≪매일경제≫와 ≪동아일보≫에 나온 "이준석 세월호 선장, 구조된 직후 젖은 지폐를 말리다니?"라는 제목의 기사에서는 침몰 사고의 직접적인 원인이 다른 무엇보다도 부도덕한 선장에게 있다는 점이 자연스레 부각되었다. 사건 발생 수일이 지나자 보수신문과 진보신문 간 프레임이 뚜렷이 갈렸다. ≪조선일보≫는 '사

---

4 예를 들어, 빈곤의 경우에 미국의 보수주의자들은 빈곤의 책임이 분명히 절제력이 부족한 게으른 개인들에게 있다고 보는 반면, 진보주의자들은 빈곤의 고착화에 교육적 불이익, 문화적 편견, 인종차별적 징후, 고착화된 제도 등 복합적인 요인이 작용한다고 본다. 그 결과 진보주의자들은 심화되는 빈부 격차를 비난하지만, 보수주의자들은 정당한 자유시장의 자연스러운 결과로 인정한다. 범죄, 의료 보호, 환경, 국제관계, 이민 등의 영역에 적용되는 직접적 인과관계 대 유기적 인과관계의 동일한 이분법에 관해서는 레이코프의 상세한 설명(레이코프, 2007: 111~114)을 참조할 수 있다.

이비 종교(구원파)와 교주(유병언) 비리' 프레임을 전면에 내세우기 시작했다. 반면 ≪한겨레신문≫은 '정부 책임론' 프레임을 부각했다.

≪조선일보≫는 "세월호 구조 비용 '청해진 일가'가 모두 물어내게 해야"라는 4월 26일 자 사설로 포문을 열었다. 자매방송인 TV조선은 '이용욱 해경 정보수사국장이 특채되기 전 세모 직원이자 구원파 신도였다'는 사실을 보도했다. 또 유병언의 최측근이었던 이청이라는 인물을 등장시켜 구원파와 관련된 의혹을 제기했다. 이를 통해 국민의 분노를 상당 부분 유병언과 청해진해운 쪽으로 돌렸다.

사고 책임을 놓고 정부를 겨냥하는 것을 차단하려는 시도는 방송에서도 나타났다. MBC 노동조합의 통계에 따르면, 침몰 사고 당일인 4월 16일부터 5월 18일까지 지상파 3사가 내보낸 정부 비판 뉴스는 KBS는 68건, SBS는 66건, MBC는 23건이었다. 방송사의 이러한 보도 태도는 MBC의 안○○ 사장이 세월호 사건 보도와 관련해 임직원들에게 보낸 격려성 메일의 내용에서 분명히 확인할 수 있다.

> 2002년에 있었던 '효순·미선 방송'이 절제를 잃고 선동적으로 증폭되어 국가와 사회에 부정적인 형향을 미친 데 비해, 이번 방송은 국민 정서와 교감하고 한국 사회의 격을 높여야 한다는 교훈적 공감대를 형성하는 데 커다란 기여를 했습니다(≪중앙일보≫, 2014년 4월 28일 자).

KBS와 SBS의 정부 비판 뉴스 횟수는 물론 MBC에 비헤서는 많은 편이지만, 그 기간(33일)에 진행된 뉴스의 총 횟수를 고려하면 그리 많은 편도 아니다.

반면 진보적 성향의 ≪한겨레신문≫과 ≪경향신문≫은 정부 책임론을 유지하는 데 전력을 기울였다. 두 신문 모두 인터넷 홈페이지에서 한 달이 되도록 세월호 참사란을 유지했다. 이는 ≪동아일보≫와 ≪조선일보≫가 사태 20여 일이 지나면서 홈페이지 구성을 정상화한 점과 비교된다.

다음에 제시된 표현들은 보수적인 성향의 ≪동아일보≫에 실린 세월호 참사 관련 사설의 일부 제목이다.[5]

- 선장이 제일 먼저 탈출해 젖은 돈 말리고 있었다니(4월 18일)
- 통곡의 대한민국 …… 말뿐인 '안전 행정' 통렬하게 반성하라(4월 18일)
- 선장부터 장관까지 누가 뭘 잘못했는지 낱낱이 밝혀내야(4월 19일)
- "공무원 못 믿겠다"는 국민의 분노, 朴대통령 이제 알았나(4월 22일)
- 직업윤리도, 인간의 도리도 저버린 세월호 선장과 선원들(4월 22일)

얼핏 4월 18일 자 사설의 제목 "말뿐인 안전 행정"과 4월 22일 자 사설의 제목 "공무원 못 믿겠다는 국민"은 정부의 책임을 언급하고 있는 것으로 해석할 수 있고, 특히 4월 19일 자 사설의 제목은 '장관'에게 책임을 묻는 것으로 볼 수 있다. 그렇다고 해서 세월호 참사를 바라보는 보수적 성향의 이 신문의 기본적인 시각이 정부의 정책 운용 기조, 특히 무한 경쟁과 최대 이윤 추구를 최고의 가치로 여기는 신자유주의 정책 기조에 대한 비판에까지 이른 것은 아니다. 오히려 해당 공무원의 무능력과 무책임, 무사안일을 강조하고 있다고 보는 것이 더 타당

---

5   이 글에서 논증을 전개하기 위해 제시한 예문은 대통령의 담화문에서 인용한 일부 글을 제외하고는 대부분 인터넷 동아일보(http://www.donga.com)의 2014년 4월 16일부터 2014년 9월 30일까지 실린 기사들에서 가져왔다.

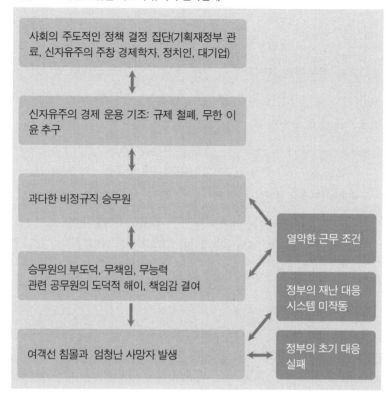

그림 7-2 **세월호 침몰 사고의 유기적 인과관계**

하다.

'대형 참사'는 단순히 한 가지 유형의 원인을 지닌 것으로 개념화하기 어려운 일종의 복잡계다. 따라서 세월호 참사도 역시 여러 요인들이 얽히고실켜 발생한 일종의 복잡게로 보는 것이 다당히디(〈그림 7-2〉 참조).

세월호 침몰 사고는 여러 요인이 얽힌 복잡계임에도 불구하고 보수적인 성향의 언론은 이 사고의 원인을 단 한 사람의 행위자나 행위자 집단에 돌리는 직접적인 인과관계를 통해 개념화하려는 경향을 보여주고 있다. 이 경향은 "승무원 조타수의 무능력(기술 미비)과 청해진해운의 부도덕이 세월호 침몰을 초래했다"나 "선장을 비롯한 승무원의 부도덕과 공무원의 복지부동이 침몰 초기의 대응에 실패해 엄청난 인명피해를 가져왔다"와 같은 식으로 기술된다. 이러한 경향은 다음의 인용문을 보면 분명히 알 수 있다(이하 나오는 인용문에서 강조는 필자).

> 세월호 참사는 승객의 안전보다는 **돈벌이에 급급한 청해진해운의 탐욕**이 **직접적 원인**이라고 봐야 한다. 책임 소재를 명확하게 밝히려면 청해진해운과 지주회사인 천해지, 또 천해지의 지주회사인 아이원아이홀딩스 관계자들과 이들을 뒤에서 움직이는 유 전 회장에 대한 수사가 불가피하다(≪동아일보≫, 5월 8일 자 사설에서).

> 이런 어마어마한 사건이 그냥 우연이나 아주 자그마한 기계적 오류나 개인적인 실수에 의해서 일어났다고 설명한다면 대다수는 믿지 않으려 한다. …… 비행기 사고나 선박 사고, 전장에서의 사고는 그 규모에 상관없이 한두 사람의 실수, **물론 치명적인 실수에 의해 일어나기도** 한다. **비행기, 선박, 전쟁** 등과 같이 보통 **최종결정권이 한 사람에게 집중된 특수 상황에서는 그 결정권자의 실수가 결과에 엄청난 영향력**을 미친다(≪신동아≫ 6월 호, 「누가 언제 어떻게 해야 믿어줄까: 선택의 심리학, 사과하기 어려운 사회」에서).

> 세월호 참사 이후 두 달 가까운 시간이 흘렀지만 한국 경제의 '우울증'은 여전히 진행형이다. 국민들은 소비를 줄이고 기업은 적극적인 마케팅이나 신제품 출시를 사실상 중단했다. 정부는 **잘못된 기업 규**

제를 혁파해 새로운 성장 동력을 만들겠다고 공언(公言)했으나 최근에는 **"규제완화가 세월호 참사를 불렀다"**는 주장에 밀려 주춤거린다 (≪동아일보≫, 6월 9일 자 사설에서).

첫 번째와 두 번째 글은 '세월호 참사'를 직접적 인과관계를 통해서 개념화하고 있다는 점에서 공통성을 지닌다. 구체적으로 첫 번째 글(5월 8일 자 사설)에서는 이 참사를 세월호를 운영하고 있는 한 개별 회사의 책임으로 돌리고 있다. 두 번째 글(≪신동아≫ 6월 호 기고문)에서는 강조한 부분에 암시된 바와 같이 이 참사의 책임을 미숙한 선장 한 개인의 실수로 돌리고 있다. 의도했든 의도하지 않았든 이러한 글은 독자들로 하여금 세월호 침몰 사고를 유기적 인과관계를 통해 개념화하지 못하도록 작용한다. 따라서 이러한 글의 독자는 이 참사의 원인을 신자유주의 경제 운용의 폐해에까지 연결하지 못하고 직접적 인과관계를 통해 이 사건을 이해하게 될 가능성이 높다. 오히려 세 번째 글에서는 신자유주의적 규제완화가 세월호 참사의 원인이라는 주장에 개의치 말라고 정부에게 주문하고 있다.

이처럼 세월호 참사를 직접적 인과관계를 통해 인식하는 태도는 지난 5월 19일 발표한 박근혜 대통령의 대국민 담화문에서도 확인할 수 있다.

국민 여러분, 이번 사고의 직접적인 원인은 **선장과 일부 승무원들의 직무유기와 입재의 무리한 증축과 과적** 등 비정상적인 사익추구였습니다. …… 17년 전, 3000억 원에 가까운 부도를 낸 기업이 회생 절차를 악용하여 2000억 원에 이르는 부채를 탕감받고, 헐값에 원래 주인에게 되팔려서 탐욕적인 이익만 추구하다 이번 참사를 내고 말았습니다(박근혜 대통령 담화문에서).

전쟁 프레임: '적폐와의 전쟁'[6]

레이코프·로크리지연구소(2007: 28)에 따르면, "전쟁과 연결된 프레임은 군대와 전투, 도덕적 십자군, 총사령관, 영토의 점령, 적의 항복, 부대를 지원하는 애국자 등의 의미 역할이 있다. '전쟁'은 군사적 행동의 필요성을 암시한다. 전쟁을 수행 중일 때 다른 모든 관심사는 부차적이 된다".

'적폐'에 '전쟁'이 덧붙여질 때, '적폐'가 대치 상태에 있는 적이 되는 은유가 생겨난다. 하지만 '적폐'는 물리적인 적이 아니라 인간관계 속에 존재하는 사회적 관행(에 대한 인식)이다. 그렇게 때문에 '적폐'는 전쟁터에서 물리적으로 제압할 수 없다. '적폐와의 전쟁' 프레임은 그 자체가 영구적이며 매우 강력하다. 단순히 전쟁 중이라는 사실만으로도 사람들은 두려움을 느끼기 때문이다. 그래서 이러한 프레임의 반복은 사람들에게서 더 많은 두려움을 야기한다.

'적폐와의 전쟁' 프레임의 전략적 강점은 총사령관으로서의 대통령에게 방대한 권한을 부여한다는 점이다. 이 프레임 덕택에 박근혜

---

6   프레임의 덫에 걸리지 않으려면 상대방의 프레임을 사용하지 않아야 한다. '적폐와의 전쟁'은 박근혜 대통령과 보수언론이 '전쟁' 프레임의 사례로 사용하고 있다. 진보 성향의 ≪한겨레신문≫이나 ≪경향신문≫은 현 정부의 책임을 묻기 위해 '청와대가 오히려 적폐의 근원'이라는 표현을 사용하고 있지만, 이 표현은 오히려 보수의 '적폐' 척결 의지만을 강화하고 있다.

대통령은 단 한마디의 말로 해경을 해체하고 국가안전처라는 새로운 국가기구를 만드는 역할을 수행할 수 있다. 이 프레임은 정당한 절차를 존중하지 않는다. 전쟁 중에 적은 죄인이며 따라서 쏘아 죽이는 것이 당연하기 때문이다.

박근혜 대통령은 '전쟁 프레임'의 이러한 강점을 최대로 활용하여 세월호를 둘러싼 프레임 전쟁을 지휘해왔다. 이는 지난 5월 19일 발표한 대국민 담화문을 보면 알 수 있다.

> 국민의 생명과 안전을 책임져야 하는 대통령으로서 국민 여러분께서 겪으신 고통에 진심으로 사과드립니다. …… 이번 사고에 제대로 대처하지 못한 최종 책임은 대통령인 저에게 있습니다. 그 고귀한 희생이 헛되지 않도록 대한민국이 다시 태어나는 계기로 반드시 만들겠습니다.
>
> 이번 세월호 사고에서 해경은 본연의 임무를 다하지 못했습니다. 사고 직후에 즉각적이고, 적극적으로 인명 구조 활동을 펼쳤다면 희생을 크게 줄일 수도 있었을 것입니다. 해경의 구조업무가 사실상 실패한 것입니다. 그 원인은 해경이 출범한 이래, 구조·구난 업무는 사실상 등한시 하고, 수사와 외형적인 성장에 집중해온 구조적인 문제가 지속되어왔기 때문입니다. …… 저는 이런 구조적인 문제를 그냥 놔두고는 앞으로도 또 다른 대형사고를 막을 수 없다고 판단했습니다. 그래서 고심 끝에 **해경을 해체하기로** 결론을 내렸습니다. …… 국민안전을 최종 책임져야 할 안전행정부도 제 역할을 다하지 못했습니다. 안전행정부의 핵심기능인 안전과 인사·조직 기능을 안행부에서 분리해서 안전업무는 **국가안전처**로 넘겨 통합하고, 인사·조직 기능도 신설되는 총리 소속의 행정혁신처로 이관하겠습니다.

이번 사고는 오랫동안 쌓여온 우리 사회 전반에 퍼져 있는 '**끼리끼리 문화**'와 '**민관유착**'이라는 비정상의 관행이 얼마나 큰 재앙을 불러올 수 있는지를 보여주고 있습니다. …… 선박안전을 관리·감독해야 할 정부와 감독 대상인 해운사들 간에 이런 '**유착관계**'가 있는 한, …… 이러한 민관유착은 비단 해운분야뿐만이 아니라 우리 **사회 전반에 수십 년간 쌓이고 지속되어온 고질적인 병폐**입니다. …… 국민의 생명을 담보로 끼리끼리 서로 봐주고, 눈감아 주는 민관유착의 고리를 반드시 **끊어**내겠습니다. 그래서 지금 문제가 되고 있는 관피아 문제를 해결하겠습니다(2014년 5월 19일 박근혜 대통령 담화문에서).

'(부패) 척결', '(유착의 고리를) 끊다' 등 '죽임'을 암시하는 표현을 사용하여 부패에 강력하게 대처하겠다는 의지를 피력했지만, 박근혜 대통령은 담화문에서 '전쟁'이라는 표현을 명시적으로 사용하지는 않았다. '적폐와의 전쟁'이라는 표현을 사용하여 박근혜 대통령이 담화문에서 암시한 '전쟁 프레임'을 명시적으로 부각하고 효율적으로 전파한 것은 보수언론이었다. 이것은 보수신문의 다음 기사 제목과 내용을 보면 분명히 알 수 있다.

적폐와의 전쟁
19일 박근혜 대통령의 대국민 담화는 한마디로 '**적폐**(積弊·오랫동안 쌓인 폐단)**를 향한 전쟁 선포**였다. 해양경찰청의 …… 가히 파격적이다. **관피아**(관료+마피아) 등 퇴직 공직자의 …… 강조했다. …… 이처럼 '적폐'의 생명력은 끈질기다. 어지간한 공격에 좀처럼 흔들리지 않는다. **공격의 칼날**이 무더질 때까지 잠시 동안 몸을 **숨길** 뿐이다. 그동안 여러 정부가 수많은 불법·비리와의 전쟁에서 번번이

패한 이유이기도 하다. 박근혜 정부가 **적폐와의 전쟁**에서 **승리**하려면 앞서 치러진 범죄와의 전쟁 등을 반면교사로 삼아야 한다.

박 대통령은 세월호 참사를 통해 적폐의 **위력**을 절감했을 것이다. 이를 해결하지 않고서는 '4대악 **척결**', '안전한 대한민국' 같은 공약도 공염불에 그칠 수밖에 없다. **적폐와의 전쟁**에서 또다시 무릎 꿇지 않으려면 대통령의 말대로 '명운(命運)'을 걸어야 한다(≪동아일보≫, 2014.5.20, 이성○ 기자).

…… **대통령은 적폐를 도려내겠다**고 한다(5월 9일, 채널 A).

[사설] 무능한 '철밥통' 공무원을 어떻게 퇴출시킬 것인가

정부가 공직사회의 '철밥통' 관행을 뿌리 뽑기 위해 공무원 신분 보장의 제외 대상을 현행 차관보급인 1급(관리관) 이상에서 국장급인 2급(이사관) 이상으로 확대하는 방안을 추진하고 있다. 세월호 참사로 낱낱이 노출된 관료들의 무능과 무사안일, 복지부동의 적폐를 **타개**하기 위한 인사개혁 방안이다(≪동아일보≫, 5월 17일 사설에서).

이성○ 기자는 박근혜 대통령이 담화를 발표한 다음 날인 5월 20일에 "적폐와의 전쟁"이라는 제목의 기사를 썼다. '전쟁', '공격의 칼날', '숨기다', '패하다', '승리', '위력', '척결' 등은 전쟁을 연상케 하는 표현이지만, 이 기사에서는 이러한 표현이 문자 그대로의 전쟁을 지칭하지 않으며 대통령의 표현대로 '우리 사회 전반에 수십 년간 쌓이고 오랫동안 지속되어온 고질적인 병폐'를 개선하기 위한 강력한 조치의 이행을 말한다. 전쟁 프레임에는 아군, 적군, 전쟁 무기, 총사령관 등의 의미 역할이 있고, 적군의 침략과 아군의 피해, 아군의 반격과 응징이

라는 사건이 있다. 이 기사는 '적폐'에 '전쟁'을 더함으로써, 대통령의 담화문을 전쟁 선포문에 비유한다. 그 결과 (과거의) 적폐는 적군의 침략 행위가 되어 선한 국민들에게 피해를 입힌다. 적의 악행에 여러 유형이 있듯이 적폐에도 여러 유형 ─ 예를 들면, 공무원의 무능과 부도덕, 무사안일, 복지부동, 민관유착 ─ 이 있다. 문자적인 전쟁에서 적군의 만행에 국민들이 피해를 입고 있을 때, 뛰어난 지휘관이 출현하여 전세를 뒤집으며 반격을 가하고 결국 적군을 격퇴하고 아군이 승리한다. 그러면 이 지휘관은 영웅이 된다. 이와 유사하게 '적폐와의 전쟁'에서는 적군에 해당하는 부도덕한 기업과 무능하고 타락한 무사안일의 공무원들이 서로 결탁하여 오랫동안 악행을 저지르고, 선한 국민들에게 피해를 입히고 고통을 준다. 이때 뛰어난 지도자가 출현하여 부도덕한 사람들의 악행을 차단하고, 즉 적폐를 해소하고, 국민들을 고통으로부터 구해낸다. 그러면 이 지도자(박근혜)는 선한 영웅이자 구원자가 된다.

'적폐와의 전쟁' 프레임에 작용하는 은유를 요약하면 다음과 같다. "(과거의) 적폐는 적, 적폐의 피해자는 선한 국민들, 적폐 해소는 승리, 적폐해소 지휘자는 선한 전쟁의 지휘자, 박근혜 대통령은 전쟁 영웅, 부도덕한 기업과 결탁하는 공무원은 적군, 부도덕한 공무원 집단은 범죄 집단, 범죄 집단은 적."

선악 프레임

세월호 침몰 사고가 발생한 이후, 이 사고의 근본적인 원인은 무엇인가, 이 사고의 책임은 어디까지 물어야 하는가, 도대체 어떻게 해서 단 한 명도 구조하지 못했는가, 이 사고는 어떻게 수습해야 하는가,

이 사고의 희생자 유가족들에게 국가는 배상을 해야 하는가 아니면 보상을 해야 하는가, 이러한 유형의 사고는 왜 빈번하게 반복되는가, 어떻게 해야 한국 사회를 대형사고로부터 보호할 수 있을 것인가 등에 대해 다양한 의견이 나왔다. 이 과정에서 진보언론은 현 정부의 보수적인 정책 운용 기조에 가장 큰 책임이 있다는 주장을 견지한 반면, 보수언론은 현 정부의 정책 운용 기조 자체보다는 다른 요인(예를 들면, 일부 기업의 탐욕과 일부 공무원들의 부도덕과 무사안일)으로 원인 규명과 책임 추궁의 방향을 돌리려는 입장을 취해왔다.

앞에서 살펴봤듯이, 보수언론은 자신들의 입장을 전파하기 위해 전쟁 프레임을 적극적으로 활용했다. 이에 더해 보수언론은 전쟁 프레임과 관련이 있는 선악 프레임을 동원했다. 선악 프레임에는 선한 사람과 악한 사람의 의미 역할이 있으며 이 프레임에서 선한 사람들은 당연히 선한 행위를 하고 악한 사람들은 악행으로 선한 사람들을 괴롭힌다. 보수언론은 국정을 운영하는 정부 관계자들에게 감정이입을 하며, 그들에게 책임을 추궁하려는 야당과 진보적 시민단체들을 더 심하게 사회의 불안과 혼란을 조성하려 획책하는 '나쁜 사람들'로 규정한다.[7]

다음의 사설 제목과 내용에 들어 있는 '야당이 국정의 발목을 잡다'라는 표현의 의미는 여행 은유 ─ 즉, [(국정) 운영은 여행] ─ 와 관련이 있다. 어떤 사람이 앞으로 나아가고 있을 때 누군가가 그 사람의 발목

---

7   물론 보수언론에 대통령과 정부의 책임을 묻는 기사가 전혀 없는 것은 아니다. 예를 들어 "박대통령, 사퇴 밝힌 정총리보다 더 큰 책임 통감해야"라는 제목의 ≪동아일보≫ 4월 28일 자 사설은 적재적소에 최적의 인재를 등용하지 못한 것과 관리들이 최대의 능력을 발휘할 여건을 만들지 못했다는 점을 들어 세월호 사고의 책임이 대통령에게도 있음을 지적하고 있다.

을 잡으면 그 사람은 더 이상 나아가지 못하게 되어 결국 자신의 목적지에 다다르지 못한다. 당연히 타인의 발목을 잡아 타인의 전진을 방해하는 사람은 나쁜 사람이다. 따라서 '국정 발목 잡는 야당'은 여행의 장애물이며 나쁜 존재가 된다. 얼핏 '정치권의 대립이 국정의 발목을 잡는 악순환'이라는 표현에서 장애물에 해당하는 '정치권'이 여당과 야당을 둘 다 가리키는 것처럼 보이지만, 사실상 이는 환유적으로 정치권의 일부인 '야당'만을 지칭하는 것이다. 여당은 국정의 동반자로서 발목을 잡는 행위를 할 필요가 없기 때문이다.

- [사설] 국정 **발목 잡은** 야당이 '무책임한 총리' 탓할 자격 있나(4월 28일)
- [사설] 대통령과 여야 모두에 6·4 민심은 준엄한 경고장 보냈다(6월 5일)
  새누리당은 세월호 참사로 참패가 예상됐던 것에 비하면 그런대로 선전한 편이다. "박근혜 대통령을 지켜 달라"며 '박근혜 눈물 마케팅'을 벌인 막판 선거 전략이 먹혔다. …… **박 대통령이 천명한 국가 개조를 위해서는 야당한테도 더 가까이 다가가고** 적극적으로 소통할 필요가 있다. **정치권의 대립이 국정의 발목을 잡는 악순환**이 반복되다간 집권 2년차의 가장 중요한 순간을 날려버릴 수 있다.

보수언론은 세월호 참사 사건의 진상을 조사하기 위한 특별법 제정 과정에서 정치인들이 이견을 보이며 대립하자 그들을 자신들의 정략적인 이익을 위해 이 비극적인 사건을 이용하여 정쟁(정치다툼)을 일삼는 몰염치한 집단으로 규정하고 있다. 문자 그대로 해석하면, 이 사설의 제목은 여당과 야당의 모든 정치인을 비판하는 것으로 이해된다. 하지만 사실상 이 사설은 의회를 비판하는 것을 통해 대통령을 거들고 있다고 볼 수 있다. 제목에 실린 비난의 화살이, 대통령의 뜻을 충실히 섬기고자 하는 여당보다는 야당을 겨냥하고 있는 것이 분명하기 때문이다. 이것은 다음의 5월 19일 자 사설의 내용을 보면 분명히 알 수 있다. 이렇게 되면, 야당은 여당에 비해 더 나쁜 정치집단이 되는 것이다. 5월 10일 자 사설의 제목 "누가 왜 세월호를 정치 선동에 악용하는가"에서 '악용'이라는 표현은 정치적 성향이 다른 집단의 사람들을 세월호 참사와 관련하여 부당한 이득을 얻기 위해 정치 선동을 하는 사람들로 규정하고 있으며, 그들의 나쁜 행위를 부각한다. 이 사설의 내용에서는 구체적으로 진보 성향의 시민 단체를 하나하나 나열하여 진보를 야비한 사람들이라고 규정하고 있다.

- [사설] 지금이 '세월호 국정조사' 놓고 **정치다툼** 할 때인가(5월 8일)
- [사설] 여야, 세월호는 팽개치고 벌써 7·30 **재보선만 생각**하나(6월 17일)
- [사설] 일정조차 타협 못하는 세월호 특위 **부끄러운 줄 알라**(6월 24일)
- [사설] 문재인의 "세월호는 또 하나의 광주" 발언이 걱정스러운 이유(5월 19일)[8]

  '세월호 참사 대응 각계 원탁회의'가 …… '박근혜 퇴진'을 외쳤다.

---

[8] "문재인의 '세월호는 또 하나의 광주' 발언이 걱정스러운 이유"라는 사설 제목은 필자 자신은 나라를 진정으로 걱정하는 애국자인 반면, 정치인 문재인은 대참사를 정략적으로 이용하는 나쁜 사람이라는 어감을 전달하고 있다. 이 제목에서 '광주'는 환유적으로 1980년 5월의 광주민주화운동을 가리킨다. 이 운동은 시민들이 민주화를 요구하며 군부 세력에 항거하다 200명 이상의 사람들이 죽은 비극적인 사건이었나. 이 사설의 체복와 내용은 문재인이 다가오는 지방선거(2014년 6월 4일)에서 자신의 정당이 유리한 위치를 점유하게 하기 위해 세월호 참사를 광주의 비극적인 사건과 연결함으로써 소외된 소시민들의 단결을 촉구하고 있다는 인상을 준다. 이로 인해, 문재인은 이 비극적인 사건을 정략적으로 이용하는 행태를 자행하는 악한 정치인이 된다.

······ 한편에서는 보수단체들이 이번 참사의 정치적 이용을 반대하는 맞불집회를 열었다. ······ 그러나 **6·4지방선거에 세월호 참사를 이용하려는 정치적 시위와 정권 퇴진 구호**는 다수 국민의 공감을 얻기 어렵다. ······ 세월호 참사는 이념으로 갈라져 대립할 사안이 아니다. 하지만 **'원탁회의' 참여 단체들이 보여 온 정치적 편향성 때문에 보수단체들도 나섰을 것**이다. 세월호 희생자의 유가족들은 어느 집회에도 공식적으로 참가하지 않았다.

- [사설] 누가 왜 세월호를 **정치 선동에 악용**하는가(5월 10일)
  '참교육을 위한 전국학부모회', '감리교신학대 도시빈민선교회', '광주진보연대', '인천사회복지연대' 등 13개 시민사회단체, '엄마의 노란 손수건' 인터넷 모임(대표: 정모 통합진보당 안산시 단원구 지역위원회 소속 당원)

더 나아가 보수언론의 사설은 세월호 침몰 사고의 진실 규명을 요구하며 시위를 하는 (이른바 좌파 성향의) 사람들을 폭력이나 행사하고 국가의 법질서를 훼손하는 '악한 사람들'로 규정하고 있다. 다음 사설의 제목은 '부분으로 전체를 대신함' 환유를 절묘하게 활용하고 있다. 시위 과정에서 실제로 폭력을 행사한 사람들이 일부 있을 수 있겠지만, '폭력 시위꾼'이라는 어구는 독자들에게 '시위의 참가자들은 모두 폭력적'이라는 인상을 심어주고 있다. 이 경우에 어떤 시위에 참여한 사람들 거의 대부분이 폭력을 행사하지 않는다는 사실은 별로 중요하지 않다. 그러한 인상을 심어주기만 하면, 이 사설은 자신의 목적을 달성하는 것이기 때문이다.

- [사설] **폭력 시위꾼**의 통굽구두에 맞아 찢겨나간 공권력(6월 3일)

지난달 31일 오후 6시 서울 청계광장에서 이른바 '세월호 참사 국민 대책회의'가 주최한 촛불집회에 3000여 명이 참석했다. **참여연대, 민노총, 전교조 등 좌파 성향 단체들**이 주최한 집회였다. …… 종로 경찰서 43기동대 소속의 윤호 경장은 **40대 여성 시위자**가 **휘두른 검은색 통굽구두에 맞아 왼쪽 머리가 찢어져** 병원에서 12바늘이나 꿰맸다.

이 '선악' 프레임의 덫으로 인해, 세월호 사건의 진상규명을 요구하는 야당과 진보적인 성향의 시민단체들은 정부의 정상적인 수습 활동을 방해하는 '나쁜 사람들'이 되고 폭력이나 일삼는 사악한 폭력배들이 되었으며, 유가족들은 자식의 죽음을 이용해 거액의 돈을 손에 넣으려는 '탐욕스러운 악당들'로 내몰리게 되었다.

경제 프레임

세월호 사고의 특별법 제정 논란 과정에서 현 정부와 보수언론이 전략적으로 활용한 또 하나의 프레임은 '경제' 프레임이다. 세월호 침몰 사고가 발생하고 2주가 지난 뒤, 한 보수신문은 경제를 총괄하는 부총리에게 세월호 트라우마로 인해 "경제까지 우울증 걸리게 해선 안 된다"고 촉구하는 사설을 실었다. 이 사설의 핵심은 세월호 참사에 국민이 모든 관심이 **쏠리고** 있디 히디라도 정부는 (특히 경제 관련 부저늘은) 경제 활동 지원과 경제 혁신 계획, 규제 개혁을 제대로 추진해야 한다는 주장이다. 이러한 주장을 펼치는 과정에서 이 사설의 필자는 경제 활동의 위축이 서민의 삶을 가장 어렵게 만들기 때문이라고 언급함으로써, 자신이 서민들에게 감정이입을 하고 있다는 인상을 전달하고 있다. 이러한 신자유주의적인 규제 개혁이 자신들의 삶을 더 힘들게 했다고 믿는 서민들이 더 많지만 말이다.

- [사설] 현오석 부총리, 경제까지 우울증 걸리게 해선 안 된다(5월 1일) 세월호 참사로 온 나라가 충격에 휩싸이면서 경제활동이 위축되는 현상이 곳곳에서 나타나고 있다. …… 세월호 참사에 모든 관심이 쏠리면서 …… 박근혜 정부가 역점 과제로 마련했던 경제혁신 3개년 계획과 **규제 개혁 추진 움직임도 동력이 한풀 꺾였다.** …… 경제 활동이 지나치게 위축되면 서민의 삶을 가장 어렵게 만든다. …… 현오석 경제부총리와 조원동 대통령경제수석비서관 등 정부 경제팀 고위 당국자들부터 긴장을 늦추지 말고 경기 침체를 막는 일에 팔을 걷어붙이기 바란다.

다음에 제시한 예에서 보듯이, 이후에도 이 신문은 세월호 침몰 사고 여파로 인해 우리나라 경제가 우울증에 걸려 있고 서민들이 고통을 받고 있으니, 이제 이 여파에서 빨리 벗어나서 평상으로 돌아가야 한다는 논조를 펼치는 사설과 시론, 특별 기고를 여러 차례 실었다. 이러한 글의 커다란 영향력은 경제 프레임과 관련된 은유 — 경제는 사람, 규제는 악당, 규제완화는 선, 규제 개혁자는 영웅, 규제 강화 주창자는 악당 등 — 에서 나온다.

- [사설] 소비와 서비스업 활성화로 '세월호 충격' 극복해야(5월 31일)
- [시론/유○○] 이젠 **평상으로 돌아가야 할 시간**(6월 2일)[9]
- [기고/전○○] '안전사회' 규제보다 의식전환이 먼저(6월 3일)

이제는 세월호 같은 안전사고를 둘러싼 분노의 에너지를 해결과 신념의 긴 여정을 출발하게 하는 에너지로 승화시켜야 하는 시점이 아닌가 싶다. **단순한 규제와 처벌 강화에만 집중해선 안 된다.** 인간의 긍정적인 역할을 고려해 환경을 만드는 것이 중요하다. 규제와 더불어 **개인의 의식과 문화의 변화도 시작**되길 빈다.

- [사설] '세월호 우울증' 벗어나 정상적인 경제활동으로 돌아갈 때(6월 9일) 세월호 참사 이후 두 달 가까운 시간이 흘렀지만 **한국 경제의 '우울증'**은 여전히 진행형이다. 국민들은 소비를 줄이고 기업은 적극적인 마케팅이나 신제품 출시를 사실상 중단했다. 정부는 잘못된 기업 규제를 혁파해 새로운 성장 동력을 만들겠다고 공언(公言)했으나 최근에는 "규제완화가 세월호 참사를 불렀다"는 주장에 밀려 주춤거린다. 세월호 여파가 길어지면서 한국의 '경제 시계'가 정지됐다는 말까지 나온다.

'한국 경제의 우울증', '정상적인 경제활동으로 돌아가라', '평상으로 돌아가라' 등의 표현을 듣거나 읽는 사람들에게 맨 먼저 떠오르는 느낌은 공포다. 자신의 의지와 무관하게 자신이 무언가 위험한 상황에 처해 있다는 느낌 말이다. 따라서 이러한 상황에서는 공포의 원인으로부터 멀리 떨어져 있고 싶은 욕망이 일어나며, 그러한 공포에서 벗어

---

9   사실 '세월호'로부터 일상으로 돌아가라는 수장은 보수적인 개신교 목사들에게서 먼저 나왔다. '대형 교회 목회사들이 박근혜 대통령이 참석하는 집회를 준비 중이라'는 보도(2014년 5월 28일)가 있었다. 실제로 서울의 한 대형교회 관계자는 'ㅇㅇ교회에서 …… 손ㅇㅇ 목사 등 40여 명이 1일 저녁 7시 **세월호 아픔을 딛고 일상으로 돌아가기**를 기원하게 될 것'이라고 밝혔다.

나지 못하게 하는 요인이 있다면 그 요인에 대해 불편함을 느끼게 된다. 좀 더 구체적으로, 개념적 은유로서 '경제는 사람'의 언어적 발현 사례인 '한국 경제의 우울증'이라는 어구는 우울증에 걸린 어떤 사람(즉, 경제)의 치유를 긴급히 적극적으로 지원해야 한다는 것을 암시한다. 왜냐하면 우울증을 앓는 사람은 비정상적이며 자신은 물론 주변 사람들에게 피해를 줄 가능성이 높기 때문이다. 따라서 이 어구는 경제 활성화를 저해하는 어떤 요인이든지 해로운 존재로 규정하는 힘을 지니고 있다. '평상으로 돌아가야 할 시간'이라는 어구는 세월호의 진상규명에 대해 정부가 제시하는 다른 방식을 강하게 주장하는 사람들을 평상보다 특별 상황(예를 들면, 전시와 같은 '혼란 상황')을 좋아하는 사람들로 만들어버린다. "'안전사회' 규제보다 의식 전환이 먼저"라는 기고문 제목도 독자들에게 '세월호' 사고와 같은 대형 참사를 예방하기 위해 철저한 진상규명과 안전 관련한 규제의 강화를 요구하는 사람들을 의식이나 문화 면에서 후진적인 상태에 머물러 있는 사람들이라는 이미지를 심어준다.

'경제는 사람' 은유를 동원하여, 이 '경제' 프레임은 규제 개혁(완화든 철폐든)을 통한 경제 활성화는 모든 국민에게 유익하다는 주장을 부각한다. 따라서 규제 개혁은 선이고 규제 강화는 악이며, 규제를 철폐하는 사람은 영웅이 되고 규제를 강화하는 사람은 악당이 된다. 반면에 이 프레임은 규제 철폐나 규제완화가 대기업에게 훨씬 더 유익하며 서민들이나 중소기업들의 생존에 더 많은 어려움을 초래하고 있는 측면은 감추고 있다.

'썩은 사과' 프레임[10]

보수주의자들이 자신들의 주장을 설파하거나 책임을 은폐하기 위해 자주 사용하는 또 다른 프레임은 '썩은 사과' 프레임이다. 이 프레임은 광주리에 사과를 보관하던 미국의 가족 농장 시대와 잡화점 시대의 문화를 떠오르게 하는 속담 ─ '하나의 사과가 온 광주리를 망친다' ─ 에 근거한다. 이 프레임의 핵심은 의외로 간단하다.[11] '광주리에 어떤 사과가 썩으면 그 사과는 버려야 한다. 그렇지 않으면 광주리의 전체 사과가 다 썩게 된다.' 이 프레임에 따르면, 광주리의 나머지 사과에는 아무런 잘못이 없고 또한 사과를 광주리에 보관한다는 생각 그 자체에도 아무런 잘못이 없는 것이다. 비난을 받아 마땅한 것은 바로 그 썩은 사과 하나이기 때문이다.

이 속담의 추론은 '도덕성은 순수함'과 '비도덕성 불순함'이라는 은유에 근거한다. 비도덕성은 순식간에 퍼져나가 모든 사람에게 감염될 수 있는 전염병이다. 이 속담은 사과가 아니라 사람과 관련이 있다. 은유적으로 광주리는 사람들이 속한 어떤 조직에 해당하고, 광주리의 좋은 사과들은 이 조직의 아주 도덕적인 구성원들에 대응한다. 훌륭하고 고결한 어떤 조직에 비도덕적인 사람 구성원이 한둘이 있으면, 나머지 선한 구성원들도 나쁘게 보이거나 실제로 나쁘게 될 수 있다. 그

---

10 '썩은 사과' 프레임에 관한 상세한 내용은 레이코프(2010: 163~167)를 참조할 수 있다.

11 한국의 농경문화에도 이와 유사한 속담이 있다. '미꾸라지 한 마리가 온 강물을 더럽힌다'는 속담에서는 '썩은 사과'는 '해로운 미꾸라지'에 해당되고 '광주리'는 '강'에 대응한다.

러면 이 조직은 전체가 오명을 얻게 된다. 이러한 상황에서 필수적인 조치는 이 조직의 썩은 사과를 찾아내어 제거하는 것이다. 그러면 이 조직 자체에는 아무런 잘못이 없으며 썩은 사과가 문제였기 때문에, 이 조직은 회복된다.

이 '썩은 사과' 프레임은 정치에서 자주 사용되는데, 특히 보수주의자들이 자주 사용하는 것으로 알려져 있다. 이 프레임이 정치에서 사용되는 방식은 간단하다. "조직에는 불법적이거나 비도덕적이거나 적어도 지저분한 체계적 관행이 있는데, 만일 이 관행이 대중에게 널리 알려진다면, 조직의 명성은 커다란 타격을 받고 조직 내 고위 간부는 정치 생명이 위협을 받을 것이다." 레이코프(2010: 164)에 따르면, 정치인들이 '썩은 사과' 프레임을 사용하는 목적은 조직 자체와 조직의 활동 양식을 보호하기 위한 것과, 조직 내의 다른 모든 사람이 비난받는 것을 피하기 위한 것이다. 그러면 조직은 회복되어 예전처럼 활동을 계속할 수 있기 때문이다.[12]

---

12 레이코프는 아부 그라이브 수용소 고문 사건과 팻 틸먼 사건, 엔론사 회계 부정 사건을 예로 들어 부시 행정부 시절 미국의 보수주의자들이 '썩은 사과' 프레임을 사용해 책임을 어떻게 회피했는지 자세히 설명한다. 고문은 부시 행정부의 정책이었고 아프가니스탄과 이라크에서 군사 작전을 운용하는 체계의 일부였기에 당연히 국방부와 총사령관에게 책임이 있는데도, 아부 그라이브 고문 사건이 드러났을 때, 부시 행정부는 '썩은 사과' 이론을 동원해 위계 조직상에서 가장 낮은 사람을 찾아서 책임을 물어 기소했다. 처음에는 애국심으로 가득해 이라크 전쟁에 자원하여 참전했으나 나중에 부시 행정부의 전쟁 정책에 환멸을 느끼고 반전 운동 성향을 보이던 유명한 미식축구 선수였던 병사 팻 틸먼이 암살당했다는 의혹이 일어나자, '썩은 사과'인 은퇴한 중장 켄싱어 2세(Philip R. Kensinger Jr.)가 사건을 은폐했다고 그에게 책임을 물었다. 그가 받은 책임은 1계급 강등과 연간 8000달러의 연금 삭감뿐이었다. 엔론사의 회계 부정과 '썩은 사과' 프레임에 관한 상세한 논의는 레이코프(2010: 164~165)를 참조할 것.

상황이 잘못되었을 때 보수주의자들이 늘 '썩은 사과'를 하나 찾아내어 잘못의 원인을 그 사과에 돌리려 한다는 것은 '세월호 참사'의 경우에서도 확인할 수 있다. 세월호 침몰 사고와 관련하여 작성한 다음의 사설과 칼럼의 제목은 '썩은 사과' 프레임을 적절히 활용하고 있다.

- [사설] 국가책임으로 드러나는 해경의 '세월호 직무유기'(7월 1일)
- [사설] 직업윤리도, 인간의 도리도 저버린 세월호 선장과 선원들(4월 22일)
- [사설] 무능한 '철밥통' 공무원을 어떻게 퇴출시킬 것인가(5월 17일)
- [김ㅇㅇ 칼럼] 대통령 눈과 귀 막는 참모부터 해임하라(4월 21일)

2014년 7월 1일 자 사설의 제목은 국가 — 현 정부 — 에 책임을 강하게 요구하고 있다. 특히 국가 조직의 구성원인 '해경'이 침몰 사고 직후 구조 활동에 최선을 다하지 못한 책임을 강하게 물어야 한다고 요구하고 있다. 다른 세 글의 제목에서도 한국 사회라는 조직의 구성원인 세월호 선장과 선원들에게, '철밥통' 공무원들에게, 진실을 말하지 않는 (비서 조직의) 참모들에게 책임을 물을 것을 요구하고 있다. 무책임하고 무능력한 '해경'과 부도덕의 표상인 세월호 선장과 선원들, 복지부동 공무원, 진실하지 않은 참모들이 바로 제거해야 할 '썩은 사과'인 것이다. '썩은 사과' 프레임에 따르면, 이들만 제거하고 나면 우리 사회 자체와 나머지 구성원들인 국민은 선하기 때문에 우리는 다시 건강한 사회로 회복할 것이다.

파인 그러할까? 한국 사회에서 우리의 삶을 지배하고 있는 현재의 신자유주의적인 운용 기조에는 전혀 책임이 없는 것일까? 레이코프는 '썩은 사과' 프레임이 작동하는 이유를 영웅과 악당 서사에서 악당은 체제나 제도, 이데올로기가 아니라 사람이기 때문이라고 주장한다. 어떤 사람을 어떤 범죄로 기소할 수는 있지만 이데올로기나 체제를 간첩 죄로 기소할 수는 없으며, 체제보다는 사람을 떠올리는 것이 더 쉽기 때문이다. 바로 여기에 한국 사회에서도 세월호 참사의 책임을 무한 경쟁과 최대 이윤 추구를 최고의 가치로 삼는 신자유주의적 정책 기조 인 민영화와 연결하기 어려운 이유가 있다고 볼 수 있다.

그러면 어떻게 해야 이러한 경향을 변화시킬 수 있으며, 체계나 이데올로기, 제도라는 악당에 대해 사람들이 이해하는 방식으로 명시 적으로 논의할 수 있을까? 먼저 어떤 '썩은 사과' 프레임이 보일 때 이 프레임의 사용을 명확히 인식한 다음, 진실을 보여주는 프레임을 사용 하는 것이다. 따라서 이 '세월호' 참사를 직접적인 인과관계에 머무르 지 않고 유기적인 인과관계를 찾아 한국 사회의 사회적·경제적 정책 기조의 핵심인 신자유주의(적인 민영화)에까지 연결하려는 프레임을 사 용해보아야 한다고 생각한다.[13] 실제로 침몰 사고 직후 이명박 정부에 서 선박 사용 연한에 대한 규제 조항을 30년으로 완화하여 (주)청해진 해운으로 하여금 선령 18년의 세월호를 일본에서 수입하여 사용할 수 있게 했으며, 많은 비정규직 승무원들을 채용 가능케 한 신자유주의 정책에까지 이 참사의 원인을 연결한 몇몇 보도도 있었다.

13　'세월호' 참사의 원인을 유기적 인과관계의 관점에서 파악해 한국의 사회적·경제 적 운용 이념인 신자유주의적인 규제완화와 민영화에 연결한 글이 전혀 없었던 것은 아니다. 세월호 침몰 사고 다음 날인 4월 18일 인터넷 신문 ≪프레시안≫에 실린 "세월호 참사, 이러고도 '규제는 암'이라 할 건가"라는 글은 직접적 인과관계 프레임과 '썩은 사과' 프레임을 넘어, 유기적 인과관계에서 새로운 프레임을 통해 이 참사의 원인을 파악하려는 사례다. 5월 중순에는 ≪한겨레신문≫에도 이러한 관점의 사설이 실렸다. 규제에 대한 보수주의자들의 관점이 이러한 관점과 분명 하게 대립한다는 것은 규제를 처부술 암 덩어리나 원수라고 표현한 박근혜 대통 령의 진술만 보아도 쉽게 확인할 수 있다.

맺음말

'세월호' 침몰 사고를 둘러싸고 보수와 진보는 서로 자신들의 주장이 옳다고 경쟁하고 있다. 이런 상황에서 특히 보수가 자신들의 주장을 어떻게 한국인들에게 잘 주입하고 있는지를 프레임 이론을 통해 중점적으로 살펴보았다. 이 프레임 전쟁에서, 보수는 '보수적' 세계관과 가치에 충실한 프레임을 동원하여 세월호 참사에 대한 자신들의 주장을 더 효과적으로 설파해왔다. 이 과정에서 그들이 주로 동원하는 것은 '직접적 인과관계', '전쟁', '선악', '경제', '썩은 사과' 프레임이었다.

'세월호 침몰 사고'를 이 다양한 프레임에 넣어 한국의 보수가 부각하고자 한 것은 '우리 사회에 부도덕하고 무능하며 무책임한 사람들이 일부 있고 탐욕스럽고 무책임한 기업들이 일부 있지만 대부분의 사람과 기업은 다 선하기 때문에, 이 침몰 사고의 책임은 바로 그들에게 있으며 그들에게 책임을 물으면 한국 사회는 원래 건강한 상태를 복원할 수 있다'는 관점이다. 반면 한국의 보수가 은폐하려던 것은 '이 사고의 책임은 민영화와 규제완화, 무한 경쟁을 핵심적 가치로 삼는 신자유주의에 있다'는 관점이라고 본다. '세월호' 참사의 원인을 직접적 인과관계에서만 찾거나 '썩은 사과'에 해당하는 특정한 사람들에게만 돌리지 말고 그 사람들의 사고를 결정짓고 있는 이념이나 제도에 눈을 돌려보아야 할 때다.

文병효

세월호와 법, 국가의 의미
'세월호 특별법'을 중심으로

서론: 세월호 참사, 부끄러워하지 않는 국가, 감추려는 국가

세월호는 우리 사회를 총체적으로 보여주었다. 무엇보다도 세월호 참사[1]는 국가의 의미를 생각하게 해주었다. 천진난만한 학생들이 죽어가고 있을 때 국가는 도대체 무엇을 했나? 국가란 무엇인가? 그동안 국가안보라는 이름으로 국민들을 폭력적으로 다루었던 국가 아니었던가? 국가안보란 국민을 지켜주는 것이 목적일진데 그동안 국민을 지켜준다는 말들은 모두 거짓이었단 말인가?

세월호 참사는 국민의 안전을 지켜주지 못하는 국가의 실체를 적나라하게 보여주었다. 어찌 보면 우리가 그동안 국가의 본질을 전혀

---

[1] '세월호 참사'라는 표현은 참사의 원인에 대해서 중립적인 뉘앙스를 준다는 지적이 있다. '참사'는 우연히 일어난 사고라는 점에 방점이 있는 것으로 보기 때문이다. 이 점에 대한 지적은 김종서(2015: 282~318) 참조.

몰랐던 것은 아니다. 어느 정도는 어렴풋이 알고 있었다. 그러나 국가권력의 폭력성이 설마 나와 내 가족에게 가해지리라고 생각지 못했을 뿐이다. 그것이 잠재적으로 우리에게 가해질 가능성이 있음을 몰랐고 혹시나 하면서도 지금 당장은 아닐 거라고 우리는 애써 외면해왔다. 국가가 누군가에게 폭력을 가하고 그 폭력에 무참히 스러져갈지라도 그것은 우리와 무관한 일이라고 생각했다.

지금 새삼스럽게 국가의 문제를 제기할 수밖에 없는 것은, 국가는 우리에게 무의식적으로 다가와 우리를 보호해주는 것처럼 위장하지만 언젠가 우리에게 무자비한 폭력을 가할 수 있는 레비아탄임을 깨달아야 하기 때문이다. 국가가 병적인 폭력을 가하는 것에 대비해야 한다. 통제되지 않는 국가권력은 언제라도 그 폭력성을 드러낼 수 있다.

세월호 참사는 법의 의미에 대해서도 다시 생각하게 해주었다. 그동안 정부가 외쳐온 법치주의 확립은 결국 권력자들을 지키기 위해 악법이라 할지라도 지켜야 하는 이데올로기로서 국민들을 억압하기 위한 방편이었는지도 모른다. 사람들은 대개 법이 사회질서를 지켜주고 안전까지도 확보해줄 거라는 환상을 가지고 있는 경우가 많다. 그러나 역사적인 경험에서 알 수 있듯이 국가가 폭력성을 드러내는 순간 법이 국가의 폭력 도구로 변질될 수 있다는 것을 세월호 참사를 통하여 다시 한 번 체험하고 있다.

세월호 사건의 진실은 무엇이고,[2] 진실을 감추려는 자들은 누구인가, 누가 왜 진실을 감추려 하는가, 국가와 국가권력에 대한 의혹의 눈

---

2   세월호 참사에서 언론은 오보, 추측보도, 피해자에 대한 배려가 부족한 보도, 선정보도, 정파적 보도 등의 문제점을 그대로 드러냈다. 위험이 다가오고 있음을 경고하고 위험 현장을 지켜야 할 언론이 오히려 늑대 편에서 양들을 위협하고 있다.

초리는 계속되고 있다. 이 과정에서 정부는 유가족들에 대한 배상과 보상기준을 마련하고 구체적인 배·보상 액수까지 언론을 통하여 제시하는 파렴치한 행태를 보이기도 했다. 유가족들을 모욕하는 것이 도를 넘어서고 있다는 느낌이다.[3] 이는 세월호 참사 1주년이 돌아오는 4월 16일이 되기 전에 신속하게 세월호 사건을 마무리하려는 정부의 꼼수였다. 자본주의 국가권력이 그들에게 닥친 위기를 헤쳐나가는 방법은 돈으로 매수하고 돈으로 안 되면 폭력으로 억압하는 방법이란 말인가?

이 모든 것에 대하여 진실을 알고자 하는 자와 진실을 감추려는 자의 싸움은 계속될 것이다. 이하에서는 세월호 참사를 계기로 제정된 세월호 특별법, 그중에서도 특히 '4·16 세월호 참사 진상규명 및 안전 사회 건설 등을 위한 특별법'과 시행령을 중심으로 법과 국가의 의미를 고민해보고자 한다.

제기된 의혹들: 피할 수 없었나

다음과 같이, 세월호 참사에 대한 의문이 끊이지 않는 것은 그에 대한 진실을 알 수 없기 때문이다. 오직 진실만이 의혹을 없앨 수 있다. 진실이 밝혀지지 않는 한 의문은 계속될 것이다.

- 세월호 참사의 원인은 무엇인가? 사고의 원인과 참사의 원인
- 선장과 선원들은 왜 먼저 배를 버리고 떠났나? 심지어 '배를 버리

---

3   유기준 해수부장관, 김재원, 주호영 특보, 윤상현, 이완구 총리 등이 했던 유가족 들에 대한 모욕은 언론을 찾아보기 바람.

라'는 명령을 했다는데 누구의 명령이고 명령체계는 어떠했는가?
해경과 선원들의 미심적은 관계

- 해경은 왜 구조를 중단하고 떠났나?
- 구조를 중단하도록 명령을 내렸다는데 누가 왜 그러한 명령을 내렸나? 명령체계의 상층부는 누구인가?
- 미국 등 구조지원을 누가 왜 거절했나? 누구의 명령인가?
- 민간잠수부 등 구조지원자들을 왜 투입하지 않으려고 했나?
- 당시의 CCTV 등 기록이 왜 그날, 그 시점의 기록만 사라지고 없나? 누가 기록을 삭제했고 삭제명령을 내렸나?
- 국정원에 뿌리를 둔 단체가 해운업에 개입했다는데 진실은 무엇인가?
- 부산지방해양항만청과 제주해양관리단에서 제안하여 교육청으로 전달된 제주뱃길이용 수학여행 안내에 관한 협조공문[4]의 배경
- 후보시절 박근혜가 대선공약으로 내놓은 '크루즈산업 육성방안'과 2013년 '크루즈산업 육성 및 지원에 관한 법 개정안'. 당시 로비 가능성 및 국회의원들과 업계의 유착에 대한 조사.
- 참사 이후 구조작업과 이후의 수습과정에서 드러난 정부와 새누리당의 소극적 태도의 배경

이 외에도 의문들이 끊임없이 제기되고 있다.

---

4   서울시 교육청의 공문(2011년 9월 22일 자). 곽노현 교육감의 구속영장이 발부된 2011년 9월 10일 교육감 업무정지된 직후 보낸 공문.

국가와 법의 과거, 진실

법과 국가는 현실에서는 그다지 정의롭지 못한 경우도 많았고 심지어 폭력적인 때도 있었다. 우리 사회가 이룬 화려한 경제성장의 이면에는 수많은 국민의 희생과 국가의 어두운 과거가 자리하고 있다. 국가권력을 탐하고 이를 사적으로 이용한 권력자들에 의해 국가는 하나의 폭력과 기만의 수단으로 전락하고 있다. 제주 4·3 사건, 인혁당 사건, 박종철 군 고문 치사사건, 쌍용차 노동자들에 대한 폭력적 진압 등으로 대표되는 과거와 과거사 진상조사위원회에서 밝힌 진실들, 아직도 밝혀지지 않은 진실들이 국가의 추악한 이면을 드러내고 있다.

법의 과거 역시 어두운 그림자가 짙게 드리워져 있다. 국회는 '국가보안법', '구 사회안전법', '집회 및 시위에 관한 법률'(일명 '집시법') 등 수많은 악법을 제정하여 저항하는 민중을 탄압하는 근거를 마련한 바 있다. 또 검찰은 권력의 주구로 전락했으며 정의의 최후 보루로서 사법부는 무력화되어 권력의 하인이 되고 있다. 법은 과연 누구의 편인가 의문을 품지 않을 수 없다.

이에 더하여 이러한 법의 현실을 비판해야 할 법학자들 다수가 오로지 법해석학에 머물러 자족적인 삶을 살아가고 있다. 누가 "철학은 세상을 해석하는 것이 아니라 변혁하는 것"이라고 말했던가. 오로지 주어진 현실에 감사하고 해석하는 것에 주력하는 법학자들은 세상을 바꿀 힘이 없다. 현실에 순응할 뿐이다. 그리고 현실에 순응하는, 기득권을 옹호하는 체제 순응적인 법률가들을 양산할 뿐이다. 대한민국은 무엇보다도 재벌 대기업과 정치권력이 강고하게 유착되어 있는 국가다. 법학자들이 대한민국의 현실에서 결코 중립적일 수 없게 되어 있는 구조다. 중립을 표방하는 것 자체가 기득권을 옹호하는 것이 될 수 있다. 이미 재벌과 부자들을 위한 국가를 향해 달리고 있는 기차 위에서 중립은 없다(진, 2002).

세월호 특별법의 요구와 쟁취

세월호 특별법의 의미

세월호 참사는 선장의 잘못과 해경의 잘못, 국가의 잘못 등 고의, 과실이 경합한 위법한 불법행위로 인한 것이었다. 이와 관련된 실체적 진실이 발견되어야 하고 정의는 실현되어야 한다.

아까운 생명들의 희생에 대한 배상과 보상은 당연한 일이다. 그러나 배상이나 보상으로 이 문제가 해결될 수는 없다. 잃어버린 자식들이 다시 돌아올 수 없다. 좀 더 근본적으로는 이와 같은 참사가 왜 일어났는지 진상을 철저히 규명하고 다시는 그와 같은 참사가 일어나지 않도록 하는 것이 중요하다. 그러므로 진상규명과 함께 재발방지를 위한 대책을 수립해 시행하는 것이 필수적 요건이다.

세월호 특별법의 제정 과정

세월호 특별법 제정 과정에서 드러난 대통령과 국회의 본질 / 국회는 2014년 11월 7일에 본회의를 열어 국민안전처를 신설하는 등의 내용을 담은 대한민국 '정부조직법' 개정안, 속칭 '유병언법'으로 불린 '범죄수익은닉의 규제 및 처벌 등에 관한 법률' 개정안과 함께 세월호 특별법을 통과시켰고 11월 19일에 박근혜 대통령이 공포했다. 세월호 특별법은 가족들과 국민들의 특별법 제정요구에 응하여 7개월여 만인 11월 19일에야 제정되었고[5] 제정 과정에서도 실체적 진실을 밝히지 않으려는 의도를 드러낸 정부 여당과 이에 타협하는 야당, 위원회 구성을 둘러싼 논란, 수사권과 기소권 부여 여부에 대한 논란, 유족들을 몰아가는 정부 여당과 여론몰이에 앞장서는 언론 등이 있었다. 세월호 특별법에는 특별검사 추천 인물에 대한 유가족의 동의권한과 동행명령 불응시 과태료 부과 등이 포함되었지만 수사권과 기소권이 빠졌다는 점에서 문제를 안고 있다.

　'피해자 단체 특별법(안)'의 입법청원 / 4·16 참사 이후 확인되고 있는 총체적인 문제점들을 해결하기 위해서는 '특검'이나 '국정조사'만으로는 한계가 있으므로, '특별법 제정'이 반드시 필요하다. 그리하여 대한변협과 피해자 단체, 국민 대책회의, 천만인 서명운동을 통해 드러난 각계각층 국민들의 뜻을 모아 '피해자 단체 특별법(안)'을 만들었다. 피해자 단체 특별법(안)은 4·16참사 특별위원회(이하, '4·16 특위')와 관련하여, ① 4·16 특위를 국회 추천 8명, 피해자 단체 추천 8명으로 구성함으로써 독립성, 민주성, 대표성을 강화하고(제3조, 제4조, 제7~제11조), ② 진실규명, 안전사회, 치유·기억 등 3개의 소위원회로 업무를 분장한 후(제5조) 자문기구를 통해 전문성을 강화하고(제16조), ③ 위원회의 임기를 2년 + 1년으로 확장함으로써 충분한 활동기간을 보장하고(제6조, 제19조), ④ 위원장에게 의안 제출권, 예산 관련 권한을(제7조), 제1소위원회 상임위원에게는 조사 사건에 한하여 독립적인 검사의 지위 및 권한을(제24조) 각 부여함으로써 성역 없는 진실 규명에 충분한 지위 및 권한을 부여하고, ⑤ 상임위원 중 1인을 사무처장으로 하고(제14조), 조사관을 100명 확보(제15조)함으로써 충분한 조사가 가능하도록 했

5　법학자 성명서 등 각종 성명서 발표가 이어졌다.

다.[6] 그러나 이 법안은 여야에 의해 받아들여지지 않았다.

가진 자들을 대변하는 정부와 국회 권력의 한계 및 책임 회피 / 세월호 참사 이후 대통령은 진상규명과 책임자 처벌, 특별법 제정을 요구하는 유가족의 면담 요청을 지속적으로 거부했고, 유가족들의 마음을 따뜻하게 위로해주지 못했으며, 거짓과 위선, 불통으로 일관했다. 오로지 6·4 지방선거 국면에서만 선거를 위해 대국민 사과를 하면서 악어의 눈물을 보였을 뿐이다.

국회 역시 세월호 참사에 대한 진상규명과 책임자 처벌, 특별법 제정을 위한 노력을 진정으로 하지 않았다. '설득과 타협'이라는 그럴듯한 수단으로 치장된 국회, 국민들의 다양한 의사를 반영하지 못하는 국회의 구성, 국민 과반수의 의사가 사표가 되는 국회의원 선거제도, 당의 수뇌부에 권력이 집중되어 있는 비민주적 구조, 공천권을 틀어쥐고 있는 당대표와 수뇌부, 비례대표가 되려면 일정 수준 이상의 돈을 지불해야만 하는 구조와 공천권 장사, 금권정치 등 현행 국회의 구조는 서민과 가지지 못한 자들을 대변할 수 없는 구조다. 이리하여 국회는 가진 자들을 대변하는 위원회로 전락했고[7] 유가족들의 요구와 국민의 여론에 밀려 어쩔 수 없이 법률을 제정하더라도 시늉만 하고 진심으로 진상규명을 원하지 않을 뿐만 아니라 진상규명이 안 되더라도 별

6　이에 대해 자세한 것은 박종운(2014.7.9) 참조.

7　국가권력과 자본권력의 결탁. 세월호 사건은 그들의 결탁을 보여준다. 중진 국회의원들이 외유성 해외시찰을 나갈 때 해피아의 몸통인 한국선주협회로부터 비용을 지원받은 사실이 언론에 보도되었다. 새누리당 당 대표인 김무성 국회의원을 비롯해 해운비리와 정치자금법 위반 혐의로 논란의 중심에 있는 박상은 국회의원 등 총 6명의 국회의원이 포함되어 있었다. 이에 대해서는 《뉴스타파》의 2014년 4월 24일 자 보도를 참조할 것.

로 상관하지 않는다. 그들의 관심은 오로지 국회의원직을 유지하여 장기간 국회의원으로서 지위와 특권을 누리는 것뿐이다. 그리하여 특별법 제정을 위한 형식적인 노력을 하기는 하나 합의가 어렵다는 이유로 특위조직 등 본질적인 사항을 위임이라는 형태로 행정부에 떠넘김으로써 책임을 회피한다. 버티는 여당과 타협하는 야당, 여야의 책임 회피 결과 최종적인 결정권은 입법부에서 행정부로 넘어가게 된다. 그러나 정부 역시 세월호의 책임에서 벗어날 수 없기 때문에 책임 회피를 위한 법령을 제정한다.

세월호 특별법의 내용

세월호 특별법은 크게 두 개의 법으로 분리되어 제정되었다. 먼저 '4·16 세월호 참사 진상규명 및 안전사회 건설 등을 위한 특별법'(이하 '진상규명 특별법')이 2014년 11월 19일에 제정되었고 이후 '4·16 세월호 참사 피해구제 및 지원 등을 위한 특별법'(이하 '피해구제 특별법')이 2015년 1월 28일에 제정되었다. 이후 2015년 3월 27일에 '4·16 세월호 참사 피해구제 및 지원 등을 위한 특별법 시행령'이 제정되어 3월 29일에 시행되었고, 진상규명과 관련해서는 '4·16 세월호 참사 진상규명 및 안전사회 건설 등을 위한 특별법 시행령안'이 2015년 3월 27일에야 입법예고되었다. 이하에서는 '진상규명 특별법'을 중심으로 살펴보기로 한다.

'4·16 세월호 참사 진상규명 및 안전사회 건설 등을 위한 특별법'의 한계

특별위원회 구성에 대한 국가권력의 개입 가능성 / 특별위원회를 구성할 때 국민대책회의와 유가족들은 국회와 피해자 단체가 각각 8인씩 추천하는 것으로 요구했다. 반면 새정치민주연합은 국회가 12인을 추천하고 피해자 단체가 3인을 추천하는 안을 제시했고, 새누리당은 국회의원 10인, 국회 추천 4인, 유족 및 유가족대표 4인으로 구성되는 안을 내놓았다. 결국 특별법 제6조는 특별위원회를 국회의 여야가 각 5명씩 10명, 대법원장 추천 2명, 대한변협회장 추천 2명, 유가족 추천 3명을 대통령이 임명하도록 규정했다.[8] 그러나 대통령이 임명하도록 하는 점에 대해서는 대통령 자신도 사건 발생 후 7시간의 행적이 묘연하다는 점에서 동의하기 어려운 부분이 있고, 대법원장은 또 대통령이 임명하는 자이기 때문에 대통령의 의중을 떠나 객관적이고 공정한 위치에 있기 어려우므로 대법원장 추천 2명은 제외하는 것이 바람직해 보인다.

특별위원회의 활동기간 / 특별위원회의 활동기간에 대해서도 유가족 등과 국민대책회의에서 제시한 안은 위원회의 기본 활동을 2년으로 하되 1년 연장이 가능하도록 했다. 그러나 새정치민주연합은 활동기간 1년, 연장기간 1년으로 했고, 새누리당은 활동기간을 6개월로 하고 3개월 연장 가능하도록 했다. 결국 특별법에서는 위원회의 활동기간을 1년으로 하되 6개월 연장이 가능한 것으로 타협하여 충분한 활동기간을 보장하고 있는 것으로 보이지 않는다.[9]

---

8   **진상규명 특별법 제6조(위원회의 구성 등)**
   ① 위원회는 상임위원 5명을 포함한 17명의 위원으로 구성한다.
   ② 위원은 다음 각 호의 어느 하나에 해당하는 사람 중에서 국회가 선출하는 10명(상임위원 2명을 포함한다), 대법원장이 지명하는 2명(상임위원 1명을 포함한다), 대한변호사협회장이 지명하는 2명(상임위원 1명을 포함한다), 제50조 제5항에 따라 희생자가족대표회의에서 선출하는 3명(상임위원 1명을 포함한다)을 대통령이 임명한다. 이 경우 국회가 선출하는 10명은 대통령이 소속되거나 소속되었던 정당의 교섭단체가 5명(상임위원 1명을 포함한다)을 추천하고, 그 외 교섭단체와 비교섭단체가 5명(상임위원 1명을 포함한다)을 추천한다.

전문적 소위원회제도 / 유가족 등 국민대책회의에서는 특별위원회 내에 전문적인 소위원회로서 진상규명 소위원회와 안전사회 소위원회, 치유·기억 소위원회 등을 두는 안을 제시했으나, 새정치민주연합은 진상규명 소위원회와 지원 소위원회만을 두는 방안을 내놓았고, 새누리당안에는 소위원회를 두지 않았다.

실제로 제정된 '진상규명 특별법'에는 진상규명 소위원회와 안전사회 소위원회, 지원 소위원회를 두고 있다. 그러나 정부가 입법예고한 시행령안은 소위원회를 무력화하는 내용을 담고 있다.

수사권과 기소권 없는 특별조사위원회 / 가장 논란이 되었던 수사권과 기소권을 부여하는 문제와 관련해 유가족 등 국민대책회의에서는 동행명령권과 청문회 실시권, 사법경찰관에 준하는 조사관 임명권 등 '형사소송법'에 준하는 수사권을 부여하고 진상규명 소위원회가 기소권을 담당하되 상임위원에게 기소권을 부여함으로써 대통령 임명 없는 독립적인 특검으로서의 권한을 부여하는 안을 제시하고 있다. 그러나 새정치민주연합은 '형사소송법'에 준하는 수사권을 인정하되 기소권에 관련해서는 국회 또는 법무부장관에게 특별검사를 요구할 수 있도록 했고, 새누리당은 특위에 수사권과 기소권을 명시하지 않았으며 오로지 자료제출요청권만을 인정하고 있다. 여당은 수사권과 기소권

---

9   진상규명 특별법 제7조(위원회의 활동기간)
① 위원회는 그 구성을 마친 날부터 1년 이내에 활동을 완료하여야 한다. 다만, 이 기간 이내에 활동을 완료하기 어려운 경우에는 위원회의 의결로 한 차례만 활동기간을 6개월 이내에서 연장할 수 있다.
② 위원회는 제1항 단서에도 불구하고 조사활동 완료 후 제47조에 따른 종합보고서와 백서의 작성 및 발간을 위하여 필요한 경우 위원회의 의결로 한 차례만 활동기간을 추가로 3개월 이내에서 연장할 수 있다.

이 전례가 없는 것이라는 이유로 반대했으나 우리의 경우에도 이미 반민특위에서 수사권을 가졌던 역사적 경험이 있으므로 반대의 이유가 될 수 없다.[10]

특별법에 따르면 위원회는 수사권과 기소권 없이 조사권만 가지고 있으며 조사 대상자가 자료제출을 거부할 경우 열람권도 없다. 그 때문에 독립된 조사가 이루어지기를 기대하기 어렵고 동행명령에 불복할 때에도 단지 과태료만을 부과하도록 되어 있어 실효성이 없다.

참사재발방지대책의 지속적 시행 보장 미비 / 4·16 세월호 참사와 같은 일이 다시 발생하지 않기 위해서는 재발방지대책의 지속적인 시행을 보장해야 한다. 특위가 정부기관 등에 재발방지대책을 권고할 뿐만 아니라 각 정부기관이 국회에 정기적으로 보고하게 하고 보고의무를 이행하지 않으면 징계 등 제재조치가 있어야 한다. 그러나 새누리당은 재발방지대책의 권고만을 규정하고 있을 뿐 국회 보고나 제재조치를 요구하지 않았다.[11]

---

10   김도민(2014: 95 이하) 참조. 제헌국회에서 1948년 8월 5일 일제강점기에 친일 반민속행위자를 처벌하기 위해 헌법 제101조에 따라 제정된 법률인 '반민족행위 특별법'을 9월 22일 공포했다. 이에 따라 1948년 10월 국회 내에 반민족행위특별 조사위원회가 설치되었으며 위원회 산하에 특별경찰을 두고 수사권을 부여했다.

11   세월호 참사 국민대책위원회 홈페이지, "[3분이면 알 수 있는] 4·16 특별법안의 핵심내용과 각 정당 특별법안과의 차이". http://sewolho416.org/1198.

'세월호 진상규명 특별법 시행령'과 특별법의 무력화

'세월호 진상규명 특별법'의 무력화

정부는 2015년 3월 27일 '세월호 진상규명 특별법 시행령안'을 입법예고하고 5월 11일 제정·시행했다. 사실은 조사대상이 되어야 할 해양수산부에서 주도해 제정된 이 시행령은 특위가 제출한 시행령안보다 정원·조직 등을 대폭 줄인 것이다. 정부는 특위가 제안했던 3국 1관(진상규명국·안전사회국·지원국·기획행정담당관)을 1실 1국 2과(행정지원실[12]·진상규명국·안전사회과·피해자지원점검과)로 줄이고 안전사회과의 역할을 세월호 참사와 관련된 재해·재난 예방으로 축소했다. 5개 과를 산하에 둔 진상규명국은 조사1·2·3과로 축소되었다. 인원은 120명에서 90명으로 줄었고 이 중 42명이 파견공무원이다. 각 국에 대한 소위원회의 지휘·감독 권한을 규정한 특위안은 삭제되었다(조형국, 2015.4.2).

이로써 유가족들과 국민대책회의, 대한변협 등의 공동노력으로 어렵게 쟁취한 특별법이 정부의 시행령을 통해 무력화될 위험에 처해 있다.

독립위원회의 위상에 걸맞은 권한으로서 행정입법권 무시

특별위원회를 국가로부터 독립한 독립위원회로 구성할 것이라면 방통위나 공정거래위의 위상에 비견할 만한 권한, 특히 행정입법권이 주어져야 한다. 그러나 위원회의 조직에 관하여 필요한 사항은 대통령령으로 정하도록 규정하고 있어 독자적인 행정입법권이 주어져 있지

---

12 시행령안에서는 기획조정실이었으나 시행령에서 행정지원실로 명칭이 바뀌었다.

않다.[13]

그리고 대통령령으로 한다고 할지라도 세월호 참사 진상규명을 위한 대통령령 제정에 주도적 역할을 해야 하는 주체는 조사의 대상이 되는 정부가 아니라 정부와 독립한 특별위원회여야 할 것이다. 조직에 관한 시행령이 없어 아직 조직이 갖춰져 있지 않은 상태라 해도 대통령령 제정 과정에 주도적으로 참여하도록 보장했어야 한다. 그러나 실제로 특위가 시행령안을 제안한 바 있으나 받아들여지지 않았다.

'세월호 진상규명 특별법' 제4조 '위원회의 독립성'의 의미를 몰각한 시행령안

해양수산부가 주도하여 제정한 시행령에 드러난 의도는 노골적이다. '세월호 진상규명 특별법' 제4조는 '위원회의 독립성'에 관해 규정하면서 위원회가 업무수행 시 정치적 중립성과 독립성, 객관성을 유지하게 하고 있다.[14] 그러나 새누리당 추천의 부위원장이 겸하는 사무처장하의 사무처에 집중된 권력은 정치적 중립성을 의심하게 만든다.[15]

---

13 **진상규명 특별법 제15조(위원회의 정원 등)**
   ① 위원회에 두는 직원의 정원은 120명 이내에서 대통령령으로 정한다.
   ② 이 법에 규정된 사항 외에 위원회의 조직에 관하여 필요한 사항은 대통령령으로 정하고, 위원회의 운영에 필요한 사항은 위원회의 규칙으로 정한다.
14 **진상규명 특별법 제4조(위원회의 독립성)** 위원회는 그 권한에 속하는 업무를 수행할 때 정치적 중립성을 지키고 업무의 독립성과 객관성을 유지하여야 한다.
15 독일 ZDF Gremien 사건에 관한 판결을 찾아보자.

사무처 중심의 조직으로 변질된 위원회: 위원장과 소위원회의 무력화[16]

'진상규명 특별법 시행령'에 따르면, 위원장 밑에 보좌관 1명을 둘 뿐이고 모든 조직은 사무처로 집중되고 있다. 즉, 사무처에 행정지원실, 진상규명국, 안전사회과 및 피해자지원점검과를 두게끔 했다. '진상규명 특별법'에는 사무처에 사무처장 1명과 위원회의 사무를 처리하기 위하여 필요한 직원을 두도록 하고 있는데 시행령에서는 실무를 담당하는 모든 실, 국, 과를 사무처에 집중시키고 사무처장의 지휘를 받도록 규정하고 있다.

'진상규명 특별법' 제18조에 따르면 부위원장이 사무처장을 겸하게 되어 있으므로,[17] 만약 시행령 제3조에 따라 사무처에 행정지원실,

---

16 **진상규명 특별법 제16조(소위원회의 설치)**
① 위원회는 그 업무 중 일부를 분담하여 수행하게 하기 위하여 다음 각 호의 소위원회를 둔다. 1. 진상규명 소위원회 2. 안전사회 소위원회 3. 지원 소위원회
② 소위원회의 위원장은 상임위원 중에서 위원장이 지명한다.
③ 소위원회의 회의 의사 및 의결정족수에 관하여는 제13조를 준용한다.
④ 이 법에 규정된 사항 외에 소위원회의 조직 및 운영에 필요한 사항은 위원회의 규칙으로 정한다.

17 **진상규명 특별법 제18조(사무처의 설치)**
① 위원회의 사무를 처리하기 위하여 위원회에 사무처를 둔다.
② 사무처에는 사무처장 1명과 필요한 직원을 두며, 부위원장이 사무처장을 겸한다.
③ 사무처의 직원 중 3급 이상의 공무원 또는 고위공무원단에 속하는 공무원은 위원회의 심사를 거쳐 위원장의 제청으로 대통령이 임명하고, 4급 또는 5급 공무원은 위원회의 심사를 거쳐 위원장이 임명하며, 6급 이하의 공무원은 사무처장의 제청으로 위원장이 임명한다.
④ 사무처장은 위원장의 지휘를 받아 사무처의 사무를 관장하고 소속 직원을 지휘·감독한다.
⑤ 이 법에 규정된 사항 외에 사무처의 조직 및 운영에 필요한 사항은 위원회의 규칙으로 정한다.

진상규명국, 안전사회과 및 피해자지원점검과를 두고 위원장 밑에는 보좌관 1명만 두게 된다면[18] 사무처의 실국과장은 모두 부위원장의 지휘하에 있게 되고 보좌관을 데리고 위원장이 할 수 있는 일은 한계가 있을 수밖에 없다.[19] 결국 사무처장인 부위원장에게 권력이 집중되고 위원장은 단지 허수아비로 전락할 수밖에 없는 구조다. 물론 특별법에는 사무처장이 위원장의 지휘를 받도록 되어 있으나 사무처장이 위원장의 지휘대로 움직이지 않으면 특위는 파행을 겪을 수밖에 없다. 현재 특위의 부위원장은 새누리당이 추천한 위원이 맡고 있다. 따라서 정부의 시행령안은 특위 부위원장에게 권력을 집중시킴으로써 이석태 위원장을 허수아비로 만들고 새누리당이 의도한 대로 세월호 참사의 진상규명을 방해할 의도인 것으로 보인다.

또 한 가지 의심스러운 것으로, '진상규명 특별법' 제49조는 위원회의 잔존사무를 처리하기 위하여 사무처를 위원회의 활동 종료 후에도 3개월간 존속하도록 규정하고 있는데,[20] 이와 같이 새누리당이 추

---

18 **시행령 제3조(위원회의 조직)**
① 위원회에 두는 사무처(이하 "사무처"라 한다)에 행정지원실, 진상규명국, 안전사회과 및 피해자지원점검과를 둔다.
② 위원회의 위원장(이하 "위원장"이라 한다) 밑에 보좌관 1명을 둔다.

19 진상규명 특별법 시행령안 제4조(보좌관)에는 시행령안 제3조 제1항은 다음과 같이 단서 조항이 있었다. 제3조 ① 보좌관은 4급 상당 별정직공무원으로 보한다. 다만, 특별한 사유가 있는 경우에는 4급 일반직공무원으로 대체할 수 있다.
현행 시행령 제4조 제1항에서는 단서조항이 삭제됨. 제4조 ① 보좌관은 4급 상당 별정직공무원으로 보한다
② 보좌관은 다음 사항에 관하여 위원장을 보좌한다.
1. 위원회 소관 업무 중 위원장이 지시한 사항의 연구·검토
2. 위원회 소관 업무 중 희생자 가족단체의 의견 수렴

20 **진상규명 특별법 제49조(사무처의 존속기간)** 사무처는 위원회의 잔존사무를 처

천한 부위원장이 장악하고 있는 사무처가 3개월 동안 위원회의 조사 결과를 왜곡할 가능성도 있는 것으로 보인다.[21]

정부 파견공무원들로 장악된 위원회 조직

'세월호 진상규명 특별법 시행령' 제2조는 특별법에서 규정하고 있는 지원요청 필요성 유무와 대상 공무원에 대하여 결정하고 요청할 수 있는 위원장의 재량권을 박탈하고 있다. 시행령은 위원장의 고유권한 박탈에 그치지 않고 특별법 제21조[22]의 취지를 왜곡하여 조사대상이 되어야 할 정부기관이 오히려 공무원 파견을 통해 조직을 장악하게 되는 결과를 가져온다. '진상규명 특별법 시행령' 제2조는 위원회에 두는 직원의 정원은 위원장·부위원장 및 상임위원을 포함하여 120명으로 하되, 그 직급별 정원은 별표로 정하고 있다. 그러나 제2항에서는 시행령 시행 후 6개월까지 위원회에 두는 직원의 정원은 위원장·부위원장 및 상임위원을 포함하여 90명으로 하되, 그 직급별 정원은 별표

리하기 위하여 위원회 활동종료 후 3개월간 존속한다.

21 새누리당 추천의 조대환 부위원장이 사퇴한 후 여당 추천 상임위원으로 이헌 변호사가 임명되었다.

22 **진상규명 특별법 제21조(공무원 등의 파견)**
① 위원장은 위원회의 업무 수행을 위하여 필요하다고 인정하는 경우에는 국가기관, 지방자치단체, '공공기관의 운영에 관한 법률' 제4조에 따른 공공기관(이하 "국가기관 등"이라 한다)에 소속 공무원이나 직원의 파견근무 및 이에 필요한 지원을 요청할 수 있다. 이 경우 파견요청 등을 받은 국가기관 등의 장은 업무수행에 중대한 장애가 있음을 소명하지 아니하는 한 신속하게 협조하여야 한다.
② 제1항에 따라 위원회에 파견된 공무원 또는 직원은 그 소속 국가기관 등으로부터 독립하여 위원회의 업무를 수행한다.
③ 제1항에 따라 공무원이나 직원을 파견한 국가기관 등은 그 공무원이나 직원에 대하여 인사상 불리한 조치를 하여서는 아니 된다.

로 정하고 있다.

행정지원실의 위원회 활동 왜곡 가능성

시행령 제5조는 사무처 산하에 위원회 업무의 종합적인 기획과 조정을 맡고 있는 행정지원실을 두고 있다.[23] 이에 따라 부위원장이 사무처장을 겸하는 사무처 산하에 행정지원실을 둠으로써 위원회 업무의 종합적인 기획과 조정을 통하여 정부 여당이 원하는 방향으로 이끌고 가도록 함으로써 위원회 활동이 왜곡될 가능성이 크다. 시행령 제5조에 따르면, 행정지원실에는 실장 1명을 두고, 실장 밑에 기획행정담당관, 운영지원담당관 및 대외협력담당관 각 1명을 두며 행정지원실장은 국무조정실 또는 기획재정부 소속의 고위공무원단에 속하는 일반직공무원으로 보하되, 그 직위의 직무등급은 가등급으로 하고 기획행정담당관은 국무조정실 또는 기획재정부 소속 서기관으로, 운영지원담당관은 부이사관 또는 서기관으로, 대외협력담당관은 4급 상당 별정직공무원으로 보한다.[24] 이러한 내용에 따르면, 세월호 진상규명

---

23 명칭은 행정지원실이나 실제로는 위원회업무의 종합·조정을 담당하고 기타 사무처장의 지시사항 등 업무를 담당하는 기획행정담당관을 두고 있어 기획조정의 역할을 하고 있다는 점에서 내용은 시행령안의 기획조정실과 달라지지 않았다.

24 **시행령 제5조(행정지원실)** ④ 기획행정담당관은 다음 사항에 관하여 행정지원실장을 보좌한다.
    1. 위원회 업무의 종합·조정
    2. 4·16 세월호 참사의 진상규명, 4·16 세월호 참사와 관련된 안전한 사회건설 종합대책 수립 및 피해자 지원대책의 점검에 관한 협의·조정
    3. 위원회 회의 개최 및 운영
    4. 위원회 및 법 제16조에 따른 소위원회(이하 "소위원회"라 한다)의 운영에 관한 규칙의 제정 및 개정

을 담당하는 위원회의 종합적인 기획과 조정을 담당하는 행정지원실을 객관적이고 공정한 제3자가 아니라 정부의 공무원들이 장악하게 된다는 결론이 된다.

진상규명국을 장악한 공무원, 진상규명이 불가능한 구조

진상규명국에는 조사 1, 2, 3과를 두되 조사1과장은 검찰수사서기관으로, 조사2과장 및 조사3과장은 4급 상당 별정직공무원으로 보한다.[25] 조사1과장은 진상규명국에서 진상규명과 관련된 핵심적인 사항을 다루게 되어 있다. 특히 4·16 세월호 참사 진상규명 업무의 추진상황 점검, 특별검사 임명을 위한 국회 의결의 요청, 참사의 원인 규명에 관한 정부조사 결과의 분석, 4·16 세월호 참사의 원인 규명에 관한 조사, 청문회 실시에 관한 사항 등 핵심적인 사항들을 다룬다.[26]

---

5. 법 제17조에 따른 자문기구(이하 "자문기구"라 한다)의 구성 및 운영
6. 법 제23조에 따른 진상규명조사 신청의 접수 및 처리 총괄
7. 법 제47조에 따른 종합보고서(이하 "종합보고서"라 한다)의 작성 및 총괄·조정
8. 그 밖에 위원회의 사무처장이 지시하는 사항 및 사무처 내 다른 부서의 소관에 속하지 아니하는 사항

25 이 점은 조사1과장을 4급 일반직 공무원으로 보하도록 한 시행령안과 달라진 점이다. 시행령 제6조(진상규명국) ① 진상규명국장은 고위공무원단에 속하는 별정직공무원으로 보하되, 그 직위의 직무등급은 나등급으로 한다. ② 진상규명국에 조사1과, 조사2과 및 조사3과를 두되, 조사1과장은 검찰수사서기관으로, 조사2과장 및 조사3과장은 4급 상당 별정직공무원으로 보한다.

26 시행령안에서는 세월호 참사의 원인규명과 관련하여 정부조사 결과에 한정하여 분석 및 조사를 하도록 되어 있어 특별법에 4·16 세월호 참사의 원인 규명에 관한 사항 일반으로 되어 있는 업무의 범위를 정부조사결과에 대한 것으로 축소하고 있었으나 비판에 부딪히자 시행령에서는 참사의 원인규명에 관한 조사로 확대하고 있다. 시행령 제6조(진상규명국) ③ 조사1과장은 다음 사항을 분장한다.

시행령안에서 드러났지만 조사1과장 등의 임무에 드러난 정부의 의도는 가급적이면 정부가 조사한 결과에 한정하여 분석과 조사를 하도록 제한하는 것이었으나 비판에 직면하자 참사 원인규명으로 조사 범위를 확대하고 있다. 그러나 정부기관들은 진상규명의 조사대상기관이고 진상규명국 공무원들 역시 그 소속 공무원들과 동업자 의식을 가지고 있을 것이기 때문에 그 소속 공무원에 대한 진상규명이 가능할지 의문이 아닐 수 없다. 그리고 4·16 세월호 참사와 관련된 언론 보도의 공정성·적정성에 대한 조사를 하는 조사3과장의 경우도 누가 담당하느냐에 따라 왜곡될 가능성이 없지 않다.

안전사회로 가기 위한 업무가 제한된 안전사회과

시행령은 특별법 제5조 6호(재해·재난의 예방과 대응방안 마련 등 안전한 사회 건설을 위한 종합대책 수립에 관한 사항)에 정해진 업무를 4·16 참사와 관련한 것으로 축소하고 있다. 특별법에서는 참사 원인, 재해 재난 예방, 안전사회 건설 종합대책 수립 등과 관련하여 안전사회로 가기 위

---

1. 4·16 세월호 참사 진상규명 업무의 추진상황 점검
2. 4·16 세월호 참사 관련 특별검사 임명을 위한 국회 의결의 요청
3. 4·16 세월호 참사의 원인 규명에 관한 정부조사 결과의 분석
4. 4·16 세월호 참사의 원인 규명에 관한 조사
5. 법 제16조 제1항 제1호에 따른 진상규명 소위원회의 운영 지원
6. 법 제28조에 따른 고발 및 수사요청, 법 제51조에 따른 벌칙의 부과와 관련된 업무(제7조 제2항 제5호 및 제8조 제2항 제4호에 해당하는 경우를 제외한다), 법 제52조에 따른 고발에 관한 업무 및 법 제53조에 따른 과태료 부과 및 징수
7. 법 제31조에 따른 청문회의 실시
8. 소관 사무에 관한 조사결과보고서의 작성
9. 진상규명국 소관 사무에 관한 종합보고서의 작성

한 근본적인 대책을 수립하는 것이 법의 취지였으나 시행령에서는 4·16 참사와 관련된 사안으로 축소되고 말았다.[27] 4·16 참사와 관련한 대응방안만으로는 종합대책이 될 수 없을 것으로 보인다.

위험관리가 빠진 특별법 시행령

이른바 '진상규명 특별법'은 진상을 규명하기 위해 필수적인 수사권과 기소권이 규정되어 있지 않고 행정입법에 대한 권한이 제한되어 있다는 점에서 위원회가 독립적 특별위원회로서 기능할 수 있을지 의문시되고 있다. 시행령에서는 더욱 문제다. 특별법 시행령안은 입법예고가 되자마자 비판에 직면했고 이에 약간의 수정을 거쳐 현재의 시행령으로 제정되었으나 여전히 진상규명을 위한 특별법 시행령이라고 보기에는 미흡하다. 부위원장이 사무처를 장악하고 주요 업무가 사무처를 중심으로 이루어지며 조사대상이 되어야 할 공무원들과 같은 부처 공무원들이 위원회의 직원이 되기 때문에 진상을 은폐할 가능성이 더 큰 것으로 보인다.

세월호 참사에 대한 진상을 규명하는 것은 중요하다. 그러나 여기에서 멈춰서는 안 된다. 앞으로 대한민국 사회에 있을 수도 있는 재난이나 참사에 대하여 지속적으로 대책을 마련하고 위기를 관리하는 시스템이 구축되어 있어야 한다. 현재 고리원전 등 수명이 다한 원전을

---

27 **시행령 제7조(안전사회과)** ② 안전사회과장은 다음 사항을 분장한다.
  1. 4·16 세월호 참사의 원인을 제공한 법령, 제도, 정책, 관행 등에 대한 개혁 및 대책 수립
  2. 4·16 세월호 참사와 관련된 재해·재난의 예방
  3. 4·16 세월호 참사와 관련된 안전한 사회 건설 종합대책 수립(이하 중략)

재가동하는 문제, 화학공장에서 발생하는 유해 화학물질의 유출로 인한 대량살상의 위험, 각종 화재나 건물의 붕괴, 환경파괴 등의 위험 등 현대사회는 위험사회라고 해도 과언이 아니다. 우리에게 발생할 수 있는 리스크를 어떻게 관리하느냐 하는 문제가 우리 사회의 안전척도를 말해줄 것이다. 위기관리 시스템의 불완전, 상황판단 실패, 안전교육의 부실, 안전불감증, 그리고 이윤만을 추구하고 더불어 사는 삶을 모르는 자본주의, 정경유착과 권력의 부패, 위험신호를 보내지 않는 언론 등이 세월호 참사를 가져온 원인들이다. 이 모든 원인들에 대한 근본 대책을 마련하는 노력은 지속적으로 우리에게 주어진 과제다. 이는 패러다임의 전환을 필요로 한다. '세월호 진상규명 특별법'과 시행령에는 그러한 절박함이 보이지 않는다. 단지 진실 감추기와 책임 회피만이 느껴질 뿐이다.[28]

결론: 세월호 참사와 법, 국가의 의미

애도가 필요하다. 진정한 애도를 위해서는 죽은 이유를 알아야 하고 죽음에 대하여 보듬어야 하며 공감하고 상처를 치유하려는 노력이 있어야 한다. 애도는 "애착 대상의 상실에 따르는 고통과 병리적 상태에 빠지지 않기 위한 자아의 실존적 몸부림"이다(김종곤, 2014: 83). 애도가 제대로 이루어지지 않을 경우 자기 파괴라는 비극적인 상황마저도 발생할 수 있다. 두려울 뿐이다. 세월호 사건에서 국가는 헌법상 규성

---

28 그 밖에도 예산을 국민이 통제하고 주요 결정에 참여할 수 있도록 정보가 공개되고 투명성이 담보되는 등의 방안이 필요하다.

된 '국민보호의무'를 다하지 않음으로써 법적 의무를 방기했고 그 결과
참사를 초래했다. 이는 물에 빠진 자식을 구하려는 노력을 다하지 않
고 죽어도 어쩔 수 없다는 인식, 인용을 함으로써 국가가 미필적 고의
를 가지고 부작위에 의한 살인을 저지른 것이나 마찬가지다. 그러나
황당하게도 국가는 참사 이후 희생자들을 애도하고 대책을 마련하기
보다는 책임의 전치를 통해 대중의 불안, 공포, 분노의 정서를 특정 대
상으로 향하도록 조직하면서 자신의 결핍을 봉합하려고 했다(김종곤,
2014: 77 이하 참조). 희생자들을 애도하기는커녕 경제 침체를 이유로 모
욕하고 오히려 유가족들을 '빨갱이'로 몰아붙이는 짓마저 했다.

　세월호 참사를 통해 국가가 총체적 비리의 핵심이 되는 후진적 위
험사회가 바로 대한민국이라는 것이 드러났다(정윤수, 2015.2.3에서 재인
용). 세월호 참사는 경제성장을 위해 미친 듯이 달려온 대한민국의 부
끄러운 자화상이었다. 앞으로 우리는 안전해질 것인가? 세월호 참사
이후에도 여전히 규제완화만을 부르짖고 있는 박근혜 정권이 세월호
참사로 무엇을 얻었는지 의심스럽다. 그러한 정부를 신뢰하여 무엇을
기대한다는 것이 가능한지도 회의적이다. 우리 스스로 안전한 사회에
살기 위해서는 대한민국 시스템에 대한 총체적인 점검이 선행되어야
할 것이다. 대한민국 사회의 근본적인 변화 없이는 안전대책이 나오기
어렵다. 세월호 참사는 대한민국 자본주의의 모순을 그대로 드러내는
사건이기도 하다. 따라서 자본주의에 대한 대안에 대해서도 고민해야
하는 과제가 우리 앞에 놓여 있다.

　우여곡절 끝에 제정된 현행 세월호 특별법은 유가족들과 국민대
책회의 등이 제안한 4·16 특별법안에 훨씬 못 미치는 법률이다. 그럼
에도 대통령을 포함한 정부와 국회를 장악하고 있는 거대 여당의 반대
와 타협적인 야당의 태도, 그리고 권력에 종속된 보수언론의 집중포화

때문에 유가족들이 양보하여 탄생한 법이다. 세월호 참사가 일어나게 된 과정 및 참사 이후의 과정은 대한민국 사회가 국가권력과 경제권력, 언론권력의 강고한 유착과 대한민국 자본주의의 현재 상황을 낱낱이 보여주고 있다.

분명한 것은, 세월호 특별법은 박근혜 정권이 자발적으로 만든 법이 아니라 유가족과 국민들의 투쟁 끝에 쟁취된 것이라는 점이다. 안타깝게도 세월호 특별법은 유가족과 국민들이 원했던 수사권과 기소권을 포함한 성역 없는 조사를 위한 법이 아니라 정부 여당의 끈질긴 반대와 야당의 타협으로 이루어진 불완전한 법이다. 수사권도 없이 단지 자료요청을 하고 동행명령을 요청하는 수준의 법으로는 세월호 참사에 대한 진상규명이 제대로 이루어질 리 없다. 게다가 정부는 '진상규명특별법 시행령(안)'을 만들어 유가족과 국민들이 투쟁하여 어렵게 쟁취했던 특별법마저 무력화시키려고 했다. 특별법 시행령은 특위의 조직을 정부에서 파견한 공무원들이 장악하도록 함으로써 진상규명 자체가 불가능하게 하는 행정입법이다.

정부가 입법한 '세월호 진상규명 특별법 시행령'은 진상규명을 원하는 유가족과 국민들의 염원에 대해서는 처음부터 관심이 없고 오히려 특별위원회의 조사와 진상규명을 방해하고 국민들의 관심에서 세월호 사건이 멀어지게 하려는 의도로 제정된 것이라고밖에 해석되지 않는다. 그렇지 않다면 특별법 제정에 반대하고 세월호 사건이 일어난지 거의 1년이 다 되어서야 시행령을 제정한 이유가 뭐란 말인가? 천안함 사건에서 신속함과 치열함을 보였던 정부 여당이 세월호 사건에서는 이토록 달라진 태도를 보이는 이유가 뭔지 의문스럽다.

여기서 우리는 법의 의미를 다시 생각할 수밖에 없다. 세월호 사건은 법이 단지 사회통합의 중립적 수행자라거나 합의에 도달한 가치의 표현이라고 할 수 없다는 것을 보어주고 있다(코터렐, 1992: 130쪽 이하 참조). 법은 지배계급의 의사가 강력하게 관철되는 권력관계의 표현임과 동시에 권력관계를 형성하고 일상화하는 장치이자 수단으로서 작용하기 쉽다. 법은 그 시대의 지배적인 사고와 관념(이데올로기)과 관계를 맺는다(코터렐, 1992: 146쪽 이하 참조).

그럼에도 법을 붙들고 있어야 하는 우리의 처지가 애처롭다. 왜냐하면 법은 여전히 우리의 법이 아니라 그들의 법이기 때문이다. 그러나 이 모든 열악한 상황에서도 우리는 희망을 버리지 않아야 한다. 우리는 독재를 몰아내고 직선제 개헌을 통한 1987년 헌법을 쟁취한 역사를 가지고 있다. 그러나 독재는 진화하고 있다. 독재 2.0시대(?)에 생존하는 것은 더욱 힘거운 일일지 모르나 시대를 온몸으로 부딪히며 살아온 국민들은 정치권력과 자본권력, 언론권력의 본질을 깨닫고 분노하고 저항할 것이다. 결국은 민주주의의 문제다. 국민이 주권자임을 늘 각인시켜주어야 한다. 시민이 적극적으로 참여하고 국가의 잘못에 대해서 비판하고 저항하지 않는 한 국가 지배권력은 잘못을 저지르고도 책임지려 하지 않는다. 물론 자본주의 국가의 대안을 마련하지 않는 한 근본적인 대책을 마련하는 것은 어려울 것이다. 시장과정을 통한 자본주의적 축적이 자본가를 위해 더 이상 작동하지 않는 자본주의 한계 상황에서 취약계급과 자본가 모두가 그들의 부를 보전하기 위해 자본주의의 대안을 찾고 있다(월러스틴·이강국, 2015: 54쪽 이하). 이러한 상황에서 중요한 것은 자본주의에 대항하여 싸우되 우리 모두가 '좋은 삶'이라 불리는 문명의 변화를 위해 사람들을 결집시키는 것이다(월러스틴·이강국, 2015: 61). 위기에 빠진 자본주의의 미래는 여전히 불확실하다. 구조적 모순의 정도와 위기를 둘러싸고 전개되는 정치적 투쟁의 결과가 그것을 결정할 것이다. 물론 한입에 배가 부를 수는 없는 법이다. 우선 대통령과 국회의원 등 정치권력을 선출하는 것뿐만 아니라 선출 방법까지도 바꾸도록 요구해야 한다. 국민의 요구가 반영될 수 있는 선출 방법을 만들고 국민이 바라는 대표자들이 선출되어야 한다. 선출된 대표자들이 국민에게 보고하고 국민의 통제를 받아야 한다. 직접적이든 간접적이든 국민은 이 모든 시스템에 대한 지배력이 있어야 한다. 우리에게 주어진 가장 손쉬운 방법으로서 우선 선거에서라도 심판해야 하고 끊임없이 저항해야 한다. 일상에서 벌어지는 일들에 대해서 적극적으로 참여하고 의견을 제시하고 분노하고 투쟁해야 한다.

세월호 참사와 그 이후의 전개 과정을 통하여 선량한 시민들이 결코 이 사회를 지배하고 있지 않음이 드러났다. 시민들이 법과 안전을 스스로 얻어내야 하는 상황이다. 루돌프 폰 예링이 말했지만 '권리를 위한 투쟁'은 지속되어야 한다. 적극적인 참여와 저항, 투쟁을 하는 자들만이 법과 국가 시스템에서 자유로울 수 있다. 자유롭고 민주적인 국가는 저항하고 투쟁하는 국민들만이 가질 수 있음을 세월호 사건과 이후 과정을 통하여 다시 한 번 절실히 깨닫게 되었다. 2014년 4·16 세월호 참사는 더욱더 교묘해진 독재를 몰아내고 안전한 사회로 가기 위한 진정한 민주주의의 초석을 다지는 계기가 될 것이다. 지속적으로 저항하고 투쟁해야만 얻어낼 수 있다.

9

박주민

4·16 세월호 참사 특별조사위원회의
탄생과 그 의미

세월호 참사 2주기를 앞두고 있는 이 시점에서 가족들[1]이 만들고 청원했던 4·16 특별법의 내용, 그리고 특별법을 둘러싸고 진행되었던 협상 과정과 거기에서 드러난 쟁점을 다시 한 번 살펴보고자 한다. 그리고 이후 실제로 입법된 '4·16 세월호 참사 진상규명 및 안전사회 건설 등을 위한 특별법'에 따라 설립된 4·16 세월호 참사 특별조사위원회가 걸어온 길도 살펴볼 것이다. 이를 통해 가족들을 포함해서 우리가 걸어온 길을 다시 살피고, 그로부터 새로운 길을 걸어갈 수 있는 힘을 얻고자 한다.

---

[1] 이 글에서는 416 세월호 참사의 피해자 및 그 가족을 가족들이라고 부르겠다.

특별법의 제정 과정

특별법, 어떻게 시작되었는가

가족들은 처음에는 진상규명을 위한 특별검사 도입을 주장했다. 2014년 5월 5일부터 안산 합동분향소 옆에서 특별검사를 도입하기 위한 서명도 받았다. 물론 이러한 움직임은 전체적인 차원에서 동의되었던 것은 아니었다. 이 무렵 가족들의 총회에서는 진상규명을 위해서 특별검사를 도입해야 한다는 주장도 있었고, 특별검사보다 훨씬 강한 제도라는 의미에서의 특별법이 있어야 한다는 주장도 있었다.

기존의 특별검사들이 별다른 성과를 내지 못했다는 평범한 상식이 알려지면서 이 논란은 특별법을 제정하는 쪽으로 빠르게 정리되었다. 그런데 문제는 '특별검사보다 더 강한, 더 확실한 제도로서의 특별법은 도대체 무엇인가'였다.

현장에 나와 있었던 변호사들은 가족들의 말씀과 글들을 살피기 시작했다. 가족들이 도대체 어떤 의도를 가지고 계신 것인가를 알아내기 위해서였다. 그리고 변호사들끼리도 많은 이야기를 나누었다. 기존에는 특별검사가 사실상 마지막 수단(Final Gate)으로 여겨졌는데 그것을 넘는 제도는 무엇인가? 기존의 특별검사보다 더 정치적으로 독립적인 사람이 수사권과 기소권을 행사하고, 조사와 수사, 그리고 기소가 유기적으로 이루어질 수 있는 방안이 무엇일까?

그런데 2014년 5월 16일 대통령과 면담하는 자리에서 가족들 중 어느 분이 수사권과 기소권이 보장된 특별법이라는 표현을 사용했다. 변호사들도 그동안 제대로 정리하지 못했던 특별법의 틀이 간단하게 정리된 것이다. 물론 이날 대통령은 수사권과 기소권이 보장된 특별법이라는 것을 거부했다. 서로 특별법의 구체적인 형태나 내용을 알지

그림 9-1 **조사권, 수사권, 기소권에 속하는 권한**

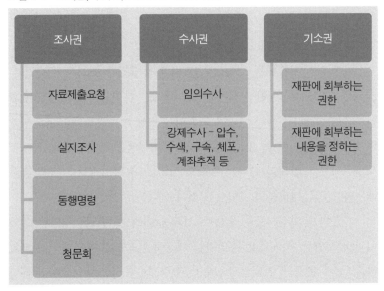

못하는 상황에서 한쪽은 주장을 했고, 다른 한쪽은 반대한 것이다. 어렴풋하지만 서로가 핵심을 잡았던 것이다.

이후 변호사들은 이러한 내용을 반영하기 위한 본격적인 고민에 들어갔다. 가족들이 고민하고 계신 내용을 몇 가지 원칙으로 정리하고 그에 부합하는 형태로 특별법을 설계해나갔다. 핵심적인 내용은 "진상규명을 위해서 조사권, 수사권, 그리고 기소권 등 각 권한을 어느 정도 부여할 것이며, 각 권한을 어떻게 부여하고 행사하게 할 것인가"였다.

이 중 가장 중요했던 것이 가족들이 고민하고 있었던 "진상규명을 위한 수사권과 기소권의 올바른 부여 및 행사"를 어떻게 반영할지였다. 가족들이 고민했던 수사권과 기소권의 부여 및 행사 방법의 대략적 내용은 다음과 같다.

우선 정치적으로 독립적이며, 진상규명에 대해 강한 의지를 가진 사람이 수사권과 기소권을 행사해야 한다. 그 당시에도 지금과 마찬가지로 세월호 참사는 광범위한 부정과 부패 때문에 일어났다는 인식이 있었다. 세월호 참사의 진상을 제대로 규명하기 위해서는 이러한 부정과 부패, 그리고 부정부패로 얼룩진 정치권력으로부터 독립적인 인물이 수사권과 기소권을 행사해야 함은 당연하다. 그리고 검사의 지위를 갖게 되는 사람이 진상규명에 대한 강한 의지를 갖고 있어야 한다는 것도 중요하다. 정치적으로 독립적이기만 하면 뭐하겠는가? 정시에 퇴근하기 바쁜 사람이라면 아무 소용이 없기 때문이다. 다음으로 충분한 수사기간이 보장되어야 한다. 세월호 참사와 관련해 밝혀야 할 것이 많기에, 그리고 쉽게 밝힐 수 있는 것이 아니기에 충분한 수사기간이 보장되어야 한다고 생각했다. 이명박 전 대통령의 내곡동 사저 부지 매입 관련 의혹을 밝히기 위한 특검의 경우 한정된 시간 때문에 제대로 밝혀낸 것이 없었다는 평이 있기도 했다. 마지막으로 조사와 수사, 그리고 기소가 유기적으로 연관되어 진행되어야 한다. 조사한 내용이 수사에 반영되고, 수사한 내용이 가감 없이 기소되는 것이 필요했기 때문이다. 수사를 아무리 잘해도 기소가 안 되면 무엇하나?

이 네 가지 원칙을 구현하기 위한 방법으로 생각하고 국회에 청원한 것이 바로 '4·16 특별법'이다. 4·16 특별법에 따를 경우 16명의 위원들로 위원회가 구성된다. 여당 4명(상임위원 1명 포함), 야당 4명(상임위원 1명 포함), 그리고 가족 추천 8명(위원장 및 상임위원 1명 포함)이다. 이 16명은 각자의 추천 과정을 거친 후 대통령의 형식적인 임명 절차를 거쳐 임명된다. 위원회 산하에는 3개의 소위원회가 설치된다. 진상규명 소위원회, 안전사회 소위원회 및 추모와 기념 소위원회다. 그리고 진상조사 소위원회에 속한 상임위원 1명에게 검사의 지위와 권한을 부

그림 9-2 　유가족들이 국회에 청원한 '4·16 특별법'의 내용

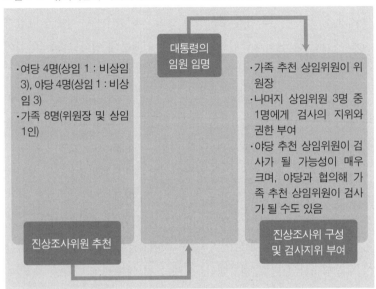

여하게 된다.

　이와 같이 야당이나 가족이 자신의 몫 위원을 "추천"하는 과정에서 여당과 청와대의 간섭을 받지 않는다. 또 추천된 위원후보들을 위원으로 "임명"하는 데에 대통령이 관여하나 형식적 관여에 불과하다. 그리고 임명된 위원 중 누가 검사의 지위와 권한을 가지게 되느냐를 결정하는 데에도 청와대는 관여하지 않고, 위원 내부의 의사결정을 통하므로 여당의 관여를 비교적 쉽게 차단할 수 있다. 이렇기에 야당이 추천하거나 가족이 추천한 전문가가 검사의 지위와 권한을 갖게 될 가능성이 매우 높다. 즉, 4·16 특별법에 따르면 정치적으로 독립적이고 진상규명에 강한 의지를 가진 사람이 수사권과 기소권을 행사하게 될 것이다.

또 상임위원 중 한 명이 검사의 지위와 권한을 갖는 것이기에 위원의 임기(위원회의 활동기간) 동안 수사권과 기소권을 행사할 수 있다. 4·16 특별법의 경우 위원회 활동 기간을 2년을 기본으로 하고 1년을 연장할 수 있도록 하고 있기에 수사권 행사기간이 최대 3년 동안 보장된다. 따라서 충분한 수사기간도 보장되었다고 할 수 있다.

마지막으로 조사와 수사, 그리고 기소가 유기적으로 이루어져야 한다는 부분에 있어서도 진상규명 소위원회에 속한 상임위원이 수사권과 기소권을 행사하므로 유기적 연관성을 높일 수 있다.

결국 가족들이 만들고 청원한 4·16 특별법은 진상규명을 위한 수사권과 기소권 부여 및 행사 방법에 있어서 100점 만점에 100점이라고 할 수 있다.

새누리당과 새정치민주연합의 구상, 그리고 협상의 시작

그러나 여당과 야당은 애초부터 4·16 특별법이 너무 강하다고 생각했다. 여당은 김학용 의원 발의안에서 보는 바와 같이 진상규명에 대한 관심과 의지가 없었다. 수사권과 기소권은 고사하고 조사권 중에서도 가장 약한 '자료제출요청권한'만 들어가 있는 법안을 제출한 것이다. 야당은 '4·16 특별법이 좋기는 하지만 협상이라고 하는 것이 상대가 있는 법인데, 상대인 새누리당이 전혀 받아들일 수 없는 안으로 협상을 시작할 수는 없다'는 입장이었다. 야당이 내놓은 안은 기소권은 빼고 특별사법경찰관의 수사권만 부여하자는 내용이었다.

4·16 특별법에 대한 여당과 야당의 태도를 보고 가족들은 여당과 야당이 진상규명에 대해 강한 의지가 없다는 느낌을 받았다. 그래서 특별법에 대한 협상과정에 참여하기를 원하게 되었다. 물론 이에 대해서 여당은 극렬히 반대했다. 이해당사자가 법안의 논의과정에 참여하

는 것은 있을 수 없다는 논리였다. 그러나 미국이나 프랑스, 네덜란드 등 많은 나라에서는 대규모 국책사업을 정하거나 행정명령을 제정할 때, 심지어는 외국과의 조약을 체결할 때 이해관계자들을 참여시켜 그들의 의견을 적극적으로 반영하는 제도를 갖추고 있다. 이해당사자의 의사를 무시하고 밀어붙이기식으로 법령을 만들거나 국책사업을 시행할 때 민주주의라는 측면, 그리고 효율성 측면에서 많은 문제를 낳아 왔기 때문이다. 이해당사자의 의견을 듣는 과정이 제대로 마련되어 있지 않다는 사실은 어떻게 보면 우리나라 입법 시스템의 후진성을 보여주는 것인데도 이러한 점을 당당하게 내세워 가족들의 참여를 막은 것이다.

여당의 반대에 가족들은 논의과정을 지켜보는 것만이라도 해달라고 했다. 참관을 요구한 것이다. 그러나 여당은 참관도 불가능하다고 했다. 자유로운 논의가 어렵다는 이유였다. 과연 이 당시 여당이 이야기하는 (신경쓰지 않고) 자유롭게 논의한다는 것이 어떤 의미였을까? 야합을 의미하는 것은 아니었을까?

가족들은 형식적인 틀을 논의하다가 시간만 보내는 것은 안 된다고 판단했다. 여당과 야당이 법안에 대한 협상을 진행하고 여당과 야당이 필요할 때 가족들에게 협상 진행과정에 대해 설명한다는 정도로 합의했다. 그리고 간접적으로 협상과정을 압박하기 위해 국회 농성을 시작했다.

야당이 가지고 있었던 특별법안에도 기소권을 진상조사위원회에 부여하는 내용은 없었기에 여당과 야당의 협상에서는 기소권에 대한 부분은 애초부터 없었다. 조사권 중 자료제출요청권한만 인정한다는 여당과 수사권 중 특별사법경찰관의 수사권만 주장하는 야당이 협상을 시작한 것이다.

그림 9-3 **여당과 야당이 주장한 협상안**

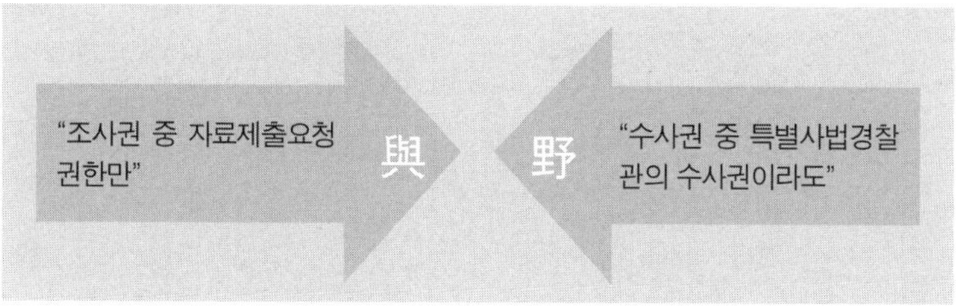

"조사권 중 자료제출요청 권한만"

與 野

"수사권 중 특별사법경찰 관의 수사권이라도"

새누리당의 후퇴

처음에 자료제출요청권한만 인정하겠다는 새누리당은 가족들의 농성, 단식, 도보행진, 400만 명이 넘는 국민들의 서명과 청원 등을 통해 서서히 끌려왔다. 실지조사권한을 인정했고, 동행명령권한도 인정했다. 특히 동행명령 등을 거부할 경우 과태료를 3000만 원까지 하는 것에도 동의했다. 그리고 드디어 청문회실시권한도 인정했다. 이 청문회는 "국회에서의 증언·감정 등에 관한 법률"에서 정한 절차와 방법을 사실상 준용하고 있다. 그래서 증인으로 선정된 자가 정당한 이유 없이 출석하지 않거나 출석하여 허위의 증언을 하는 경우에 형사처벌도 가능하다.

1차 합의, 그리고 가족들의 당연한 반대

그러나 수사권과 기소권을 진상조사위원회 내부에 부여하는 방안에 대해서는 요지부동이었다. 특별검사를 실시하는 방법을 통해 수사권과 기소권을 부여하겠다는 태도에서 한 발짝도 움직이지 않았다. 수사권과 기소권에 대해서는 아무런 입장도 없던 새누리당으로서는 대단한 태도 변화였으나 가족들의 입장에서는 전혀 만족할 수 없었다. 게다가 2014년 7월 30일 재보궐선거에서 여당이 압승을 거두면서 새

그림 9-4 　진상조사위와 상설특검법에 따른 특검의 차이점

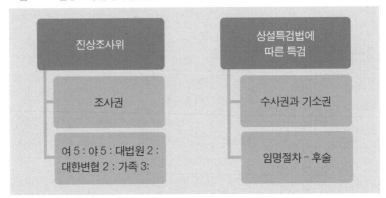

누리당의 태도는 더욱 완강해졌다. 결국 2014년 8월 7일 새누리당과 새정치민주연합은 "특별법은 조사권을 위한 진상조사위원회를 만드는 내용으로 하고, 수사권과 기소권은 기존의 '특별검사의 임명 등에 관한 법률'(이하 '상설특검법')을 활용하여 부여하는 것"으로 합의했다. 이것이 이른바 1차 합의다.

그런데 이 1차 합의에 따르게 되면 가족들이 고민했던 "진상규명을 위한 수사권과 기소권의 부여 및 행사 방법"이 많이 훼손된다. 우선 정치적 독립성을 담보한 특별검사가 임명되기 어렵다. 상설특검법에 따르면 특검후보추천위원회를 만들게 되는데 특검후보추천위원회는 7명으로 구성된다. 대한변협회장, 법무부 차관, 법원행정처장이 들어가고, 여당과 야당이 각 2명씩을 추천한다. 법무부 차관과 여당 추천 인사가 참여하고, 중립성이 의심될 수 있는 법원행정처장도 참여하여 특검후보 2명을 선정하기에 정치적 중립성이 보장된 특검후보가 선정될 수 없다는 우려가 들 수밖에 없다. 이것은 현행 상설특검법을 시민단체들이 초기부터 반대했던 이유 중에 하나이기도 하다.

그림 9-5 1차 합의에 따른 조사권과 수사권의 배분

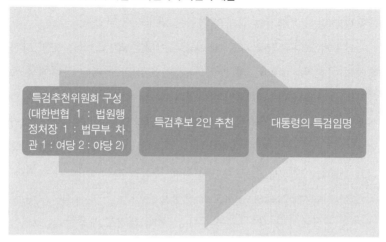

또 상설특검법에 따른 특검은 그 활동기간이 110일에 불과하다. 이 중 20일은 준비기간이므로 실질적으로 수사를 할 수 있는 기간은 90일에 불과하다. 세월호 참사에 대해 제기되고 있는 의혹들의 수와 수준에 비추어보면 턱없이 짧은 기간이다. 또 특별법에 따른 진상조사위원회와 상설특검법에 따른 특검이 완전히 분리되면서 조사, 수사 그리고 기소가 유기적으로 이루어져야 한다는 것도 달성되기 어렵다.

2차 합의, 그리고 가족들의 당연한 반대

당연히 가족들은 1차 합의를 받아들이지 않았다(배덕훈, 2014.8.8). 그리고 교황 방문을 앞두고 여당과 청와대에 대한 압박을 높이기로 했다. 유민 아빠의 단식도 원래 예정과 달리 길어졌다. 1차 합의에 대해 분노한 시민들도 그 참여의 수준을 높였다. 우리나라를 방문한 교황은 "큰 슬픔 앞에 중립을 지킬 수 없었다"라는 말을 할 정도로 세월호 유

가족을 지속적으로 언급했고, 함께했다. 많은 국민들은 교황의 사랑에 감동했고 다시금 세월호 참사의 의미를 되새기게 되었다.

이렇게 고양된 분위기 속에 여당과 야당은 2014년 8월 19일 다시 합의에 이르렀다. 지난 1차 합의의 큰 틀을 바꾸지 않은 상태에서 몇 가지 보완책을 추가한 형태의 합의였다. 우선 특별검사의 정치적 독립성을 높이기 위해 특검후보추천위원회 구성에 있어 여당 추천 몫 2명을 야당과 가족의 동의를 얻어 여당이 추천하는 것으로 변경했다. 그리고 부족한 수사기간을 보충하기 위해 특검을 2회 실시하기로 했다. 또 조사와 수사, 기소의 유기적 연관성을 높이기 위해 특검보 2명 중 한 명을 진상조사위원회와 특별검사 간 협의 채널로 사용할 수 있도록 했다.

물론 이런 2차 합의의 내용도 많은 문제를 담고 있다. 가장 큰 문제는 수사권과 기소권을 행사할 사람의 정치적 독립성을 제대로 확보할 수 없다는 것이다. 새누리당도 인정하고 있듯이 특검후보추천위원 중 여당 몫 2명을 야당과 가족의 동의를 얻어 추천한다고 하더라도 추천의 주체가 여당인 이상 결국 여당 쪽 인사가 추천된다는 것이다. 물론 새누리당은 "국민과 언론이 지켜보고 있는데 가족들과 야당이 반대하는 인사를 세 번, 네 번 추천할 수 있겠는가"라고 반문하지만 지금까지 새누리당이 했던 행동을 보면 세 번, 네 번이 아니라 천 번, 만 번도 할 수 있을 것이다.

결국 가족들은 2차 합의도 받아들이지 않았다. 새정치민주연합 당사를 점거하는 등 적극적인 행동으로 반대의사를 표명했다. 가족들의 입장에서는 원래부터 막무가내로 특별법을 무력화하려 했던 새누리당도 이해되지 않지만, 계속해서 가족들의 의사를 무시하고 새누리당과 합의를 해주는, 그것도 가족들에게 사전에 충분한 설명이나 양해

표 9-1 **여당과 야당의 세월호 합의 사항 평가**

기준	평가	보완을 위한 정치권의 합의사항
• 보다 정치적으로 중립적이고 독립적이며, 진상규명에 강한 의지가 있는 사람이 검사가 된다	• 현행법에 따른 특검추천위원회는 정치적으로 중립적이며 독립적인 인사가 특검으로 추천되기에는 부족한 구조	• 특검추천위원 여당 몫 2명을 가족과 야당이 동의를 얻어 추천
• 충분한 조사기간이 보장되어야 한다	• 특검법은 110일(준비기간 20일 포함) 정도만 보장되기에 부족	• 특검을 2회 실시하여 최대 220일(수사기간은 180일)을 보장
• 조사, 수사, 기소가 유기적으로 이루어져야 한다	• 진상조사위와 특검이 분리되어 충족되기 어려움	• 특검보 2명 중 1명을 진상조사위에 파견 • 진상조사위에서 국회에 요청하면 국회가 바로 의결해서 특검을 가동시키기로 함

를 구하는 절차도 없이 합의를 해주는 새정치민주연합을 더 이해하기 어려웠다.

3차 합의, 그리고 가족들의 슬픈 반대

한참 동안의 휴지기를 거쳐 정기국회에 접어들면서 협상은 다시 시작되었다. 이번 협상은 새정치민주연합이 매우 수세로 몰린 상태에서 시작되었다. 스스로 이상하게 합의를 한 후 번복하기를 두 번 하여 정치적 위기를 자초한 상태이기에 새누리당을 상대하기도 버거웠을 뿐만 아니라 당 내부에도 많은 이견이 존재했다.

이번 협상이 시작되면서 새정치민주연합은 자신들이 더 할 것이 없고, 더 이상 의사일정에 참여하지 않고 버티기도 어렵다는 이야기를 계속했다. 새누리당과 협상을 시작하기도 전에 이미 졌음을 가족들에게 통보한 것이다. 그러면서도 특검후보군을 형성하는 데 가족들이 참여할 수 있도록 하겠다고 했다. 충분히 가능하다고도 했다. 가족들은 "특검후보군을 형성하는 데 가족들이 참여한다"를 마지노선으로 하여 그 이상을 받아올 것을 전제로 해서 새정치민주연합이 다시 새누리당과 협상하는 것에 동의했다.[2]

2014년 9월 30일 새누리당과 새정치민주연합 간 3차 합의가 이루어졌다. 2차 합의안을 그대로 유지한 채 특검후보군을 형성할 때 여당과 야당이 합의를 한다는 내용이 추가된 것이었다. 구체적인 내용은 다음과 같다.

1. 새누리당과 새정치민주연합의 8월 19일 합의안은 그대로 유효하며, 양당 합의하에 4인의 특별검사후보군을 특별검사후보추천위원회에 제시한다.
2. 특별검사후보군 선정에 있어 정치적 중립성을 보장할 수 없는 후보는 배제한다.
3. 유족의 특별검사후보군 추천 참여 여부는 추후 논의한다.
4. 세월호 특별법, 정부조직법 및 일명 유병언법은 10월 말까지 동

---

2   물론 이런 가족들의 동의가 필요한 것인지도 의문이다. 어차피 법은 국회에서 국회의원들이 만드는 것이니. 이러한 동의는 새정치민주연합이 가족들의 뜻을 충실히 따른다는 전제하에서만 필요한 것이다. 그러나 새정치민주연합은 한 번도 그런 적이 없었다. 그런데 새누리당은 새정치민주연합에게 가족들이 이러한 동의를 해줄 것을 지속적으로 요구했다. 그렇지 않고는 협상 자체를 할 수 없다는 것이었다. 이것은 사실상 새누리당과 새정치민주연합이 연합해서 가족들을 사전에 굴복시킨 것이었다고 할 수 있다.

시 처리하도록 한다.

5. 국정감사는 10월 7일부터 27일까지 실시한다.

특검후보군 형성에 가족들이 참여할 수 있도록 하겠다는 새정치민주연합의 약속은 "유족의 특별검사후보군 추천 참여 여부는 추후 논의한다"로 돌아왔다. 가족의 참여 없이 여당과 야당이 합의하여 특별검사 후보 4명을 특별검사후보추천위원회에 제시하는 것이 과연 진전된 것일까?

3차 합의안의 내용 중 우려되는 지점은 여당이 "특검후보권을 정하는 데 '합의'를 해주어야 한다"는 것이다. 여당이 합의를 해주지 않는 사람은 특검후보군에 들어갈 수 없고 결과적으로 특검이 될 수도 없다. 여당이 과연 자신과 청와대를 수사할 사람이 특검이 되는데 합의를 해줄까? 이미 2차 합의안 중 특검후보 추천 문제점에서 지적한 바 있듯이, 여당이 우세한 영향력을 행사할 수 있는 특검후보추천위원회의 절대적 구성을 바꾸기 어려운 상태에서 여당의 합의로 특검후보군에 포함된 사람 중 2명을 특검후보로 정하는 것이다. 그렇기에 여당은 두 번이나 특검후보추천에 강한 영향력을 행사할 수 있는 것이다.

물론 3차 합의에 따를 경우 정말 여당의 색이 강한 인물이 특검후보군에 들어가는 것을 야당이 합의를 해주지 않음으로써 막을 수 있다는 점도 있다. 그러나 여당이 합의해주지 않는 사람, 야당이 합의를 해주지 않는 사람을 뺀 무색무취한 사람이 특검이 될 것임을 쉽게 예상할 수 있다. 3차 합의안의 2항이 바로 그런 내용이나. 그런데 진상규명에 강한 의지가 없는 무색무취한 사람이 수사권과 기소권을 행사하면 세월호 참사의 진상이 제대로 규명될 수 있을까라는 의구심을 가질 수밖에 없다.

가족들은 3차 합의안에 대해서도 반대했다(강봉석, 2014.10.1).[3] 당연하다. 그동안 3개월 가까이 국회 등에서 노숙 농성을 이어가고 단식을 하는 등 사랑하는 가족을 잃은 슬픔을 채 치유하기도 전에 혹독한 활동을 해왔는데 이렇게 허무한 결론에 동의할 수 없었기 때문이다.

4차 합의와 수용

여야는 다른 쟁점법안들과 함께 특별법에 대한 협상을 진행하여 2014년 10월 30일 네 번째 합의에 이르렀다. 그 내용은 3차 합의와 크게 다를 바가 없는 것이었다. 4차 합의의 내용은 다음과 같다.

1. '4·16 세월호 참사 특별조사위원회'의 위원은 총 17명으로 하며, 이 중 상임위원은 5명으로 한다. 이때 여야가 각 5명(상임위원 각 1명 포함)을 추천해 국회가 총 10명 선출하고 대법원장이 2명(상임위원 1명 포함), 대한변호사협회장이 2명(상임위원 1명 포함)을 각 지명하며, 희생자가족대표회의에서 3명(상임위원 1명 포함)을 선출한다.
2. 위원회에는 진상규명 소위원회, 안전사회 소위원회, 지원 소위원회를 둔다.
3. '위원장'은 희생자가족대표회의가 선출하는 상임위원이 맡고 '사무처장'을 겸하는 '부위원장'은 여당 추천으로 국회가 선출하는 상임위원이 맡는다. '진상규명 소위원장'은 야당 추천으로 국회가 선출

---

3   이뿐만 아니라 이번 3차 협상 과정도 문제였다. 협상 과정에서 가족들은 이번 합의안에 대한 반대 의사를 명백히 밝혔다. 그러나 반대 의사를 밝힌 지 채 20분도 되지 않아 협상타결 속보를 뉴스를 통해 접해야 했다. 이번에도 새정치민주연합은 가족들의 사전 양해 등을 전혀 구하지 않았다.

하는 상임위원이 맡는다.

4. 위원회의 의사는 공개를 원칙으로 하되, 위원회가 필요하다고 인정하는 경우 공개하지 않을 수 있다.

5. 위원회는 구성을 마친 날부터 1년 이내에 활동을 완료해야 하나 위원회 의결로 1회에 한해 6개월 이내에서 활동기간을 연장할 수 있고, 종합보고서와 백서의 작성 및 발간을 위해 1회에 한해 3개월 이내에서 활동기간을 추가로 연장할 수 있다.

6. 사무처의 직원 중 3급 이상은 위원회 심사를 거쳐 위원장의 제청으로 대통령이 임명하고, 4·5급은 위원회의 심사를 거쳐 위원장이 임명하며, 6급 이하는 사무처장의 제청으로 위원장이 임명한다.

가족들은 2014년 11월 2일 오후 8시 30분쯤 경기도 안산시 단원구 초지동 경기도미술관 1층 강당에서 기자회견을 열고 '10·30 합의안'이 지닌 적지 않은 한계와 문제점에도 불구하고 네 차례에 걸친 양당의 합의 과정을 존중하기로 했다고 밝혔다. 이럴 수밖에 없었던 것은 세월호 참사에 관한 재판들(선장과 선원들에 대한 재판, 123정의 정장에 대한 재판 등)이 속속 진행되고 있어서 특별법의 제정과 상관없이 세월호 참사의 원인과 책임자 등이 규정될 수 있다는 우려가 있었다. 또 해가 바뀌면 대한변호사협회의 회장이 바뀌는데 혹시 세월호 참사에 무관심하거나 적대적인 회장이 당선될 경우 대한변협이 위원을 추천할 때도 세월호 참사에 무관심하거나 적대적인 위원을 추천할 수 있다는 우려 때문이었다.

그러나 가족들은 4차 합의안의 부족한 부분을 보충하고자 ① 국회 본회의가 열리는 7일 '진실규명과 안전사회 건설을 위한 대국민 서약식' 거행, ② 특별법 시행과 동시에 4·16 세월호 참사 특별조사위원회 전면 활동 개시, ③ 특별법 시행령 및 시행규칙 제정과 위원회 조직 구성에 세월호 가족들의 적극적인 참여를 위한 여야 및 정부의 협조 등 다섯 가지 방안을 제안했다. 또한 4·16 세월호 참사 관련 피해자 및 피해지역에 대한 배상·보상과 지원에 대한 논의에 유가족뿐만 아니라 모든 생존자와 피해자의 참여가 보장되어야 한다고 주장했다. 물론 이러한 주장은 받아들여지지 않았고, 2014년 11월 7일 국회 본회의에서 세월호 특별법은 처리되었다.

이와 같이 특별법은 가족들이 원래 생각했던 것과는 많이 다른 상태로 입법되었다. 독립적이고 중립적인 사람으로 하여금 충분한 시간 동안 수사하고 기소할 수 있는 권한을 부여하려고 했던 이상은 달성되지 못했다. 그러나 사상 처음으로 국회가 아닌 진상조사위원회가 청문회권한을 행사할 수 있도록 한 것 등은 매우 신선하며 어느 정도 실효적 조사가 가능하다는 판단을 하게 했다. 무엇보다도 위원의 구성이 정부와 여당의 입김으로부터 독립적인 활동을 보장할 수 있는 것처럼 보였다. 그러나 다음에서 보는 바와 같이 특별법의 입법 이후에도 지속적으로 특별조사위원회의 중립성과 독립성을 훼손하고, 그 활동을 방해하는 흐름이 있었다. 이런 흐름 중에 가장 대표적인 것이 바로 특별법 취지와 장점을 완전히 몰각시키는 시행령의 문제였다.

해양수산부의 '4·16 세월호 참사 진상규명 및 안전사회 건설 등을 위한 특별법 시행령' 수정안의 문제점

해양수산부(이하 '해수부')는 '4·16 세월호 참사 진상규명 및 안전사회 건설 등을 위한 특별법'(2014년 11월 19일 공포, 이하 '특별법') 시행령안

(이하 '시행령 원안')을 2015년 3월 27일 입법예고한 후 특별법에 따라 구성된 416 세월호 참사 특별조사위원회(이하 '특조위')와 416 세월호 참사 진상규명 및 안전사회 건설 등을 위한 피해자 가족협의회(이하 '가족협의회') 등의 반대에 부딪힌 후 같은 해 4월 29일 시행령 원안에 대한 수정안(이하 '시행령 수정안')을 마련해 기자들에게 브리핑했다.

해수부는 "특조위 조사활동기간이 최장 1년 6개월로 정해진 상황에서 입법예고안을 철회하고 시행령 제정을 원점에서 다시 추진할 경우, 더 큰 혼선과 갈등이 초래될 것으로 우려되기에 시행령 원안을 철회하지 않고 수정하기로 했으며, 수정함에 있어 정원 확대, 파견공무원 비율 축소 및 해양수산부·국민안전처 파견공무원 최소화 등 주요 쟁점사항 10개 중 7개 사항을 수용했고, 소위원회 위원장의 사무처 조직에 대한 지휘·감독권한 등 특별법의 입법취지에 맞지 않는 사항에 대해서는 원안을 유지했다"라고 검토방향을 밝혔다. 시행령 수정안이 대화와 타협의 산물이며, 시행령 원안의 많은 문제를 해결한 것이라는 취지다. 그러나 이러한 해수부의 설명은 다음과 같은 이유로 전혀 타당하지 않다.

특조위의 생명은 조사 대상기관, 즉 정부부처로부터의 독립이다. 그런데 시행령 수정안은 두 가지 점에서 여전히 특조위의 정부부처로부터의 독립성을 보장하지 않고 있다.

첫째, 파견공무원인 기획조정실장과 기획총괄담당관을 여전히 그대로 두고 있다. 물론 기획조정실장과 기획총괄담당관의 명칭을 행정지원실장과 기획행정담당관으로 각각 바꾸고, 기획총괄남당관의 업무 중 각 소위원회의 업무를 기획·조정하는 것을 협의·조정하는 것으로 수정하고, 기획조정실장(시행령 수정안에서는 행정지원실장)을 해수부 파견공무원이 아니라 타 부처 파견공무원으로 하도록 수정하고는 있다. 그러나 조사대상이 정부부처로부터 고위직 공무원이 파견되어 특조위 전체의 업무를 총괄하고 조정하는 것에는 변함이 없다.

둘째, 각 소위원회의 위원장(이하 '소위원장')이 해당 업무에 관하여 지휘·감독을 할 수 있게 해달라는 특조위의 요청은 배제되었다. 특조위가 독립적으로 업무를 수행하기 위해서는 각 소위원회가 정부부처로부터 독립해 업무를 수행하는 것이 필수적이다. 그럼에도 조사대상인 정부부처에서 파견된 공무원들인 기획조정실장(시행령 수정안에서는 행정지원실장)과 기획총괄담당관(시행령 수정안에서는 기획행정담당관) 등은 각 소위원회의 업무를 조정할 권한을 가지고 있고, 정작 각 소위원장은 해당 업무에 관한 지휘·감독권한을 가질 수 없도록 되어 있다. 특히 진상조사와 관련해 핵심적인 임무를 수행할 조사1과장 역시 여전히 파견공무원이 하도록 규정되어 있다. 이는 각 소위원회, 특히 진상규명 소위원회가 끊임없이 정부부처로부터 영향을 받으면서 업무를 추진하게 만들 것이다. 이와 같이 시행령 수정안을 만들면서 해수부는 특별법에서 전체 사무를 처리하기 위해 사무처를 설치한다고 규정한바, 특조위 소위원회가 소관 국을 직접 지휘·감독하는 것은 통상적인 정부조직 원리 및 특별법의 취지에 맞지 않는다고 그 이유를 밝히고 있다. 그러나 다음에서 보는 다른 입법례에 비추어보면 이러한 주장은 전혀 타당하지 않다는 것을 알 수 있다.

우선 타 위원회에서, 업무에 대한 기획·조정 권한은 각 해당 부서에서 보유했고, 기획조정실과 같은 행정부서에서 담당한 사례는 찾을 수 없었다.

- 진실화해를 위한 과거사정리위원회
  진실·화해를위한과거사정리위원회 직제규칙

제10조(조사1국)

④ 조사총괄과장은 제3항의 사무 처리와 관련하여 다음 사항을 분장한다.

1. 조사팀의 조사지원 및 국 서무 업무, 소위원회 및 자문소회의 운영, **국 업무의 기획과 추진상황 점검**

제11조(조사2국)

④ 조사총괄과장은 제3항의 사무 처리와 관련하여 다음 사항을 분장한다.

1. 조사팀의 조사지원 및 국 서무 업무, 소위원회 및 자문소회의 운영, **국 업무의 기획과 추진상황 점검**

제12조(조사3국)

④ 조사총괄과장은 제3항의 사무 처리와 관련하여 다음 사항을 분장한다.

1. 조사팀의 조사지원 및 국 서무 업무, 소위원회 및 자문소회의 운영, **국 업무의 기획과 추진상황 점검**

- 친일반민족행위 진상규명 위원회
  일제강점하친일반민족행위진상규명에관한특별법 시행령
  제8조(조사총괄과)
  ② 조사총괄과장은 다음 사항을 분장한다.
  1. 조사대상자의 선정 및 조사계획의 수립

- 군의문사 진상규명 위원회
  군의문사 진상규명 등에 관한 특별법 시행령
  제9조(조사기획과)

② 조사기획과장은 다음 사항을 분장한다.

1. 군의문사 진상규명에 관한 종합계획의 수립

　그리고 법에서 사무처(장)가 소속직원을 지휘·감독하도록 해도 시행령에서 해당 상임위원이 해당 업무와 관련된 지휘·감독권한을 보유한 전례가 있으며 아무 문제가 없었다.

　이렇게 시행령 수정안은 특조위의 생명인 독립성을 훼손하고 있기에 특조위와 가족협의회 등의 다른 요구사항을 수용했다고 해도 큰 의미를 가질 수 없다. 그런데 문제는 해수부가 특조위와 가족협의회의 요구를 수용했다고 주장하는 부분에서도 특조위와 가족협의회의 요구의 의미를 왜곡하거나 변형해 그 취지를 무색하게 하는 부분이 있다는 점이다.

　대표적인 것이 특조위 정원에 관련된 부분이다. 시행령 수정안은 시행령 시행 시에는 90명으로 특조위가 출범하게 하고 이후 120명까지 정원을 늘려가되, 시행 6개월 후에 확대하는 것으로 정하고 있다. 시행령 원안이 정원을 늘리기 위해서 시행령을 수정해야 하도록 규정하는 것에 반해 시행령 수정이라는 절차 없이 120명까지 늘릴 수 있게 한 부분이 개선점이라고 주장한다. 해수부는 특조위의 가동기간이 특별법에 따라 1년 6개월로 한정되어 있어서 시행령을 전면 폐기하고 다시 논하기가 어렵다고 변명하고 있다. 그러나 이러한 짧은 활동기간을 염두에 둔다면 인원을 6개월의 유예기간 후에 늘리는 것이 아니라 처음부터 필요한 인원을 모두 선발해 업무를 추진할 수 있도록 하는 편이 맞다. 적어도 특조위의 독립성을 존중한다면 특조위가 특별법에 따라 120명의 인원 범위 내에서 스스로 출범 인원의 수를 판단할 수 있도록은 해야 할 것이다. 그런데 특조위의 짧은 업무기간에 대해서도,

표 9-2　타 법에 제시된 업무에 대한 기획·조정 권한

	의문사진상규명등에관한특별법	특별법
법	제11조(사무국의 설치) ④ 사무국장은 위원장의 지휘를 받아 위원회의 사무를 관장하며 소속직원을 지휘·감독한다.	제18조(사무처의 설치) ④ 사무처장은 위원장의 지휘를 받아 사무처의 사무를 관장하고 소속 직원을 지휘·감독한다.
시행령	제4조(상임위원) 상임위원 2인 중 1인은 조사1과와 조사2과의 업무를, 나머지 1인은 조사3과와 특별조사과의 업무를 각각 지휘·감독한다.	없음(배제)

특조위의 독립성에 대해서도 전혀 고려하지 않고 특조위의 인원을 규정하고 있는 것이다.

그리고 시행령 수정안에는 특별법의 취지를 훼손하는 부분도 존재한다. 바로 안전사회 소위원회의 업무 범위와 관련된 부분이다. 해수부는 특별법이 세월호 참사의 후속조치로서 입법된 것인만큼 특별법이 특조위의 업무로 정하고 있는 '재해·재난의 예방에 관한 사항'을 세월호 참사와 관련된 부분으로 한정하는 것이 타당하다고 주장한다. 그러나 특별법 입법 과정에서 이미 여야는 세월호 참사와 관련된 안전대책수립만이 아니라 이 사회 전반에 걸쳐 존재할 수 있는 위험요소 등에 대해 점검하고 대책을 수립할 수 있게 하자고 합의한 바 있고, 그것이 특별법에 반영된 것이다. 따라서 해수부의 지금 주장은 오히려 특별법의 입법취지를 무시하는 것이자 입법권자의 의도를 훼손하는 것이나. 그리고 이것은 세월호 참사 이전과 이후는 달라져야 한다며 특별법 제정을 위해 힘을 모은 600만 명에 이르는 국민의 의사를 무시하는 일이기도 하다.

결과적으로 시행령 수정안은 특조위의 생명인 조사대상 정부부처

로부터의 독립성을 보장하지 못하고, 특조위의 원활한 활동을 담보하지 못하며, 특별법의 취지를 훼손하여 특조위의 업무 범위를 좁히는 등 수많은 문제점을 담고 있다. 따라서 시행령 수정안은 철회되어야 하며, 정부는 특조위가 2월 17일 의결하여 정부에 제안한 시행령안을 받아들여야 할 것이다. 정부가 이와 같이 많은 문제점이 있는 시행령 수정안을 강행한다는 것은 세월호 참사의 진상을 규명할 의지가 없음을 스스로 입증하는 일이자, 수많은 국민의 열망을 무시하는 비민주적 정부임을 자인하는 일이기 때문이다.

이러한 문제를 시정하기 위해 가족들은 또다시 안산에서 서울로 도보행진을 하고, 삭발을 강행하기도 했다. 특히 이번 도보행진은 상복을 입고 희생자의 영정사진을 들고 이루어졌다. 사랑하는 가족을 잃은 사람들이 참사로부터 1년 가까이 지난 시점에서도 자신의 아픔을 달래지 못하고 가장 기구한 모습으로 시민들을 만난 것이다.

물론 이러한 가족들의 문제제기에도 불구하고 특별법 시행령은 시행령 수정안대로 만들어졌다. 이후 이 시행령이 갖고 있는 문제를 해결하기 위해 여당과 야당은 국회법 개정이라는 수단을 사용했지만 이 역시 박근혜 대통령의 거부권행사로 무산되었다. 특조위는 그 근거가 되는 특별법의 입법과정에서 한 번, 그리고 그 이후 특별법 시행령을 만드는 과정에서 다시 한 번 그 권한이 축소되고 정치적 중립성은 훼손되었다.

터무니없이 부족한 2015년 예산

특별법 시행령까지 마련되었으니 특조위는 속히 가동하면 되는 상태가 되었다고 할 수 있다. 그러나 특조위의 운영에 필요한 예산확보를 둘러싸고 또다시 논란이 벌어졌다. 특조위가 돈 잔치를 벌이고 있다는 글들이 떠돌아다니는 등 만만찮은 방해가 있었다. 보수적인 신문이 기사를 쓰고, 그 후 조직적으로 그 기사를 퍼 나르는 일들이 있었다. 그 글은 한 번 볼 필요가 있는데 다음과 같다.

카친 12명에게 꼭 보내주세요~!
국민의 혈세낭비를 막읍시다
읽으면 열 받는 뉴스

세월호 사고는 학생들이 수학여행을 갔는데 해운회사가 돈 욕심때문에 과적을 했고 물살이 센 곳에서 운항 미숙까지 겹쳐 일어난 해상사고입니다. 그 외에 무슨 진상을 조사해야 하는지 모르지만 특조위(특별조사위원회)까지 만들더니 올해 예산 요구액이 무려 160억 원이랍니다. 예산 내용을 보면 기가 막혀 한숨만 나오고 분노가 치밀어 올라옵니다.

직원 체육대회 개최비용 252만 원, 동호회 지원비용 720만 원, 직원 생일기념 케이크 구입 비용 655만 원, 명절 휴가비로 1인당 139만~221만 원, 휴가(연가) 보상비 1인 78만~194만 원, 전 직원 맞춤형 복지비 연 70만 원

이 자들은 세월호 조사한다는 핑계로 국민혈세 흥청망청 쓰겠다는 거 아닙니까? 사건 조사를 하는데 …… 무슨 놈에 동호회지원 …… 명절 휴가비? 맞춤형 복지비? 직원 생일 케이크? 참 …… 놀고 있는

악마에 족속들 …… 특조위 이석태 위원장 연봉은 월급과 수당을 포함 1억 6500만 원 …… 부위원장을 포함한 상임위원 4명은 1억 5300만 원 …… 위원장을 포함해 5명의 상임위원에게는 차량도 지원된다고 합니다. 참 …… 살판났습니다. 이 자들 하는 짓거리를 보면서도 우리 국민들은 너무 순진한 건지 멍청한 건지 …… 그저 강 건너 불구경하듯 아무 말이 없이 먼 산만 보고 있네요. 국회의원 중에도 지금까지도 노란 리본을 달고 다니는 놈들이 있습니다. 이런 악마들은 다음 선거에서 절대로 표 주지 말아야 합니다. 자기 부모가 죽어도 삼 일이면 상장을 떼는 놈들이 …… 무슨 애도를 일 년 넘게 한다고 정말로 기가 막힙니다.

출처: 국민일보(땀)(땀)(근심)(근심)
대한민국ー슬픈ー나라입니다
(부르르)

이런 비판이 근거가 있고 합리적일까? 체육대회, 직원 생일, 사내 동호회 지원 등에 약 1600여만 원을 책정했는데, 이는 전체 예산의 0.001%에 불과하다. 명절 휴가비, 휴가(연가) 보상비, 전 직원 맞춤형 복지비 등 후생 복리비가 비난받고 있는데 이것은 공무원 공통사항이다. 특조위에서 일하는 직원들은 공채 과정을 통과했고 이제는 공무원 신분이기에 복리후생은 특혜가 아니라 보편적인 처우다. 따라서 일반 공무원들은 이런 비판을 보고 웃을 수밖에 없었을 것이다. 위원장 등의 급여도 비난의 대상이 되었는데 대통령으로부터 임명장을 받은 장관급 위원장, 차관급 소위원장들한테 지급되는 급여는 정부 '공무원봉급표'에 정해진 금액을 지급받을 뿐이다. 이것을 마치 팔자 고친 것처럼 왜곡하고 있는 것이다.

사실 특조위 예산책정문제의 본질은 진실규명·안전사회건설 등과 관련한 활동이 불가능할 정도로 예산을 줄여 배정했다는 데에 있다. 대표적으로 진상규명 중 실지조사 사업에 소요될 45억 8000만 원의 예산 중 14억 2000만 원만 배정해 요구한 예산의 69%를 삭감했다. '안전사회 건설 종합대책 수립' 사업도 6억 8000만 원을 요청했는데 그 중 83%를 잘라서 1억 1700만 원만 배정했다(유성애, 2015.8.5). 종합적으로 정부는 예산 신청액 160억 중 절반을 깎고 89억 원만 지급했다. 결국 특조위의 본연의 임무인 '진실규명'을 못하게 손과 발에 족쇄를 채운 것이다.

「세월호 특조위 관련 현안 대응방안」 문건 등 특조위 활동 방해

세월호 참사의 진상을 규명하려는 특조위에 대한 방해는 이와 같이 법, 시행령, 예산 등으로 손발을 다 묶어놓는 것에 그치지 않았다. 2015년 11월 19일 한 언론은 「세월호 특조위 관련 현안 대응방안」 문건(이하 '본 문건')을 공개했다(박다해, 2015.11.19). 본 문건 제3쪽에는 "우리부"라는 표현이 등장하는데 기재부에 특조위 예산에 관련된 의견을 전달할 부(部)는 해수부 이외에는 상정하기 어렵다. 따라서 본 문건은 해수부가 만든 것으로 보인다.

☞ **활동기산일 관련 우리부 입장**(임명장 수여일, 3.9) **관철시, 증액분이 최대한 반영**될 수 있도록 **기재부에 우리부의 의견을 전달**

그리고 본 문건 제1쪽에는 특조위가 BH(청와대)에 대한 조사개시를 결정하면 여당이 추천한 특조위 위원들로 하여금 지속적으로 문제를 제기하라고 지시하고 있고, 더 나아가 필요하면 여당 추천 위원들은 사퇴의사를 기자회견 등을 통해 표명하라고 했다. 이후 본 문건의 내용대로 여당 추천 위원들은 특조위가 청와대가 세월호 참사 당시 적절한 대응을 했는지 등에 대해 조사를 하려 한다며 사퇴의사를 표명하는 기자회견을 했다.

(특조위 내부) 여당 추천 위원들이 소위 **의결과정상 문제를 지속 제기**하고, 필요시 여당 추천 위원 **전원 사퇴의사 표명**(부위원장 주재 기자회견 등)

이러한 상황은 이 문건의 내용과 같은 지시가 실제로 있었고 여당 추천 위원들은 이 지시에 따른 것으로 추정하게 한다. 이러한 지시를 한 자는 여당 추천 위원들로 하여금 의무 없는 일을 하게 한 것이자 특히 공무원들이 할 수 없는 집단행동을 하게 한 것으로 직권남용 혹은 국가공무원법 위반의 교사범이 될 수 있다. 더 나아가 여당 추천 위원들로 하여금 위와 같은 행동을 하게 하려고 폭행이나 협박 혹은 속임수를 사용했다면 특별법 제43조 제1항을 위반한 것에 해당한다.

본 문건은 이에서 더 나아가 새누리당 국회의원들에 대해서도 "소위 회의록을 요청하고, 필요시 비정상적·편향적 위원회 운영을 비판하는 성명서를 발표"하라고 지시하고 있다. 그리고 이 지시에 따라 새누리당 농해수위 국회의원들은 19일을 시작으로 특조위를 비판하는 성명을 수차례 발표했다.

(국회) 여당 위원들이 공개적으로 특조위에 **소위 회의록**을 **요청**하고, 필요시 비정상적·편향적 위원회 운영을 비판하는 **성명서 발표**

이러한 것 역시 본 문건의 내용과 같은 지시가 실제로 있었고, 여당의원들은 이 지시에 따른 것으로 추정하게 한다. 이러한 지시를 한 자는 여당 의원들로 하여금 의무 없는 일을 하게 한 것이다. 이는 형법상 직권남용에 해당할 수 있다. 이와 같이 해수부가 만든 것으로 추정되는 본 문건의 내용에 따르면 본 문건을 통해 보고를 받는 자(본 문건의 내용과 같은 사항을 지시하는 자)는 지시를 받는 자로 하여금 범죄행위에 속하는 의무 없는 일을 하게 함으로써 직권남용 혹은 해당 범죄행위의 교사범이 되는 것이다.

무엇보다 본 문건은 장관 예정자나 국회의원에게도 지시를 할 수 있을 정도로 고위급인 정부 관리가 조직적이고 체계적으로 특조위의 청와대 조사를 방해하려는 의도를 가지고 있음을 보여준다. 이는 오히려 세월호 참사에 이 정부의 고위 관리(장관 예정자나 국회의원에게도 지시를 할 수 있을 정도의)가 관여했을 수도 있다는 의혹을 가지게 한다. 세월호 참사에 대한 보다 철저한 진상규명과 아울러 본 문건을 비롯한 특조위 조사활동 방해에 대한 진상도 규명해야 할 것이다.

청문회: 한계와 희망을 동시에 보여주다

세월호 청문회가 과연 열릴 수나 있을지, 열리더라도 제대로 진행이나 할 수 있을지 걱정스러웠다. 정부와 여당은 예산과 직원채용, 활동기간을 볼모로 특조위의 활동을 원천봉쇄하더니 심지어 "세월호 특조위 관련 현안 대응방안"이라는 해수부 문건에 따라 조직적인 방해를 일삼던 여당 추천 위원들은 청문회에 불참하겠다고 했다. 세월호 참사의 책임을 정부에 지우려는 '불순한 의도'가 있기 때문이라고 했다(조혜령, 2015.12.14).

여당 추천 위원들은 한결같이 특조위가 세월호 침몰의 원인과 책임만 규명하면 되기 때문에 청문회 증인은 선사 및 선원 등에만 국한해야 한다고 주장한다. 이는 세월호 참사를 일반적인 해양 교통사고로만 한정하려는 일각의 불순한 시도와 맥락을 같이한다.

세월호가 침몰한 것보다 더 큰 문제는 배에 이상이 생긴 후 완전 침몰까지 두 시간 가까이 또는 그 이상 충분한 시간이 있었는데도 선장과 선원들은 물론이고, 구조 의무와 책임을 지고 있던 해경까지도 구조를 위한 어떠한 시도도 하지 않았다는 점이다.

정말 그랬다. 선장과 선원들은 해경과 공모해 도망갔고, 해경은 스스로 탈출한 승객들을 건져 올리는 것 외에 어떠한 구조 시도도 하지 않았다. 선원들과 P123정 정장에 대한 재판에서 드러났듯 퇴선을 유도하는 대공방송만 했어도 대부분 살 수 있었는데 말이다.

그래서 단순 해양 교통사고가 끔찍한 참사로 이어졌다. 참사 직후 대통령과 모든 정치인은 이러한 문제를 다 인정하고 진상을 규명하고 책임을 묻고 심지어 대한민국을 '개조'하겠다고 약속했다. 유가족들의 여한이 없도록 하겠다고 공언했다.

그런데 거기까지였다. 참사 후 600일이 더 지난 지금까지 정부 여당과 대통령은 이 약속을 지키지 않고 있다. 오히려 세월호 참사의 진상규명을 끊임없이 방해하고 있다. 심지어 특조위를 해체하겠다고 공공연하게 나서고 있다. 이미 여당은 대통령과 여야, 그리고 대법원만이 위원을 추천하는 새로운 특조위 구성을 골자로 하는 특별법 개정안을 발의했다. 세월호 참사의 책임을 져야 할 조사대상인 정부 여당이 자신들의 입맛대로 특조위를 좌지우지하겠다는 것이다. 이는 특별법 제정을 위해 서명으로 참여한 650만 국민과 지금도 잊지 않고 세월호 참사의 진상규명과 안전한 사회를 바라는 모든 국민의 염원에 정면으로 도전하는 행위다.

다행히 특조위의 첫 번째 청문회는 2015년 12월 14일부터 3일간 당초 우려했던 것보다는 잘 진행되었다. 비록 여당 추천 위원들이 조직적으로 불참하고 지상파 등 주요 언론사들이 철저히 외면했음에도 철저하게 진실을 은폐하고 책임을 회피하는 해수부와 해경의 적나라한 모습을 많은 국민이 확인할 수 있었다. 청문회 직후, 예상 질문과 답변을 정리한 「세월호 특별조사위원회 청문회 자료」라는 대외비 문건에 따라 증인들이 조직적으로 사전모의한 정황이 드러나기도 했다 (서어리, 2015.12.22).

뻔한 거짓말들: 재차 확인되거나 새롭게 드러난 쟁점들

(1) P123정은 자신들이 가장 먼저 구조한 자들이 선장과 선원임을 전혀 몰랐다고 한다. 심지어 이들과 어떠한 대화도 나누지 않았고 따라서 이들이 누군지 확인조차 하지 않았다고 한다. 그러나 이는 뻔한 거짓말이다. ① 선장과 선원 일부는 세월호의 조타실에서 나왔으며, ② 구조된 선원 14명 중 9명이 구조 당시 자신이 선원임을 밝혔다고 검찰에서 진술했고, ③ 당일 오전 10시 6분경 P123정이 세월호에 다시 접안하여 구조작업을 할 때 구조된 선원이 참여했고, ④ 구조된 선원 김영호는 검찰수사에서 P123정장 김경일에게 자신이 세월호에 구조하러 가자고 이야기했다고 진술했으며, ⑤ 구조된 선원 중 일부는 P123정 조타실에 있었다고 진술했고, ⑥ 구조된 선원 14명 중 9명이

구조 당시 작업복을 입고 있었고, ⑦ 참사 당일 10시 50분경, 구조되어 P123정에 있었던 사람 52명 중 47명을 전남 707행정선에 인계하고 5명을 남겼는데 이 5명이 모두 선원이었으며, ⑧ 참사 당일 10시 28분경, 구조된 선원 김영호는 P123정장 김경일에게 휴대폰을 빌려 자신의 집과 통화했고, ⑨ P123정장 김경일이 TRS로 세월호의 상황을 보고하면서 누군가에게 들었다는 식으로 보고했는데, 당시 세월호와 전혀 교신을 한 적이 없는 P123정 정장이 세월호의 상황을 파악할 수 있는 길은 구조된 사람들로부터 전해 듣는 것뿐이었고, 그 시간에 구조된 사람들은 선장과 선원들뿐이었다.

(2) 참사 직후 잠수사 500여 명을 투입해 수색하고 있다고 했으나 실제로는 누적인원 20~80여 명이 전부였다. 이에 대해 김석균 전 해경청장은 '투입'은 '동원'의 의미였고, 보조인력과 대기인력까지 포함하는 의미였다고 강변했다. 그리고 유가족과 국민들에게 대대적인 구조와 수색을 하고 있다고 믿게 만들었던 데 대해서는 단 한마디의 사과도 없었다.

(3) CN-235 등 고정익 2대는 가지고 있던 구명벌을 투하하지도 않고 세월호는 물론 해상의 구조세력들과도 교신하지 않는 등 구조작업에 전혀 참여하지 않았다. 이 고정익들은 누구의 지시로 움직였고 어떠한 역할을 했는지 전혀 알려진 바가 없다. 이에 대해 김석균 전 해양경찰청장과 이춘재 전 해양경찰청 경비안전국장은 잘 모르겠다거나 기억에 없다고만 진술했다. 운항일지만 확인해도 파악할 수 있는 것을 모르겠다고 하는 이유는 무엇일까?

(4) 참사 당일 오전 9시17분, 구조인력을 태우고 현장으로 가던 헬기 502호는 누군가의 지시를 받고 서해지방경찰청장을 태우기 위해 기수를 돌렸다. 누가 지시한 것이냐는 질문에 대해 김수현 서해청장은

자신은 그런 지시를 한 적이 없으며, 누가 지시한 것인지는 확인해보지 않았다고 답변했다. '모른다'가 아니라 '확인한 적이 없다'는 것은 무슨 의미일까?

(5) 대통령이 현장을 처음 방문했던 2014년 4월 17일 오후 1시부터 8시 사이에 구조와 수색을 위한 잠수를 전혀 실시하지 않은 이유에 대해 김석균 전 해양경찰청장은 당일 파고가 높은 등(3~5미터) 기상 상황이 안 좋아서 잠수를 하지 않았다고 진술했다. 그러나 당시 현장의 기상은 잠수하는 데 아무런 문제가 없었으며 파고 역시 0.5~1미터에 불과했다. 객관적인 데이터와 현장에 있던 민간 잠수사, 유가족의 증언이 있는데도 거짓 기상상황과 파고를 앞세우는 이유는 무엇일까?

(6) 해경 등이 작성해 유관 기관에 배포한 상황보고는 사실과 다르거나 부정확한 내용을 담고 있었다. 예를 들면, 참사 당일 11시 34분에 전파된 서해청 상황보고서 2보에는 "11:24 목포 122구조대 4명 여객선 투입"이라고 적혀 있었고, 오후 6시 8분에 전파된 5보에는 "11:24 목포 122구조대 4명, 여객선 진입수색 차 1차시도"라고 쓰여 있었다. 그러나 11시 24분에는 목포 122구조대가 어선을 타고 현장으로 이동 중이었고, 실제로 세월호에 대한 진입시도가 있었던 것은 참사 당일 오후 1시였다. 또한 2014년 4월 17일 07시 국방부 상황보고서에는 4월 16일 09시 04분의 조치 사항으로 '3함대 가용 함정, 항공기 현장 투입, 구조 작전 수행'이라고 되어있데, 실제로 해군이 한 일은 하잠색(가이드라인)을 설치한 것뿐이며 투입된 항공기와 함정의 경우 구조작업에 임한 적이 전혀 없었다.

이에 대해 증인들은 각종 상황보고를 자신들이 직접 만드는 것도 아니고 그 내용을 일일이 확인하는 것도 아니기에 어떤 연유에서 이러한 상황보고들이 만들어졌는지 모르며, 단지 긴급한 상황에서 여러 정보들을 취합하다 보니 이런 오류가 있었을 것이라는 취지로 답변했다. 잘못된 상황전파가 구조에 얼마나 악영향을 끼쳤는지에 대해 일말의 반성도 없이 내 소관이 아니라는 무책임한 모습뿐이었다.

(7) P123정 정장을 비롯한 해경들이 구조작업에 전념해야 할 상황에서 데이터 통신을 한 것, 서해청 상황담당관과 이춘재 당시 해경 경비안전국장이 항공구조사들이 세월호에 내려가 있는 그림이 나와야 한다는 취지의 대화를 나누었다는 점, 구조하는 사진을 찍기 위해 물에 들어갔다 나오라고 했다는 생존 화물기사 전병삼의 진술, 청와대의 영상 요구(다른 것들은 하지 말고 영상부터 보내라는 명령 등)가 있었다는 점 등을 비추어볼 때 청와대 등의 잦은 보고 및 영상 요구가 오히려 구조를 방해한 것은 아닌가 하는 질문이 나왔다. 이에 대해 김석균 전 해양경찰청장 등은 그동안 회피와 모르쇠로 일관하던 태도를 바꿔 매우 적극적으로 이러한 보고, 영상요구가 구조를 전혀 방해하지 않았다고 목소리를 높였다. 하지만 스스로 탈출한 승객들을 건져 올린 것 외에 단 한 명도 구조하지 못했으면서도 청와대 등의 잦은 보고, 영상 요구가 구조를 방해하지 않았다고 자신 있게 강변하는 것을 도대체 어떻게 이해하라는 말인가? 법원은 P123정장 김경일에 대한 재판에서 잦은 보고 요구 등이 구조에 방해가 되었을 것이라는 점을 인정해 형량을 조정한 바가 있다.

(8) 해경이 작성해 검찰과 감사원에 제출했던 공용무선망(TRS) 녹취록이 3개의 버전으로 존재하며, 일부 녹취록에서는 해경에게 불리할 수 있는 대화(예를 들어 참사 당일 9시 27분경 현장에 출동한 헬기가 승객들 대부분이 선내에 있다고 했던 부분 등)가 실제로는 잘 들림에도 불구하고 잘 들리지 않아 기재할 수 없다는 식으로 되어 있는 등 조작을 의심할 만한 문제에 대해 증인들은 TRS 녹취록의 작성주체나 배경에 대해서는 알

지 못한다고 진술했다.

(9) P123정장 김경일은 2014년 4월 28일 기자회견에서 퇴선명령을 했고, 창문을 깨는 등 구조를 위해 할 수 있는 일들은 다 했다고 주장했다. 그러나 이후 검찰수사를 통해 이러한 내용은 모두 거짓이었으며, '위'의 지시에 의해 기자회견을 했다는 사실이 밝혀졌다. 하지만 정작 그 '위'가 누군지는 밝히지 못했다. 이에 대해 이번 청문회에서 김석균 전 해양경찰청장이 자신이 기자회견을 지시했다고 진술하면서도 정작 기자회견의 내용은 몰랐다는 터무니없는 진술을 했다. 또한 이 기자회견과 관련이 있는 것으로 보이는 해경의 「초동조치 및 수색구조 쟁점」이라는 비밀 문건의 작성자 등에 대해서도 모르며, 확인도 하지 않았다고 진술했다. 김석균 전 해경청장은 2014년 7월 국회 국정조사에서 이 비밀문건의 내용과 일치하는 거짓증언을 한 바가 있다.

청문회 및 특조위의 한계와 과제

이번 청문회는 거의 모든 증인들이 모르쇠와 책임회피로 일관함으로써 지켜보는 국민들로 하여금 짜증과 피로를 느끼게 했다. 청문회를 파행으로 이끌려는 조직적인 시도가 아닌가 싶을 정도였다. 이러한 문제는 근본적으로 '조사권'밖에 가지지 못한 특별조사위원회의 태생적 한계 때문이었다. 처음 가족들과 국민들이 강력하게 요구했던 '수사권'과 '기소권'이 있었다면 증인들이 특조위를 이토록 우습게 볼 수 없었을 것이 분명하다. '조사권'의 한계는 앞으로 특조위는 물론 참사의 진상규명과 책임자 처벌, 안전한 나라 건설을 향한 모든 과정에서 어떻게든 보완하고 대비해야 할 문제다. 따라서 청문회 이후의 대응과 조치가 매우 중요하다.

우선 앞에서 열거한 "재확인되거나 새롭게 드러난 쟁점"들에 대한 추가조사는 물론 이미 확연해진 불법행위들에 대해서는 검찰 고발 또는 특검 등의 수단을 최대한 활용해 법의 심판을 받도록 조치해야 한다. 특별법에 따르면 특조위는 검찰 고발은 물론 두 번의 특검을 국회에 요청할 수 있다.

그리고 첫 청문회를 통해 여러 한계가 있음에도 불구하고 매우 의미 있는 조사방법이라는 것을 알 수 있었다. 따라서 특별법에 횟수 제한 없이 할 수 있도록 규정한 청문회를 조속히 준비해 개최해야 한다. 증인들로 하여금 구조방기의 법적 책임을 자인하게는 못하더라도 최소한 왜 저토록 조직적인 거짓과 은폐로 일관하는지는 충분히 드러낼 수 있으니 말이다.

마지막으로, 정부 여당 및 여당 추천 위원들의 특조위 활동 방해, 무력화 시도 또는 음모의 전모를 밝혀야 한다.

참사 직후 해경은 「초동조치 및 수색구조 쟁점」이라는 비밀문건을 통해 사실 은폐와 조작을 꾀했다. 그러더니 지난 11월에는 해수부가 작성한 「세월호 특조위 관련 현안대응 방안」이라는 문건의 지시에 따라 여당 추천 위원들이 기자회견 등의 집단행동(특별법, 공무원법 위반)과 사퇴를 하는 일이 벌어졌다. 또한 청문회를 앞두고 주요 증인들이 답변을 짜 맞추며 거짓증언과 은폐를 시도했던 정황이 「세월호 특별조사위원회 청문회 자료」라는 문건을 통해 드러났다. 여당은 이미 현재의 특조위를 해체하고 대통령, 여야, 대법원만 위원들을 추천해 어용 특조위를 만들려는 특별법 개정안을 발의한 상황이기도 하다.

정부 여당의 태도는 아무리 좋게 보려고 해도 이해할 수 없다. 정부가 참사의 법적인 책임을 져야 한다는 현실에 대한 두려움만으로는 도저히 설명할 수 없는 과도한 대응이다. 무언가를 감추려는 의도가 아닌 이상 왜 이토록 조직적으로 방해하려고만 할까? 어쩌면 이를 밝히는 것이 세월호 참사의 진실을 규명하기 위한 핵심일지도 모른다.

결론

세월호 참사는 흔히들 한국전쟁 이후 가장 큰 충격을 준 사건으로 이야기하고 있다. 그 이유는 많은 사람이 희생되어서만은 아닐 것이다. 아마 충분히 막을 수 있었던, 아니 완전히 막을 수는 없었더라도 사고로 그칠 수 있었던 일이 참사로 끝났고 이 과정을 전 국민이 무력하게 지켜만 봐야 했기 때문일 것이다. 사회에 큰 충격을 준만큼 세월호 참사를 계기로 여러 가지 성찰이 있었고, 사회를 바꾸기 위한 많은 고민들과 시도들이 있었다. 그중 핵심적인 것이 바로 세월호 참사의 진상을 규명하기 위한 특조위의 건설이었다. 그러나 애초 정부와 대통령이 했던 말들과는 달리 특조위의 건설 및 운영과정은 쉬운 일이 하나도 없었다. 특별법과 시행령을 제정하는 과정, 예산과 인력을 확보하는 과정 등에서 끊임없이 정부와 여당은 특조위의 발목을 잡았다. 과연 그 이유가 무엇일까? 혹자는 이를 두고 '감추는 자가 범인이다'라고 말하기도 한다. 하여튼 이러한 정부와 여당의 방해로 말미암아 특조위는 제대로 가동되지 못하고 이제 곧 수명을 다하게 생겼다. 특조위를 통해 참사의 진상을 규명하고, 보다 안전한 사회를 만들겠다는 우리 사회의 열망 역시도 무력하게 무너질 수도 있다. 아직은 정의보나는 부정의가 더 강하다고 볼 수 있는 장면이다.

그러나 한편으론 지속적인 방해에도 불구하고 특별법의 제정 과정과 이후 특조위의 건립과정이 지속되었던 것도 사실이다. 정부와 여당 등이 지속적으로 방해했지만 국민들은 세월호 참사에 대한 진상규명, 그리고 그것을 통한 안전사회 건설이라는 열망을 강하게 가지고 있었다. 그 열망은 정부와 여당 등의 방해를 일정 정도 넘어섰던 것이다. 이러한 열망은 잠시 일상생활을 꾸려나가는 번잡함에 묻힐 수 있을 것이나 없어질 수는 없다고 생각된다. 각자도생에만 열중했던 일상생활이 만들어냈던 구멍들이 세월호 참사를 일어나게 했던 것처럼 그 구멍들이 우리의 일상생활을 오히려 불안하게 만든다는 것을 이제는 알고 있기 때문이다. 안전하고 행복하게 살고 싶다는 열망이 우리 사회를 건전한 방향으로 이끌 가능성은 충분하다. 우리는 이 가능성에 기대어 새로운 사회로의 여정을 다시 한 번 시작해야 할 것이다.

10 김기석

유가족은 왜 활동가가 되었나
한국 민주주의를 비추는 희망의 등불

세월호 유가족의 극적인 변화

2015년 4월 16일 세월호 유가족들은 세월호 참사 1주년을 맞이하여 서울광장에서 시민 약 1만여 명(경찰 추산)이 참가한 '416 약속의 밤' 행사를 치르면서 광화문 거리에서 경찰과 여러 차례 충돌했고 이후 청와대로 행진하는 등 격렬한 시위를 벌였다(≪동아일보≫, 2015.4.17). 그 과정에서 100여 명이 넘는 연행자와 부상자가 발생했고 세월호 참사 국민대책회의 소속의 활동가 두 명이 집회를 주도했다는 혐의로 구속되어 재판을 받는 등 매우 적극적인 대정부 시위를 전개했다.

아마 참사 후 1년여 동안 활동을 지속하면서 여러 가지 모습을 보였던 당시에는 그다지 새로울 것도 없는 모습이었을지 모른다. 그러나 1년 전 참사가 발생하기 이전의 유가족 모습과 비교한다면 놀랍게 변화된 것이다. 세월호 유가족은 정치적인 이슈에는 거의 관심이 없는 평범한 보통 시민에서 진상규명과 안전사회 건설을 부르짖으며 적극적으로 사회적 행동을 하는 깨어 있는 시민으로 거듭난 것이다. 애초 유가족들은 아무런 준비도 되어 있지 않았다. 유가족의 이야기를 묶어 펴낸 『금요일엔 돌아오렴』에 등장하는 열두 가족은 어떤 의미에서 참사 후 가장 적극적으로 사회적 활동에 참여하는 가족들인데, 그들 중 어떤 가족도 참사 이전에는 정치에 관심이 있지 않았다.

하지만 유가족은 참사 직후부터 구조 요구가 받아들여지지 않은 상태에서 대규모 희생자를 낸 데다가 참사 발생 4일 후 해경과 정부당국에 대한 구조작업 요구를 대통령에게 직접 하기 위해 팽목항에서 청와대로 행진한 순간 냉엄한 한국정치의 현실에 직면했다. 경찰은 삼엄한 경비를 할 뿐 아니라 유가족의 행진을 방해하고 심지어 강제로 돌려보내기까지 했다. 이것은 시작에 불과했다. 시간이 가면서 정부는 점차 세월호 유가족들을 비우호적이고 감시할 대상이나 불온한 세력처럼 대하기 시작했다.

그런 분위기에서도 유가족은 오랜 시간이 지나지 않아 활동의 목표와 방향성 및 방법을 설정하고 시민사회 및 시민들과 연대를 맺기 시작했으며 다양한 유형의 호소문 및 성명서 발표, 서명운동, 촛불시위, 가두시위, 밤샘 농성, 장거리 행진, 북콘서트, 장기 집단단식, 입법청원, 법적 소송 등 동원할 수 있는 대부분의 수단을 통해 진실규명과 안전사회 건설이라는 목표를 위해 '행동'했다. 시민과 소통하기 위해 홈페이지를 개설하거나 생생함을 더하기 위해 인터넷 TV 방송국을 개설하여 활동 내용을 동영상으로 전달하는 등 진상규명 활동을 활발히 펼치고 있다.

사실 세월호 참사 이후 유가족의 이야기를 다룬 글들은 그들의 아픔과 고뇌, 그리고 잃어버린 자식에 대한 그리움 등을 중심으로 스토리를 전개하는 것이 보편적이었다(416 세월호 참사 시민기록위원회 작가기록단, 2015 참조). 그것은 평범한 시민이라면 누구에게나 자연스러운 심리적 반응일 수도 있다. 하지만 현시점에서 유가족들은 대부분 더 이상 그런 평범한 시민으로 남아 있지 않다. 오히려 진상규명과 안전사회 건설을 지향한 적극적 활동을 전개하면서 점차 한국 사회에서 가장 선두에 있는 사회활동가로 변모해가고 있다. 왜 그런가? 무엇 때문에, 그리고 어떤 요인들이 그들을 정치에 무관심한 평범한 시민에서 가장 활발한 활동가로 변모시키고 있는가? 그들은 어떻게 비교적 빠른 시일 내에 정치사회적 문제의식을 가지게 되었고, 활동의 목표를 결정하며 단결 내지 조직화하면서 행동으로 나설 수 있게 되었는가? 그들은 어떤 변화의 과정을 거쳐 현재의 모습으로 변모했으며 어디를 향해 가는가?

이 글은 이런 질문들에 대한 해답을 모색하되 유가족들의 변화를 위기에 처한 한국 민주주의를 비추는 희망의 등불, 즉 시민의식의 잠재력을 보여주는 지표로서 한국의 정치적 지형 및 메커니즘과 연계하여 분석한다. 전체적으로 세월호로 희생된 학생과 시민의 숫자가 304명이고 이들을 4인 가족 기준으로 추산하면 세월호 유가족은 약 1000여 명 정도인 것으로 생각된다. 유가족들은 대부분 평범한 시민이었으며 정치나 사회적 문제에는 관심을 가지지 않았다. 그랬던 유가족들이 팽목항에서 적극적으로 구조 활동을 요구하고, 진상규명과 책임자 처벌, 안전사회 건설, 특별법 제정, 시행령 철폐 등 점차 다양하고 적극적인 형태로 활동범위를 확대시켜나갔다. 이 글에서는 그러한 변화를 추동한 요인들, 그중에서도 특히 한국 정치의 문제 및 정치과정의 상호작용을 중심으로 분석하려고 한다.

이 짧은 글에 지난 1년 반여의 기간에 진행된 세월호 유가족 및 시민사회의 활동 내용과 움직임을 다 담을 수는 없다. 따라서 이 글은 사건 초기 유가족들이 대한민국의 정치적 현실과 조우하면서 정치의식을 획득하고 활동의 목표와 방향성 및 방법 등을 정립하며 활동의 효과적 수행과 목표달성을 위해 자신들을 조직화해나가는 과정 등에 초점을 맞춘다. 이는 한 달 정도의 기간이었던 것으로 생각되며, 사건의 규모나 사회적 파장, 그리고 그에 대한 정부의 대응방식과 방향성 등을 감안한다면 놀라울 정도로 빠른 진화였다. 유가족의 이 같은 변화를 이끌었던 요인들을 찾아본다.

이들의 정치화 과정을 관찰하면서 한국 민주주의의 장래에 대해 희망적 전망을 하는 것은 정치의식과 경험이 거의 없는 평범한 시민들이 가족, 특히 자식의 집단적 죽음이라는 극단적 상황에서 보여준 성숙한 민주적 시민의식에 토대를 둔 의제설정능력, 공감능력, 단결력, 조직력, 자제력, 행동력 등 덕분이다. 그 구체적 양상 속에서 이러한 일들을 가능하게 한 요인은 무엇인가라는 의문에 분석의 토대를 두며 유가족의 행동 양식 및 변모 과정을 통해 점차 위기에 처하고 있는 한국 민주주의의 시민적 잠재력을 탐색해본다. 결국 유가족의 의식 및 행동이 변해가는 과정과 활동 양상 속에는 민주사회의 뿌리인 시민의식과 행동력이 내재해 있다. 이를 통해 한국 사회 또는 한국시민들은 여전히 민주주의를 발전시켜나갈 큰 잠재력이 있다고 판단할 수 있다.

이 글을 작성하고 있는 2015년 10월 현재 세월호 유가족들은 세월호 특별법의 대통령령 무효화 투쟁을 벌이면서 그중 일부가 정부의 배상·보상 제안을 거부하고 민사소송을 제기한 상태다. 진상규명과 안전사회를 위해 유가족과 시민사회의 노력으로 겨우 만든 세월호진상조사특별위원회는 정부의 비우호적 태도와 여당의 방해로 사실상 정식 출범조차 못하다가 조금씩 기지개를 켜면서 특별조사활동을 시작하고 있다. 9월에 시작된 세월호 인양작업은 인양을 위한 준비작업을 진행 중이며, 유가족은 그에 대한 감시활동을 펼치고 있다.

그런 가운데 세월호에 대한 시민들의 관심은 참사 이후에도 계속 벌어지고 있는 정치사회적 의제들과 사건 사고 때문에 점차 약해지고 있다. 이는 정부와 보수언론, 일부 시민들의 적대적인 시각과 얽히면서 한층 가속화되는 느낌이다. 이 글은 세월호 참사는 여전히 진행 중이며 비록 권력에 의해 지연되고는 있지만 진상규명과 책임자 처벌, 안전사회 건설을 위한 노력을 계속해야 한다는 문제의식을 바탕으로 세월호 유가족들의 활동 내용과 그것이 가지는 정치사회적 의미를 탐색하는 작은 시도다.

유가족의 변화 과정 소묘

세월호 유가족의 의식 및 행동이 변화된 요인을 정치학적 관점에서 찾아보기 위해서는 우선 그들의 변화 과정과 양상 자체를 이해할 필요가 있다. 수학여행 떠난 아이들이 생존에 대한 절절한 열망에도 불구하고 졸지에 무참하게 희생된 이후 한국 사회는 엄청난 충격과 후유증에 시달리게 되었지만 그 중심에는 결국 유가족이 있을 수밖에 없었다. 진도 체육관, 팽목항, 안산 분향소는 물론 시청 및 광화문 분향소 등을 중심으로 펼쳐진 유가족의 추모 및 진상규명 활동은 참사 후 1년 반쯤 경과한 현시점까지 방대하고 다양하게 진행되고 있다.

지난 1년 반 동안 진행된 세월호 사태는 크게 다음의 세 단계로 정리된다. 사건 발생부터 구조 활동의 문제점 및 진상규명 요구단계, 특별법 제정 요구단계, 정부시행령 거부 투쟁단계, 세월호 인양 감시 활동 등이다. 물론 이 활동들은 서로 중첩되기도 하고 시차를 두고 진행되기도 한다. 그사이 경우에 따라 국가의 당연한 절차로서 또는 유가족 및 사회적 압력 때문에 공적인 진상규명 활동이 이루어졌는데 크게 세 가지였다. 첫 번째는 검찰수사 및 관련자들의 기소, 그리고 재판 과정이고 두 번째는 감사원의 감사이며 세 번째는 국회의 국정조사 및 국정감사 활동이다. 유가족이 점차 진상규명 활동에 직접 나서게 된 가장 중요한 요인은 이러한 공적 활동들이 만족할 만한 결과를 창출해 내지 못했기 때문이며, 그것은 현재까지도 크게 나아지지 못하고 있는 실정이다.

유가족 활동의 개요

사건 초기 세월호 안에 갇힌 가족들을 구하기 위한 빠른 구조 요구로 시작된 유가족들의 활동은 시간이 흐르면서 실종자 수색요구로, 나아가 진상규명과 책임자 처벌, 특별법 제정, 특별조사위원회 조직, 정부의 시행령 철폐 등으로 진화해갔다. 하지만 청와대, 해양수산부, 안전행정부, 해양경찰 등을 비롯한 정부의 진상조사 및 책임규명에 대한 미온적이고 불성실한 태도, 여당의 소극적 태도와 때로는 방해로 인한 국회 국정조사 활동의 미진함, 검찰의 축소 지향적인 수사 등에 대한 불만과 함께 시민사회의 전문가 및 운동가들과 연대를 형성하면서 조직화가 진행되고 나아가 진상규명을 위한 강력한 특별법 제정 요구로 진화했다.

그런 활동을 하면서 유가족들은 점차 박근혜 정부가 성실하고 진지하게 자신들의 요구에 응답하지 않고 있음을 절감한다. 사고 5일 후 팽목항에서 일부 유가족의 청와대 행진 시도가 당시 정홍원 국무총리 및 경찰의 저지로 좌절된 것이 계기였으며 이후 유가족은 지속적으로 구조 및 수색, 그리고 진상조사를 위한 요구를 한다. 하지만 그런 시도가 번번이 좌절되자 점차 시민사회단체 및 일반 시민들과의 연합과 소통을 통해 정부에 압박을 가하고 필요할 경우 직접 행동에 나서는 방식으로 진화했다.

세월호 참사와 관련한 유가족의 요구사항은 두 가지다. 하나는 진상규명이고 다른 하나는 안전사회 건설이다. 특히 가족들에 대한 구조 및 실종자 수색작업이 지지부진한 가운데 정부가 구조 활동이나 수색작업의 진전과 관련해 여러 차례 사실과 다른 발표를 했음이 알려지면서 유가족들은 정부에 대한 진상규명 요구와 병행해 스스로 진상규명 활동에 직접 나선다. 정부의 활동을 신뢰하지 않았기 때문이다.

이처럼 진상규명 문제는 정부와 유가족이 충돌하는 핵심 원인이다. 정부는 검찰 수사와 감사원 감사, 그리고 재판 과정에서 밝혀진 기본 주장, 즉 불법 증축과 과적, 조타수의 조타 미숙, 선적물의 불량 고박으로 인한 복원성 상실 등을 침몰 원인으로 규정했다. 여기에 구조에 실패한 해경의 무능, 해수부와 해경, 그리고 구조사인 언딘의 유착 관계, 세월호 선사인 청해진해운과 그 실질적 사주인 유병언 및 구원파의 부패 등을 구조적 원인으로 지목했다.

하지만 검찰수사와 재판 과정, 국회, 감사원 등의 활동을 통한 공적 진상규명 내용은 유가족을 설득시키지 못했다. 수많은 의혹이 제기되었고 해양수산부를 비롯한 정부는 진실을 숨기거나 혹은 왜곡하는 듯한 태도를 계속 보임으로써 그 의혹들을 제대로 해소할 수 없었다. 따라서 세월호 유가족의 공식 활동은 제기된 의혹들에 대한 진상규명 활동에 직접 나서는 것부디 시작되었다. 그늘은 없어진 VTS 항적을 직접 복원했고 뒤늦게나마 수거된 가족들의 핸드폰 등에 담긴 영상을 조직적으로 복원했다.

유가족과 550만 국민은 진상규명과 책임자 처벌, 그리고 안전사회를 건설하는 토대를 구축하는 것을 목표로 '4·16 세월호 참사 진실 규명 및 안전사회 건설 등을 위한 특별법'(이하 '세월호 특별법')의 제정을 촉구하는 서명을 진행했다(주제준, 2014). 아울러 7월 14일부터는 유가족 대표단 15명이 '제대로 된 특별법 제정을 위한 단식농성'에 돌입하여 김영호 씨가 8월 21일까지 무려 40여 일이나 단식을 지속함으로써 커다란 사회적 반향을 불러일으켰다.

조직화

참사 이후 유가족들은 진상규명을 비롯한 활동의 활성화를 위해 다양한 사회집단들과 연대하고 활동을 조직화했다. 이들 조직은 유가족을 중심으로 한 모임, 사회단체들과의 연대모임, 사회단체는 물론 시민들의 직접 가입을 지향한 포괄적 형태의 상설모임 등 세 가지 형태를 취하고 있다. 이들은 유가족의 활동이 더욱 힘 있게 전개되고 제한적이나마 실질적 성과를 낼 수 있게 하는 원동력이 되었다.

사건 직후 유가족들은 대책위원회를 꾸려 활동했지만 그것이 언제 공식 출범했는지는 사실 명확하지 않다. 일단 공식적으로는 5월 7일에 발표된 대국민 선언문에 처음으로 '세월호 참사 희생자·실종자·생존자 가족 대책위원회'라는 명칭이 등장한다. 그리고 이후 '일반인 희생자 유가족 대책위원회'로 분화된 상태로 상호 협력하면서 활동을 지속했다. 진상규명 활동이 지지부진하자 2015년 1월 25일에는 세월호 참사 희생자·실종자·생존자 가족 대책위원회를 중심으로 (사단법인) '4·16 세월호 참사 진상규명 및 안전사회 건설을 위한 피해자 가족협의회'(이하 '416 가족협의회')가 조직되었다. 이 조직은 전국은 물론 해외에서까지 지지단체가 구성되어 가족협의회 홈페이지에 따르면 지지단체가 전국적으로 93개, 그리고 해외지역에 28개가 공식적으로 조직되어 활동한다고 한다(http://416family.org/shout/416network 참조).

세월호 참사에 대한 국민적 공분과 진상규명에 대한 사회적 요구가 비등하던 5월 22일 세월호 유가족 단체와 전국의 800여 개 시민사회단체들이 연대하여 세월호 참사 대응 범시민사회단체 연대기구로서 '세월호 참사 국민대책회의'를 발족했다. 이 조직은 실종자 수색구조 촉구 및 진도 팽목항에서 방문자 안내, 세월호 참사 진상조사 및 이를 위한 특별법 제정, 국민 1000만 명 서명운동, 존엄과 안전에 대한 인권선언 등을 추진하기로 하면서 출범과 함께 청계광장에서 대규모 촛불집회를 개최하는 등 세월호 운동의 중심체로 등장했다. 국민대책회의는 고문단, 공동의장단, 참가단체 및 지역 대표자로 구성된 최고의결기구로서 대표자회의, 운영위원회(참가 단체 집행책임자 + 지역 집행책임자로 구성, 다수의 공동운영위원장을 둠. 각 단위 집행책임자가 참여하는 일상적 논의, 집행기구)를 비롯해 진상규명 국민참여위원회, 존엄과 안전위원회, 시민행동위원회, 대외협력위원회, 언론 정상화위원회. 범국민서명운동위원회 등 각종 위원회를 두었다(http://sewolho416.org/참조).

참사 1주년이 지나면서도 박근혜 정부가 시행령을 통해 세월호조사특별위원회의 활동을 방해하는 상황이 이어지자 2015년 6월 28일 세월호 유가족과 국민대책회의, 자발적 지역모임과 개인들이 합류하여 '4월 16일의 약속 국민연대'(약칭 '4·16 연대')를 출범시켰다. 이 단체는 4·16 참사에 대응한 '통합적 상설단체'로 구성되었다. 유가족과 통합적으로 운영하여 빠른 소통과 정보 공유가 이루어지게 하고, 상설적인 논의 및 집행을 원활하게 함으로써 4·16 참사에 대한 진실을 밝히고 안전한 인양 실현을 위해 노력한다는 것이다. 또 4·16 연대는 새로운 시민운동으로서 다중심성, 자발성, 확장성, 수평적 전국·해외 네트워크를 지향한다. 즉, 세월호 참사의 실종자, 희생자, 생존자 가족의

그림 10-1   4·16 연대 조직 구성도

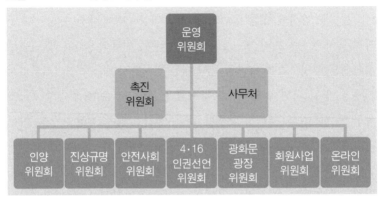

자료: 4·16 연대 홈페이지.

요구인 실종자 완전 수습, 세월호의 온전한 인양과 진상규명, 피해자에 대한 책임 있는 지원을 실현하는 것을 목표로 한다. 나아가 4·16 참사 이후 사회가 달라져야 한다는 국민적 요구를 범국민운동으로 발전시켜 국민의 안전, 존엄과 권리, 인권이 보장되도록 하며 침몰한 대한민국의 최종 책임을 묻고 그 근본적 문제가 해결되도록 노력한다는 것이다. 4·16 연대는 단체 간 연대 기구가 아니라 시민회원 가입을 기반으로 한 '단일한 사회단체'다. 이러한 점에서 국민연대와 구별되며 지역 및 풀뿌리 간 수평적 교류·연결(네트워크)을 지향한다(http://416act. net 참조).

이처럼 세월호 유가족이 중심이 되고 다양한 시민사회단체들과 연합한 세월호 관련 조직들은 상황과 여건에 맞추어 다양한 형태의 조직적 변화를 시도했으며 이는 비우호적인 정부와 여당의 대응에도 불구하고 세월호 진상규명을 위한 특별법 제정, 특별조사위원회 구성 같은 중요한 성과를 이루는 데 핵심적인 역할을 했다.

활동의 방향성 설정 및 활동 방식의 진화

사건 초기 유가족 대책위의 활동은 대체적으로 성명서 또는 호소문을 발표해 정부에 구조 및 진상규명을 호소하고 국민들의 협조를 구하는 방식이 주였다. 사건 발생 3일 후인 4월 18일 학부모 명의로 「대국민 호소문」을 발표했다. 이 호소문은 학부모들의 간절한 요구에도 불구하고 현장의 구조 활동이 지지부진한 데다 재난본부에서 대규모 구조 활동이 벌어지고 있는 것처럼 '거짓말'했다는 것을 지적한다(유성애·이희훈, 2015.4.18). 말하자면 최초 성명서부터 정부의 구조 활동에 문제가 있었으며 발표도 거짓말이므로 국민들에게 직접 호소한다는 의도를 담은 것이다.

약 열흘 뒤인 4월 29일 세월호 유가족은 유가족대표위원회 명의로 공식 기자회견을 열었다. 그 형식은 기자회견문이고 제목도 없어 정식 성명서 모양새도 아니었지만 상당한 의식 변화를 내보인다. '정확한 사고경위와 진상규명을 공식적으로 정부에게 요청한다'면서 '정부의 태만하고 기만적인 구조체계', '학부모들에게 어떠한 지원이나 대안을 제시하지 않은 정부와 관련기관에게 책임을 물어야' 같은 향후 활동의 방향성을 암시하는 표현들이 등장한다. 또 당시 다양한 방식으로 진행되고 있던 성금 모금의 중지를 요청하면서 설사 전액을 장학금으로 기탁하기로 하는 등 사적인 이해관계를 떠나 공적인 대응을 하겠다는 의지를 내보인다(세월호 유가족 대표 기자회견문, 2014.4.29).

9일 뒤인 5월 7일 발표된 호소문은 다시 한 번 의미심장한 진전을 보인다. 이는 '세월호사고 희생자·실종자·생존자 가족 대책위원회'라는 공식단체 명의로 발표되었을 뿐 아니라 정부와 국민에게 실종자 구조를 위해 노력할 것을 촉구하면서도 '만약 검찰의 수사가 미진하거나 의혹이 있다고 판단되면 지체 없이 가능한 모든 방법을 동원하여 직접 철저한 진상규명에 나설 것'임을 두 차례나 밝힌다. 또 '저희의 목표는 안전한 나라를 만드는 것'이라고 명백히 밝히는 등 활동의 목표와 방향성 등에서 크게 진화된 모습을 보인다.

참사 한 달째인 5월 16일 발표된 성명서에는 세월호 진상규명 활동의 목적, 방향성, 방법 등 중요 내용 대부분이 정리되어 있다. 여덟 개 항에 이르는 진상규명 내용과 방법의 정리, 대통령, 국회, 언론, 시민단체 및 국민에 대한 호소 등이 담겨 있으며 진상규명을 위한 천만인 서명운동, 특별법 제정 등 이후 세월호 진상규명 활동의 핵심이 되는 기본 아이디어들이 대부분 제시되었다. 또한 "저희는 인간의 존엄성이 존중되고 모든 사람의 안전이 보장되는 나라를 만들고 싶다"고 밝힘으로써 활동의 이상과 방향성까지 명백히 정해졌음을 보인다.

그런 표현은 대통령이 대국민 사과를 겸하여 철저한 진상규명, 해경해체 및 국가안전처 신설 등을 골자로 하는 대국민 성명을 눈물과 함께 방송한 5월 19일 오후 발표된 호소문에서도 반복된다. 여기서는 대통령 성명에 당시까지 남아 있던 17명의 실종자를 언급하지 않은 데 유감을 표하고 전날 청와대에서 있었던 대통령과의 면담에서 요구한 6개 사항[1]을 언급했는데 세 번째 성명서에 제시한 진상규명을 위한 8개 요구사항을 축약한 것이었다. 그 6개 항은 대통령에 대한 성역 없

---

1 ① 특별법 제정을 통한 진상규명에 있어서 피해자 가족의 필수적 참여, ② 대통령, 정부기관, 교육기관, 언론 등을 포함한 성역 없는 조사대상, ③ 청와대 보고 및 지시를 포함한 모든 관련 정보의 투명한 공개, ④ 충분한 조사권한과 기간, 전문성 등이 보장되는 독립된 진상조사기구 설치, ⑤ 피해자 가족들에 대한 지원, 지역사회 치유 등을 포함하여 가족들이 처한 문제에 대한 포괄적 대책, ⑥ 형사절차, 감사원 감사, 국정조사, 특별검사 등 각 절차에서 수집되는 정보에 대한 접근의 보장 등이다.

는 조사 같은 이상적 내용들을 담고 있어 현실감은 부족하지만 어떻든 참사 후 약 한 달여 만에 활동의 목표의식과 방향성 및 방법까지도 정립했음은 확인이 가능하다.

이런 유가족의 의식변화 뒤에는 정부에 대한 불신과 함께 대통령에 대한 감상적 기대와 그 포기 과정도 있었다. 참사 이후 유가족은 정부기관들의 진실 호도와 무능, 그리고 불성실한 태도 등을 대통령이라면 해결해주리라는 기대를 가지게 되었다. 그래서 여러 차례 대통령에게 직접 면담을 요청하거나 면담을 위해 청와대로 향하는 등의 시도를 했지만 번번이 거절당했다. 하지만 정부와 경찰은 오히려 청와대로 향하는 유가족들을 물리적 방법까지 동원해 저지하거나 압박했다. 이런 정부의 대응방식은 유가족들로 하여금 대통령과 정부가 말과 달리 진상규명에 적극적이지 않음을 절감하게 한 것으로 보인다.

6월에 접어들어 한편으로 실종자 수색 성과가 점차 더뎌지고 추모국면이 가열되며 시민단체들과의 연대가 강화되고 특별법 제정요구가 강해지면서 유가족의 진상규명 요구는 더욱 적극적인 방식으로 진화했다. 사고 직후부터 안산 분향소, 서울시청 앞 합동분향소를 비롯해 전국 곳곳에 분향소가 설치되고 국민적 추모 분위기가 고조되었다. 그런 가운데 검찰의 수사, 국회의 특별조사 및 국정조사, 감사원 감사 등이 진행되었지만 국민과 유가족이 납득할 만한 수준의 진상규명 결과를 내놓지는 못했다. 그것은 제한적 조사이거나 의혹이 제기되어 조사해야 할 부분들을 누락하거나 경우에 따라 간단한 조사로 면죄부를 주는 데 그치는 경우도 있었디.

그러면서 진상규명과 특별법 제정을 요구하는 가두시위, 촛불시위, 연좌시위 등 집회와 시위가 잦아졌고 유가족 및 시민들의 농성과 단식투쟁이 시도되었다. 외국 언론과의 인터뷰를 적극적으로 시도하여 세월호의 진상이 좀 더 객관적 시각에서 보도되고 국제적으로 조명되어 정부가 보다 적극적으로 진상규명 활동에 나서도록 압박하기도 했다. 민주사회를 위한 변호사모임, 참여연대 등의 시민단체들과 협력하여 자체적인 진상규명 활동을 펼치는가 하면 팟캐스트나 인터넷 영상매체들에 적극 출연하여 활동 상황을 알리는 등 광범위한 활동 수단들을 동원해나갔다.

변화 요인

세월호 유가족의 움직임은 대형사고 후 유가족들이 보이는 일반적 행동방식과 구별되는 양상이 있다. 이전의 여러 대형 참사 사례들에서 유가족들은 개인적 차원의 슬픔과 원망에 매몰되거나 장례절차 및 보상문제 등을 둘러싼 이해관계의 대립으로 분열되는 모습도 적지 않았다. 하지만 세월호 유가족의 경우는 사건 발생 후 며칠 지나지 않아 강한 문제의식을 가지면서 사회적 성향을 보이는 움직임을 시작했다. 그리고 신속하고 강하게 결집했으며 곧장 진상규명을 위한 집단적이고 사회적인 행동으로 나섰다. 대체적으로 시간이 흐르면 유가족 간의 단결력도 사회적 목소리도 약화되는 것이 보통이었지만 세월호 유가족은 변함이 없는 상태다.

이런 세월호 유가족의 모습은 무엇 때문에 가능한가? 그들을 강한 사회적 의식과 단결, 그리고 행동으로 이끈 요인은 무엇인가? 그에 대한 해답은 다음과 같은 역설적 가설에 담겨있다고 생각된다. 즉, 만약 팽목항에서 납득할 만하고 제대로 된 구조 활동이 이루어졌다면, 대통령의 공언처럼 최선을 다해서 마지막 한 사람까지 구조하기 위해 정부

표 10-1　세월호 참사 인명피해 현황

	탑승인원	생존	사망	미수습
일반인	151	97	49	5
단원고	325	75	246	4
계	476	172	295	9

가 노력했다면, 언론이 구조작업의 문제점을 조목조목 지적하고 그에 대해 사회적 합의와 이해가 조성될 수 있었다면, 국회, 검찰, 감사원 등 국가의 공적 활동에 의해 진상이 속 시원히 규명되었다면 세월호 유가족들은 가족을 잃은 억울함과 슬픔에도 불구하고 예전의 삶으로 돌아갔을 것이다. 즉, 단지 사랑하는 가족을 잃은 슬픔과 억울함만으로는 그들의 진화를 설명할 수 없는 것이다. 여기서는 분석 과정에 드러난 몇 가지 중요 요인들을 피상적으로 지적하는 데 그칠 수밖에 없다. 하지만 이 부분은 앞으로도 지속적으로 다양한 분석 시각과 틀을 바탕으로 계속 경험적으로 규명해나가야 할 주제다.

세월호 참사의 특징과 정치적 의식의 형성

세월호 유가족의 모습과 관련해 우선 지적할 수 있는 것은 이 사건이 가진 특징이다. 세월호 참사는 대형 여객선이 침몰한 사고로서 희생자 수가 많았다. 탑승인원 476명, 생존 172명, 사망 295명, 미수습 9명으로 1990년대 이후 일어난 해난사고 중 최대 규모의 사고다.

물론 희생자 숫자가 반드시 유기족들의 징치직 의식화와 난결된 행동으로 이어지는 것은 아니다. 희생자의 83.4%가 단원고 2학년 학생들이었던 점은 유가족들의 동질성 형성과 유지에 가장 큰 영향을 미쳤다. 말하자면 이들은 안산이라는 지역적 동질성, 부모들 연령대의 유사성, 사회계층상의 직업이나 세대의 유사성 등 다양한 측면에서 비교적 비슷한 속성을 지닌 집단이며 특히 단원고 학생의 학부모라는 통합된 정체성을 공유할 수 있었다. 자식이 참사를 당하게 된 원인도 수학여행이라는 하나의 배경이었고 따라서 유가족들은 정서적으로 비교적 손쉽게 공감 및 교감하고 빨리 친숙해지고 조직화되며 이해관계를 뛰어넘어 사회적 의식과 활동으로 나아갈 수 있었다. 연장선상에서 어려운 국면이 조성되더라도 쉽사리 분열되거나 포기하지 않을 수 있는 정서적 유대감을 유지할 수 있었다.

게다가 세월호 유가족들은 대형여객선 사고의 당사자로서 '전원구조'라는 오보를 접한 후 가족이 살아 있다는 희망을 품고 진도체육관과 팽목항에 직접 내려가 머물며 구조 활동을 지켜봤다. 그 과정에서 작업의 문제점은 물론 특히 정부 발표나 언론의 보도와 실제 구조활동에 차이가 있음을 실감할 수 있었다. 이는 자식의 죽음에 대한 억울함, 비통함과 연계되면서 국가권력의 문제점에 대한 자각을 통해 쉽게 정치사회적 문제의식의 집단적 공유로 이어진 것이다.

"가만히 있어라" 혹은 "선생님 말씀 잘 들어라"로 대변되는 대한민국 교육의 문제점에 대한 담론의 공유도 유가족들을 단결시키고 행동에 나서게 한 요인이었다. 이것은 비단 국가나 교육당국의 구조적·정책적 문제로서뿐만 아니라 사고에 직면한 학생들과 통화하거나 SNS를 통해 대화하면서 대부분의 부모가 보인 반응이었다. 그런 잘못된 교육이 아이들을 죽였다는 일종의 자책감을 공유한 것도 비슷했다. 따라서 좀 더 적극적인 안전교육을 하고 능동적 판단이 가능한 교육이 필요하며 그를 위해 적극 나서야 한다는 의식을 형성하는 데 밑거름이 되었다.

정부의 부적절한 대응과 공적 진상규명의 미진함

세월호 사건 초기 미숙하거나 뭔가 석연치 않은 대응 태도를 보였던 정부는 점차 시간이 지나면서 그에 대한 비판이 고조되고 의혹이 꼬리를 무는 상황이 지속되자 유가족의 진상규명 요구에 호의적이지 않거나 심지어 적대적 대응을 지속함으로써 유가족은 물론 시민사회의 반발을 불렀고 이것은 유가족의 활동이 더욱 조직화되고 체계화되는 데 지속적인 계기를 제공한 것으로 보인다.

진상규명과 관련해서는 유가족, 야당, 민변, 시민단체 등 여러 주체들에 의한 다양한 문제제기가 있었으며 세 가지 유형이 주가 되었다. 그것은 사고의 구조적 및 직접적 원인, 구조과정에서의 문제점, 사고 이후 정부 대응과 수사과정에서의 문제점 등이다. 이는 규제완화, 침몰의 경위와 원인, 세월호 승무원과 해양경찰의 직무유기 및 부적절한 구조 활동, '해경-해양수산부-선사인 청해진해운-구조업체인 언딘' 등의 유착관계 및 관피아 논란, 청와대 및 대통령의 부적절한 조치와 컨트롤 타워 논쟁 등 다양했다(민주사회를 위한 변호사모임, 2014; 새정치민주연합, 2014 참조).

그런 의혹들은 공적 진상규명 활동을 통해 해소되는 것이 정상이다. 공적 진상규명 활동은 크게 세 가지 유형이 있었는데 검찰 수사와 관련자에 대한 기소 및 재판 과정, 두 번째는 감사원의 감사, 세 번째는 국회의 국정조사 및 감사였다. 하지만 그러한 공적 진상규명 활동은 어느 것 하나 속 시원한 결과를 보여주지 못했다. 쟁점은 늘 성역, 즉 청와대 및 대통령과 관련된 것이었다. 정부 여당은 청와대를 보호하고자 국회의 '세월호 침몰사고 진상규명을 위한 국정조사 특별위원회'의 기관보[2] 및 국정감사 과정에서 세월호 유가족을 모독하고, 진실을 덮으려 한다는 의심을 살 만한 행동을 함으로써 비난을 자초했다.

이후로도 정부는 검찰의 축소수사 의혹, 국회 특별조사 및 국정감사 활동의 낮은 성과, 감사원의 청와대에 대한 형식적 감사,[3] 특별법 제정을 둘러싼 수사권과 기소권 논란, 세월호특조위 출범 지연과 방해, 세월호특조위의 활동과 권한을 제약하는 정부 시행령을 채택하는 등 진상규명과 안전사회 건설이라는 세월호 유가족 및 시민사회의 활동 목표와 배치되는 태도와 행동을 지속했다. 이처럼 매 중요한 국면마다 유가족들 스스로 직접 진상규명 및 대정부 압력을 가하도록 만들었고 이런 이유로 유가족들은 자연스럽게 활동가로 변모한 것이다.

언론보도의 문제

세월호 참사는 대한민국 언론의 뿌리 깊고 다양한 문제들이 적나라하게 드러난 사건이었다. 특히 언론의 실질적 문제와 편파성은 유가족들이 직접 진상규명 활동에 나서도록 만드는 데 중요한 계기를 제공했다. 애초 참사 당일 정오경, 탑승자 '전원 구조'의 오보로 시작된 세월호 관련 언론보도는 한국의 일그러진 언론 지형 속에서 편파적이고 일방적인 모습을 보이는 경우가 적지 않았으며 이것이 유가족들로 하

---

2   기관보고는 6월 30일부터 7월 11일까지 안전행정부, 국방부, 해양경찰청, 해양수산부, 방송통신위원회, 법무부, 감사원, 국정원, 청와대 등 22개 기관을 대상으로 진행되었다.

3   검찰의 수사결과는 제기된 여러 의혹은 근거가 없다고 주장하면서 제한된 숫자의 하위 관련자들만을 기소함으로써 고위 권력층의 책임에 대한 수사를 회피한 것이 아니냐는 의심을 샀다. 국회의 세월호 국정조사특위 및 국정감사 활동은 여당의 지연 및 방해 때문에 가시적인 성과를 내지 못하고 정치적 논란만 지속했다. 감사원 감사는 청와대에 대해 형식적인 문서상 질의서로 감사활동을 제한했을 뿐 아니라 발표 전에 청와대에 보고했다는 의혹이 제기됨으로써 권력에 굴복한 감사였다는 비판을 받았다(검찰, 2014; 감사원, 2014).

여금 국민들과 직접 소통하게끔 이끄는 중요한 요인이 되었다.

참사 직후 국내 언론매체 대부분은 세월호 관련 뉴스와 정보를 엄청나게 쏟아냈지만 "정부발표를 합리적 의심이나 최소한의 검증도 없이 그대로 전달하는 '받아쓰기 저널리즘', 인터넷 등에 떠돌아다니는 미확인 정보를 마구 쏟아내는 '카더라 저널리즘', 구조와 대책에 초점을 맞추기보다는 지엽적 이슈를 선정적으로 과장 보도하는 '옐로 저널리즘', 자극적 제목과 이슈 키워드를 앞세워 낚시성 기사를 남발하는 '어뷰징' 등으로 점철됐다"(정수영, 2015: 57). 그 결과는 심각한 오보의 남발이었다. 사건 초기 급박한 상황 속에서 의도되지 않은 오보도 있었지만 시간이 지나면서 여러 가지 이유와 목적 때문에 의도된 왜곡과 조작 보도에 대한 의혹도 계속 제기되었다. 그 결과 지상파 방송과 종편채널, 주류 신문사들은 물론이고, 한국의 대표 공영방송이자 국가 재난 주관 방송사인 KBS도 분노의 대상이 되었다. 기자들은 기자와 쓰레기를 합친 '기레기'로 일컬어졌으며 유가족들은 언론보도가 전부 거짓말이라고 절규해야 할 정도였다(정수영, 2015: 57~58).

한 신문의 정리에 따르면 참사 발생 1년 동안 언론은 전원 구조 오보부터 시작해 보험금 계산 보도, 다이빙 벨 괴담 공방, 유병언 괴물 만들기, 박근혜 7시간에 대한 침묵, 김영오 씨 아빠 자격 논란 및 색깔론, 진상규명 요구를 정치 투쟁 및 색깔론으로 매도, 세월호 피로감 및 경제에 대한 악영향 강조, 세월호 특위와 시행령에 대한 편파보도, 돈 밝히는 유족 및 세금낭비 주장 같은 다양한 방식으로 기레기 언론의 끝을 보여줬다는 것이다(강성원, 2015.4.16).

이처럼 언론보도가 진실과 유리된 모습을 보이자 유가족들은 언론의 왜곡된 보도 태도를 비판하면서 요구사항을 직접 성명서를 발표하거나 발표회 등을 통해 자신들의 주장을 국민들에게 홍보해야 했다.

물론 왜곡된 언론 환경은 그러한 유가족의 노력도 제대로 반영하지 않는 경우마저 적지 않았다. 언론과의 직접 접촉과 대국민 호소문 발표 등은 애초 유가족이 진상규명 활동을 시작하게 한 중요한 동인 중 하나였으며 역설적이지만 이후 점차 정돈되고 호소력 있는 방식으로 활동을 펼쳐나가게 한 원동력이 되었다.

시민사회와의 교감 및 연대

이렇게 정부가 역할을 다하지 못하면서 시민사회가 나서기 시작했고 앞서도 언급한 바와 같이 세월호 진상규명 작업이나 안전사회 건설을 위한 노력에 유가족과 적극 협력하기 시작했다. 이는 두 가지 차원에서 중요한 뒷받침이 되었다. 하나는 유가족의 활동을 전국적이고 체계적으로 조직화할 수 있는 경험과 전문성을 얻게 된 것이고 다른 하나는 시민사회의 다양한 운동방식을 유가족의 진정성과 결합하여 보다 효과적으로 활동할 수 있는 길을 연 것이다. 유가족과 시민사회의 연대는 물론 특정한 한두 개 단체나 개인의 역할이기보다 유가족의 아픔과 호소에 공감하는 수많은 단체와 시민들의 자발적 참여와 협조 덕분에 가능했다.

세월호 유가족과 시민단체와의 연대는 앞에서 언급한 4월 29일의 유가족 성명서에 시민단체들이 응답하면서 본격화되었다. 5월 1일 공동 기자회견을 통해 18개 시민단체[4]는 유가족 대책위가 정부와 국민

---

4   한국여성단체연합, 여성환경연대, 한국여성노동자회, 한국여성민우회, 한국여성 의전화, 녹색연합, 녹색교통운동, 생태지평, 환경운동연합, 환경정의, 민주언론시민연합, 평화네트워크, 통일맞이, 문화연대, 함께하는시민행동, 흥사단, 참여연대, 한국YMCA전국연맹 등이다(김시연, 2014.5.1 참조).

에게 보낸 요청에 대해 응답하는 형태로 호응했다(김시연, 2014.5.1). 이후 시민단체들은 앞에서 분석한 대로 유가족들과 연대하여 활동의 조직화에 크게 공헌했으며 특별법 제정, 국회의 조사 및 감사, 세월호 특별조사위원회의 구성, 정부시행령 폐지 등 활동의 중요 단계마다 유가족의 활동을 전문성과 경험으로 지원하기도 하고 정부와 유가족의 입장차에 대한 중재역을 하거나 경우에 따라 시위, 농성, 단식투쟁에 동참하는 등 다양한 형태로 지원했다.

한 가지 흥미로운 사실은 세월호 참사 및 유가족들의 요구에 대한 사회적 공감과 반향이 워낙 컸기 때문에 시민사회 자체가 유가족의 활동을 통해 새로운 운동의 동력을 얻는 계기를 얻기도 했다는 점이다. 앞서 언급했듯이 국민대책회의는 기존의 800여 개 단체가 회원조직으로 가입하면서 광우병 파동 이후 다시 한 번 시민사회가 결집하는 구심점으로 작용했다. 게다가 4·16 가족협의회는 전국의 지역별로 혹은 해외까지도 120여 개의 지지단체 네트워크가 구성되었다. 이들 중에는 기존에 존재하던 조직들도 있지만 세월호를 잊지 않는 모임, 세월호를 생각하는 시민들, 세월호 참사 가족들과 함께하는 대책위, 세월호 참사 지역대책위 등 상당수가 세월호를 계기로 새롭게 결성된 모임들이다.

말하자면 세월호 참사와 유가족은 시민사회와의 연대를 통해 동력을 제공받기도 하고 반대로 시민사회의 조직과 활동을 자극하기도 하는 등 밀접한 상호작용을 통해 활동의 지역, 인적 네트워크 및 이슈 영역의 지평을 넓혀나갈 수 있었다.

희망의 등불

한국의 민주주의가 위기에 놓여 있다는 것은 이제 놀라운 일이 아니다. 그 양상은 다양하지만 무엇보다 중요한 것 중 하나는 국민의 민주주의에 대한 의식이 보수적 정치 및 언론지형과 냉전체제하의 반공적 인식을 벗어나지 못하고 있다는 것이다(최장집, 2010). 야당은 허약하고 대안정당으로서의 가능성이 취약해진 지 오래다. 하지만 세월호 유가족의 변화 및 활동 모습은 그런 한국 민주주의 위기론에 하나의 반증으로 제시할 수 있는 의미 있는 경험적 증거 중 하나다. 거의 정치적 의식을 가지지 않았던 평범한 시민들이 엄청난 개인적 불행과 사회적 충격 속에서도 절제되고 결연한 태도로 민주시민 의식을 체화하고 목표를 결정하며 그를 행동으로 옮겨나가는 과정은 한국 사회에 아직 시민 민주주의의 잠재력이 희망으로 남아 있음을 보여주는 증거다. 한국의 평범한 시민들은 엄청난 불행과 슬픔을 개인 차원의 이해관계나 대응에 머물지 않고 사회적 문제제기 및 장기적 사회개조를 위한 동력으로 치환할 능력을 가지고 있음을 보여준 것이다.

그 과정이 세월호 유가족의 슬픔과 대외적 명분, 그리고 활동 방식에 흔쾌히 공감하고 지지와 성원을 보내준 일반 시민들 및 시민단체들과의 연합을 통해서 이루어졌다는 것도 한국의 민주주의 재생이라는 관점에서 고무적인 요소다. 깨어 있는 시민들의 모임 또는 개별 시민들은 세월호 유가족이 처한 현실을 언젠가 스스로에게 닥칠 수도 있는 불행으로 공감하고 강력한 연대의식을 바탕으로 유가족들의 활동에 적극 동참하고 정신적·물질적 지원을 아끼지 않았다. 예컨대 세월호 특별법 청원을 위한 국민서명에 550만여 명의 국민이 참여한 것은 물론이고, 세월호 특별법 청원을 위한 국민대표단 모집에 단 하루 만에 1490명의 시민이 자발적으로 참여했다. 이러한 모습들은 불리한 정치적 지형 속에서도 시민의 참여의식이 살아 있음을 보여준 사례이면서 위기에 처한 한국의 민주주의를 되살릴 수 있는 잠재력은 여전히 남아 있음을 시사한다.

현재 진행되고 있는 세월호 인양 작업은 2016년 7월에 완료될 예정이다. 세월호 진상조사특별위원회의 활동도 제한적이고 더디지만 진행되고 있다. 일부 유가족은 특별법에 기초한 배상·보상을 포기하고 정부에 배상을 요구하는 소송을 제기했다. 그동안 대한민국에는 수많은 대형 참사들이 있었고 그때마다 유가족들이 사회적으로 근본적인 문제들을 인식하고 여러 활동을 펼치면서 노력했다. 그러나 진상규명이나 미래의 안전 개선을 지향한 가시적 성과를 내는 데는 역부족이었다. 하지만 세월호 유가족은 다른 참사의 유가족과는 여러 가지 이유로 달라진 움직임을 보였다. 새로운 잠재력을 보여준 것이다.

물론 여전히 어려운 요소들은 잔존한다. 이제 세월호 참사가 발생한 지 겨우 1년 반 정도가 흘렀지만 참사 당시의 슬픔과 분노, 그리고 안전사회 구축에 대한 시민적 자각 등은 상당히 약해져가고 있는 듯 보인다. 국회, 감사원, 검찰 등의 공적 진상규명 활동으로 진상이 밝혀졌으니 이제 더 이상 세월호에 연연해하지 말고 미래로 나아가야 한다는 식의 주장도 적지 않다. 그럼에도 진상규명과 책임자 처벌, 그리고 안전사회 건설을 향한 세월호 유가족들의 활동은 계속되고 있다. 정치적 책임이 있는 고위직 인사들의 책임은 오히려 어정쩡한 조사와 수사로 감춰졌다는 사회적 인식과 의혹 제기도 여전하다. 그리고 유가족들에 대한 정부의 비우호적 대응도 여전하다.

무엇보다 의식있는 시민들은 세월호 이전과 이후는 다른 사회가 되어야 한다는 안전에 대한 사회적 인식과 안전사회를 향한 구체적 움직임도 가시적 성과도 없는 상태를 바라보면서 결국 우리 사회는 변한 것이 하나도 없다는 자조 섞인 불만을 갖는다. 그런 의미에서 세월호 유가족의 활동이 가지는 정치사회적 의미는 더욱 부각된다. 이제까지 유가족들이 보여준 움직임들을 간략히 분석한 이 글을 통해서 확인할 수 있는 것은 현 상황에서 그들의 활동은 장기화될 수밖에 없을 것이라는 어두운 전망이다. 하지만 그와 함께 그들이 보여준 성숙한 시민 의식과 유연하고 전략적인 대응 자세, 그리고 무엇보다 쉽게 흔들리지 않는 단결력과 지속성 등은 향후 안전한 한국 사회 건설과 한국 민주주의를 위한 중요한 밑거름이 될 것이다.

각 장의 참고문헌

제1장   세월호 참사의 원인과 안전사회로 가는 길

김권식. 2014. 「경제성장 잠재력 확충을 위한 규제개혁의 양대 축: 경제적 규제완화와 사회적 규제강화」. 한국행정연구원. ≪ISSUEPAPER≫.

_____. 2015.4.23. 「채증하라, 현장 지휘관의 집착」. ≪한겨레21≫, 제1058호.

김춘진 의원실. 2014.4.28. 「여객선 2척 중 1척이 개조선박, 대부분 여객인원증원 목적」.

박형주. 2015.6.5. "'노후화로' … 5년 사이 여객선 사고 2배 증가". ≪노컷뉴스≫.

≪연합뉴스≫. 2014.5.6. "〈세월호 참사〉 1년간 수입늘리려 139회 과적 … 29억5천만 원 초과 수익".

오준호. 2015. 『세월호를 기록하다: 침몰·구조·출항·선원, 150일간의 세월호 재판 기록』. 미지북스.

정은주. 2015.4.23. 「운명의 40분, 해경은 4번의 현장 보고를 무시했다」. ≪한겨레21≫, 제1058호.

정인환. 2014.5.16. "KTX 승무원 안전교육은 '책자 읽었다' 서명으로 끝내". ≪한겨레신문≫.

주영순 의원실. 2014.4.30. 「선령완화되자 마자 너도 나도 노후선박 위조로 사들여」.

최명선. 2014. 「역주행하는 안전규제 완화 무엇이 문제인가」. 세월호 참사 이후 정부의 안전대책 무엇이 문제인가 토론회.

페로, 찰스(Charles Perrow). 2013. 『무엇이 재앙을 만드는가?』. 김태훈 옮김. RHK.

제2장   세월호 참사에서 국가범죄와 희생자의 권리

국민안전처 보도자료. 2015.1.19. 「안전혁신분야 2015 연두업무보고」.

김애란 외 지음. 2014. 『눈먼 자들의 국가: 세월호를 바라보는 작가의 눈』. 문학동네.

김한균. 1994. 「국가권력남용행위에 대한 이해의 새로운 지평」. 민주주의법학연구회.

≪민주법학≫, 제7호, 223~254쪽.

_____. 2012. 『후기현대사회의 위험관리를 위한 형법 및 형사정책연구(1): 현대과학 기술사회 위험관리 형법 및 형사정책의 체계와 원리』. 한국형사정책연구원.

_____. 2014.6.13. 「더 안전한 삶을 위한 형사정책적 대응」. 한국형사정책연구원 춘 계공동학술세미나. 한국형사정책연구원(미출간).

김훈. 2015.1.1. "새해특별기고". ≪중앙일보≫.

박기석. 2012. 「국가폭력범죄와 피해자」. 전남대학교 법학연구소. ≪법학논집≫, 제 32집 제2호, 317~338쪽.

박민규. 2014. 「눈먼 자들의 국가」. 김애란 외 지음. 『눈먼 자들의 국가: 세월호를 바 라보는 작가의 눈』. 문학동네.

박현수. 2014.6.16. "허리케인 카트리나가 주는 세월호 참사의 교훈". ≪프레시안≫.

범죄피해자복지센터 스마일센터. 「범죄피해의 후유증」, http://www.resmile.or.kr/ criminal02.html(검색일: 2015.4.23).

배명훈. 2014. 「누가 답해야 할까」. 김애란 외 지음. 『눈먼 자들의 국가: 세월호를 바 라보는 작가의 눈』. 문학동네.

솔닛, 레베카(Rebecca Solnit). 2012. 『이 폐허를 응시하라: 대재난 속에서 피어나는 혁명적 공동체에 대한 정치사회적 탐사』. 정혜영 옮김. 펜타그램.

신준봉. 2015.4.12. "'잘 살아보세'는 70년대식 … 모두를 만족시키는 나라는 없다". ≪중 앙선데이≫.

≪오마이뉴스≫. 2014.6.8. "서강대 교수 52명 '이것이 과연 국가란 말인가'".

이미경. 2013. 「형사사법절차상 성폭력 2차 피해의 심층구조」. 부산대학교 여성연구 소. ≪여성학연구≫, 제23권 제2호, 43~75쪽.

이원재. 2014.10.8. "쓰나미와 세월호". ≪한겨레신문≫.

이재승. 2010. 『국가범죄: 한국 현대사를 관통하는 국가범죄와 그 법적 청산의 기록』. 앨피.

JTBC. 〈뉴스 9〉. 2014.5.9. "순수 유가족과 만날 것 … 청와대 대변인 발언 논란".

정지운. 2007. 「국가(기관)범죄에 의한 피해자: 진실화해위원회의 결정을 중심으로」. 한국피해자학회. ≪피해자학연구≫, 제15권 제2호, 179~205쪽.

≪중앙일보≫. 2015.4.17. "세월호 이후, 참사 10건 재난학 원인분석".

헤이너, 프리실라 B.(Priscilla B. Hayner). 2008. 『국가폭력과 세계의 진실위원회』. 주혜경 옮김. 역사비평사.

홍철기. 2014. 「세월호 참사로부터 무엇을 보고 들을 것인가」. 김애란 외 지음. 『눈먼 자들의 국가: 세월호를 바라보는 작가의 눈』. 문학동네.

Faust, Kelly L. and David Kauzlarich. 2008. "Hurricane Katrina Victimization as a State Crime of Omission." *Critical Criminology*, vol.16, pp.85~103.

Kauzlarich, David, Rick A. Matthews and William J. Miller. 2001. "Toward a Victimology of State Crime." *Critical Criminology*, vol.10, pp.173~194.

Kauzlarich, David. 1995. "A Criminology of the nuclear state," *Humanity and Society*, vol.19, pp.37~57.

제3장   세월호 참사, 국가를 묻다: 불량국가의 정치경제

416 세월호 참사 시민기록위원회 작가기록단. 2015. 『금요일엔 돌아오렴: 240일간의 세월호 유가족 육성기록』. 창비.

4.16인권선언제정특별위원회. 2015. 「세월호 참사 인권을 말하다」. 4월 16일의 약속 국민연대.

_____. 2016. 「존엄과 안전에 관한 4.16 인권선언」. 4월 16일의 약속 국민연대.

4.16인권실태조사단. 2015. 「세월호 참사, 인권으로 기록하다: 4.16 인권실태조사 보고서」.

김순천. 2015.4.23. "세월호 유가족의 성장과 국가의 퇴행". ≪한겨레신문≫.

김의겸. 2011.3.15. "왜 아직도 박정희인가?". ≪한겨레신문≫.

김정필. 2015.9.1. "MB 정부시절 최경환이 권유한 자원펀드 빈털털이". ≪한겨레신문≫.

김한균. 2015. 「피해자를 위한 나라는 없다: 국가범죄 피해자학적 관점에서 본 세월호 참사 대응과제」. ≪민주법학연구≫, 제58권, 151~178쪽.

박병률. 2014.5.16. "규제완화 광풍 속에 세월호가 침몰했다". ≪경향신문≫.

나눔문화. 2015. 『세월호의 진실: 진실은 가장 강력한 힘이다』.

나익주. 2016. 「프레임의 덫에 걸린 '세월호'」. ≪문화과학≫, 제81호, 284~311쪽.

민주사회를 위한 변호사모임. 2014. 『416세월호 민변의 기록』. 생각의길.

바우만(Zygmunt Bauman)·보르도니(Carlo Bordoni) 지음. 2014. 『위기의 국가: 우리가 목도한 국가 없는 시대를 말하다』. 안규남 옮김. 동녘.

박민규. 2014. 「눈먼 자들의 국가」. 『눈먼 자들의 국가: 세월호를 바라보는 작가의 눈』. 문학동네.

박우순. 2014. 「한국의 재난정치」. ≪한국공공관리학보≫, 제28권 제3호, 25~54쪽.

발리바르, 에띠엔(Etienne Balibar). 2010. 『우리, 유럽의 시민들?: 세계화와 민주주의의 재발명』. 진태원 옮김. 후마니타스.

백낙청. 2014. "큰 적공, 큰 전환을 위하여: 2013년 체제론 이후". ≪창작과 비평≫, 제

42권 제4호, 14~62쪽.

백남주. 2014.5.18. "경제침체의 진짜이유, 정부는 정말 모르나". 《오마이뉴스》.

벡, 울리히(Ulrich Beck). 2006. 『위험사회: 새로운 근대(성)을 향하여』. 홍성태 옮김.
  새물결.

선대인. 2015.9.7. "전세값 상승, 박근혜와 최경환이 부채질했다". 《프레시안》.

센, 아마티아(Amartya Sen). 2001. 『자유로서의 발전』. 박우희 옮김. 세종연구원.

영, 아이리스 M.(Iris Marion Young). 2013, 『정치적 책임에 관하여』. 허라금, 김양희,
  천수정 옮김. 이후.

유해정. 2015.3.27. 「슬픔 그리고 시민의 탄생: 『금요일엔 돌아오렴』 깊이 읽기 ③」.
  《한겨레21》, 제1054호.

월간중앙 201407호(2014.6.17). "정부가 주도한 '나쁜' 규제철폐 20選 - 안전규제 풀면
  서 ' 참사 도미노' 잉태됐다!"

이병천. 2000. 「발전국가체제와 발전딜레마」. 《경제사학》, 제28권 제1호, 105~138
  쪽.

_____. 2013. 「어떤 경제/민주화인가」. 《시민과세계》, 제22호, 106~125쪽.

_____. 2014. 『한국자본주의 모델: 이승만에서 박근혜까지, 자학과 자만을 넘어』. 책
  세상.

_____. 2015.4.15. "세월호 1년, 그래도 한국은 '재난자본주의' 향한다". 《프레시안》.

이석태. 2015.4.6. 「조사대상이 조사하면 과연 국민들이 믿겠습니까」. 《한겨레 21》,
  제1056호.

이재승. 2015. 「인권 기준으로 본 피해자의 권리」. 세월호 참사 국민대책회의 주최 정
  부 배상 문제와 피해자의 권리에 관한 긴급 토론회.

정유섭. 2015. 『세월호는 왜?: 우리가 알지 못했던 사실 : 海피아 출신의 반성적 진단』.
  조선뉴스프레스.

조한혜정. 2014. 「불량국가를 탈출하다」. 《작은 것이 아름답다》, 6월호.

진실의 힘 세월호 기록팀. 2016. 『세월호 그날의 기록』. 진실의 힘.

진태원. 2015.6.1. "세월호 이후: 을의 민주주의: 세월호 이후의 정치 공동체와 민주주
  의의 가능성". 《동국대학원신문》, 제190호.

촘스키, 노암(Noam Avram Chomsky). 2001. 『불량 국가』. 장영준 옮김. 두레.

클라인, 나오미(Naomi Klein). 2008. 『쇼크 독트린: 자본주의 재앙의 도래』. 김소희
  옮김. 살림.

프랭크, 토마스(Thomas Frank). 2013. 『(정치를 비즈니스로 만든) 우파의 탄생: 왜 보
  수가 남는 장사인가?』. 구세희·이정민 옮김. 어마마마.

하용출. 2006. 『후발산업화와 국가의 동학: 탈관료화와 강성국가의 공동화』. 서울대

출판부.

이세영. 2014.5.14. "박정희식 개발 30년·신자유주의 20년 병폐 터져". ≪한겨레신문≫.

≪한겨레신문≫. 2014.5.28. "돈 중심사회 실패 확인 … 공공성 강화 모범사례 만들어야".

한배호. 1997. 『한국정치변동론』. 범문사.

한종희. 2005. 「한국의 신공공관리적 정부개혁과 국가역할의 전환-국가공동화인가 아니면 국가기능의 재확립인가?」. ≪정부학연구≫, 제11권 제1호, 137~172쪽.

末廣昭. 2014. 『興アジア經濟論』. 岩波書店.

제4장   세월호의 위험과 대응

민주사회를 위한 변호사모임. 2014. 『416세월호 민변의 기록』. 생각의길.

박일준. 2015. 「세월호 참사를 통해 돌아보는 기술문명」. 한국문화신학회 엮음. 『세월호 이후 신학』. 모시는사람들.

오준호. 2015. 『세월호를 기록하다: 침몰·구조·출항·선원, 150일간의 세월호 재판 기록』. 미지북스.

정유섭. 2015. 『세월호는 왜?: : 우리가 알지 못했던 사실 : 海피아 출신의 반성적 진단』. 조선뉴스프레스.

정혁수. 2014.4.25. "해경 예산 들여다보니… 안전분야 0.01%". ≪머니투데이≫.

제5장   세월호와 행정악, 그리고 해법

김대건. 2014.8.29. "도덕적인간이 나쁜사회를 만든다". ≪강원도민일보≫.

나석주. 2015.4.2. "문제인 '세월호특별법 시행령, 진상규명 막으려는 것 같다'". ≪아시아경제≫.

≪내 손안에 서울≫. 2015.3.31. "'박원순법' 시행 6개월…공무원 범죄 1/7로 감소".

유제훈. 2015.3.31. "박원順法 시행 반넌…신고 10배 늘고 공무원 범죄 '급감'" ≪아시아경제≫.

임의영. 2015. 『생각을 여는 행정학』. 대영문화사.

주선미. 2003. 「공론장의 정치사회적 함의: 지방정치 및 시민성과 관련하여」. ≪한국사회와 행정 연구≫, 제14권 제1호, 221~240쪽.

최훈길. 2015.3.24. "31일부터 2급 이상 공무원 재취업 심사 강화". ≪이데일리≫.

강진아. 2014. "카메라만 들면 고성 … 언론불신에 기자들도 자성". ≪신문과방송≫, 2014년 5월 호, 19~22쪽.

고진헌. 2015. 「세월호 침몰사고 관련 보도영상 비교 연구」. 제주대학교 대학원 석사학위 논문.

권현경. 2015. 「세월호 사건 방송보도에 대한 뉴스 프레임 연구」. 고려대학교 언론대학원 석사학위 논문.

김경환. 2014. "보도량만 많고 정확한 정보는 드물어". ≪신문과방송≫, 2014년 5월 호, 6~9쪽.

김고은. 2011.10.6. "KBS·MBC 취재진 30명 방사능 피폭". ≪기자협회보≫.

김균수. 2014. "사회적 재난을 막는 언론의 역할, 심층탐사보도". ≪방송기자≫, 7·8월 호.

김서중. 2014. 「세월호 참사 보도의 참혹함은 예정된 것」. ≪황해문화≫, 제84호, 280~297쪽.

_____. 2014.8.27. "세월호 참사 보도, 위기의 시기? 극복의 호기!". ≪기자협회보≫.

_____. 2015. 「세월호 보도 참사와 근본 원인」. ≪역사비평≫, 제110호, 37~64쪽.

김성해. 2014. "차분한 보도는 기본, 신뢰·정확성 최고가치". ≪신문과방송≫, 2014년 5월 호, 10~14쪽.

김세은. 2014. "언론사, 장사꾼 속성 버리고 '언론윤리' 교육해야". ≪신문과방송≫, 2014년 6월 호, 28~32쪽.

김진옥. 2015. 「세월호 참사 보도에 등장한 SNS 취재원 분석」. 한국외국어대학교 정치행정언론대학원 석사학위 논문.

김창남. 2014.4.16. "JTBC, 세월호 생존자에게 부적절한 질문 물의, 논란 확산되자 공식 사과". ≪기자협회보≫.

김창남·김아영. 2014.4.30. "세월호 보도로 언론 불신 확산". ≪기자협회보≫.

김창룡. 2014. "미디어 참사의 세 가지 유형". ≪방송기자≫, 7·8월 호.

김춘식·유홍식·정낙원·이영화. 2014. 「재난보도 현황 및 개선 방안 연구: '세월호 참사' 보도 내용분석을 중심으로」(연구보고서 2014-7). 한국언론진흥재단.

김태원. 2015. 「'세월호 참사'에 대한 뉴스 프레임 비교」. 경북대학교 대학원 석사학위 논문.

김호성. 2015. "데스크급에 대한 교육 절실". ≪신문과방송≫, 2015년 5월 호, 26~38쪽.

김희영. 2014.4.23. "불신의 밑바닥 보여준 세월호 보도, 통렬하게 반성할 때다". ≪기자협회보≫.

민주언론시민연합. 2014.4.22.「공정선거보도감시단 8차 보고서」.

_____. 2014.4.28.「미국 대통령의 방한이 국민의 목숨보다 앞자리에」. 세월호를 제 치고 오바마 방한 톱으로 보도한 KBS와 MBC.

_____. 2014.4.29.「공정선거보도감시단 9차보고서」.

_____. 2014.5.8.「공정선거보도감시단 10차보고서」.

_____. 2014.5.12.「공정선거보도감시단 11차보고서」.

_____. 2014.5.14.「KBS와 MBC, 자사 기자들의 반성문도 모르쇠하고 세월호 덮기에 급급」. KBS와 MBC의 세월호 덮기 보도에 대한 모니터 보고서.

_____. 2014.5.20.「MBC, 박 대통령 담화는 부각. 가족 반응은 무시」. 박근혜대통령 세월호 담화 발표 관련 지상파 3사 메인뉴스 모니터 보고서.

_____. 2014.5.29.「공정선거보도감시단 16차보고서」.

_____. 2014.7.12.「MBC와 보수언론, 정부 감싸기에 급급해 세월호 국조마저 외면」. 세월호 국정조사 기관보고 관련 방송·신문보도 모니터 보고서.

_____. 2014.7.16.「세월호 유가족들의 절규 외면하는 언론」. 세월호특별법 제정 요 구 유가족 단식농성 관련 방송·신문보도 모니터 보고서.

_____. 2014.8.1.「국정원의 세월호 연관성 은폐하는 공영방송과 조중동」. 국정원과 세월호 연관성 의혹 관련 방송·신문 모니터 보고서.

_____. 2014.8.7.「세월호 유가족 향한 막말, 비판 없는 보수언론」. 세월호 관련 새누 리당 의원의 막말 관련 방송·신문 모니터 보고서.

_____. 2014.8.13.「특별법 재협상은 광우병 선동세력의 압박 탓?」. 세월호특별법 재 협상 관련 신문 모니터 보고서.

_____. 2014.8.19.「특별법 제정에 계파갈등·진영논리 들먹이는 MBC」. 세월호특별 법 재협상 관련 방송 모니터 보고서」.

_____. 2014.8.20.「교황과 유가족 만남의 의미 외면하는 조선·중앙, YTN·MBC」. 교 황과 세월호 유가족 만남 관련 신문·방송 모니터 보고서.

_____. 2014.8.23.「해도 너무하는 보수언론의 특별법 왜곡보도」. 세월호특별법 여야 2차 재협상 관련 신문·방송 모니터 보고서.

_____. 2014.8.30.「세월호 참사 국민대책회의=반정부 시위단체?」. 세월호 대책회의 를 폄훼하는 동아일보에 대한 모니터 보고서.

_____. 2015.1.30.「세월호 특별조사위 흔드는 정부·여당, 은폐·동조하는 공영방송」. 세월호 특별조사위 출범 훼방 놓는 정부여당에 대한 방송 모니터 보고서.

_____. 2015.4.1.「세월호 특위 무력화시키는 정부행태 방관하는 보수신문과 KBS」. 세월호 특위 파행 관련 신문·방송 모니터 보고서.

_____. 2015.4.7.「정부와 보수언론은 유가족 앞에 죄인이다」. 세월호 특위 파행 관련

신문·방송 모니터 보고서.

_____. 2015.4.22. 「경찰 입장만 담은 주류 언론, 세월호 반성과 추모를 향한 시민의 입장은 외면」. 4월 18일 세월호 추모집회 시민-경찰 충돌 관련 신문·방송 모니터 보고서.

박장준. 2014.6.2. "정부 '오보' 받아 쓴 언론, 거짓만 중계했다". ≪전국언론노동조합≫.

방송기자연합회. 2014. "[토론]우리는 왜 기레기가 되었나". ≪방송기자≫, 7·8월 호

벡, 울리히(Ulrich Beck). 1997. 『위험사회: 새로운 근대(성)을 향하여』. 홍성태 옮김. 새물결.

설진아. 2014. "신뢰 잃은 주류 언론, 시민의 감시 대상". ≪신문과방송≫, 2014년 6월 호, 10~14쪽.

신동진. 2014년 5월. 「여객선 '세월호' 사건과 소통의 문제: 언론 행위를 중심으로」. 한국소통학회 봄철 정기학술대회 기획섹션. 서울: 경희대학교.

양두원. 2014. "취재 경쟁이라는 '방 안의 코끼리'". ≪방송기자≫, 7·8월 호

언론개혁시민연대. 2014.7.8. "세월호 '전원구조' 오보가 야구중계 실수 정도밖에 안 되나". ≪언론개혁시민연대≫

오대영. 2014. "주관 언론사 중심 취재 또는 공동 취재단 활용". ≪신문과방송≫, 2014년 6월 호, 23~27쪽.

오종택. 2015. 「세월호 침몰 사고 보도에 관한 비주얼 프레임 연구」. 한국 외국어대학교 정치행정언론대학원 석사학위 논문.

우병동. 1995. "언론비평(신문평): 삼풍보도사진과 피해자". ≪신문과 방송≫, 1995년 8월 호, 108~109쪽.

윤태진. 2014. 「방송사의 세월호 참사 보도: JTBC 뉴스를 주목해야 하는 이유」. ≪문화/과학≫, 가을호 제79호, 192~212쪽.

이민규·육은희. 2014. 「세월호 참사 보도 관련 한,미간 비주얼 뉴스 프레임 연구: 연합뉴스와 AP 통신의 보도사진 비교 분석을 중심으로」. ≪스피치와 커뮤니케이션≫, 제25호, 216~254쪽.

이승선. 2014. "알면서도 안 지키는 오보 예방법, 실천 의지가 관건". ≪신문과방송≫, 2014년 6월 호, 15~18쪽.

이승용. 2014. 「텔레비전 뉴스 재난보도에 대한 공정성 평가 연구」. 건국대학교 언론홍보대학원 석사학위 논문.

이승희·송진. 2014. 「재난보도에 나타난 소셜 미디어와 방송 뉴스의 매체 간 의제설정: 세월호 관련 보도를 중심으로」. ≪韓國言論學報≫, 제58권 제6호, 7~39쪽.

이연. 2014. "'신속정확, 피해자 중심, 인권보호' 3원칙". ≪신문과방송≫, 2014년 5월 호, 15~18쪽.

이완수. 2014. "'뉴스의 비극적 드라마화'로 사건 본질 놓쳐". ≪신문과방송≫, 2014년 6월 호, 6~9쪽.

이완수·배재영. 2015. 「세월호 사고 뉴스 프레임의 비대칭적 편향성: 언론의 차별적 관점과 해석 방식」. ≪한국언론정보학보≫, 제71호, 274~298쪽.

이은주. 2014. "시동 건 디지털 혁신 뼈아픈 세월호 보도". ≪신문과방송≫, 2014년 12월 호, 6~10쪽.

이정춘. 1996. 「객관적 위험보도의 장애요인에 관한 연구」. ≪언론연구≫, 제5호, 7~35쪽.

이진로. 2014년 5월. 「세월호 침몰사건 언론보도의 문제점과 개선방안」. 한국소통학회 봄철 정기학술대회 기획섹션. 서울: 경희대학교.

이현우·최윤형. 2014. 「위기관리에서 상황적 위기 커뮤니케이션이론의 전개과정과 향후연구를 위한 제언」. ≪홍보학연구≫, 제18권 제1호, 444~475쪽.

임연희. 2014. 「세월호 참사에 대한 텔레비전 뉴스의 보도행태」. ≪사회과학연구≫, 제25권 제4호, 179~201쪽.

장수영. 2015. 「세월호 언론보도 대참사는 복구할 수 있는가: 저널리즘 규범의 패러다임 전환을 위한 이론적 성찰」. ≪커뮤니케이션 이론≫, 제11권 제2호, 56~103쪽.

전국언론노동조합. 2015.4.14. 「'세월호 보도'결의문」 부끄럽고 참담합니다. 참회하고 반성하겠습니다". ≪전국언론노동조합≫.

정세훈. 2014년 5월. 「세월호 침몰사건에서 위기 관리 커뮤니케이션의 문제점과 개선방안」. 한국소통학회 봄철 정기학술대회 기획섹션. 서울: 경희대학교.

정연구. 1995. 재난보도 준칙 마련의 필요성. ≪신문과 방송≫, 297호, 25~30쪽.

_____. 1996. 「한국신문의 재난관과 재난 때의 역할관」. ≪언론연구≫, 제5호(한국언론연구원), 245~296쪽.

정연구·이주일·안동청지·복강흔치. 2014. 「위험상황 보도와 언론인의 위기」. ≪한국방송학보≫, 제28권 제6호, 120~167쪽.

조승호. 2014. "세월호 참사 방송 문제의 보도들 11". ≪방송기자≫, 7·8월 호.

최유리. 2014.4.23. "재난보도 준칙, 언론사 이기주의가 큰 걸림돌". ≪전국언론노동조합≫.

_____. 2014.5.22. "언론인 5624명 시국선언 '국민 여러분께 죄송합니다'". ≪전국언론노동조합≫.

_____. 2014.8.13. "조선, 동아는 세월호 진실 은폐 공범". ≪전국언론노동조합≫.

_____. 2015.5.14. "'기레기' 문제, 언론사 구조로 해결해야". ≪전국언론노동조합≫.

최진봉. 2014. 「세월호 참사에 대한 언론의 보도 태도와 관광산업」. ≪한국관광정책≫, 제56호, 28~35쪽.

홍성희. 2014. "'기레기', 그 냉소와 조롱의 이름". ≪방송기자≫, 7·8월 호
홍은희. 2014. "취재 앞에 불손함은 금물, 현장 데스크 필요". ≪신문과방송≫, 2014년 6월 호, 19~22쪽.
황주성. 2015. "언론이 한 것, 못한 것, 해야 할 것". ≪방송기자≫, 5·6월 호

Singer, Eleanor and Phyllis M. Endreny. 1993. *Reporting on risk.* New York: Russell Sage Foundation.

제7장　　세월호 참사와 프레임 전쟁

나익주. 2003. 「한국어에서의 '성욕'의 은유적 개념화」. ≪담화와 인지≫, 제10권 제1호, 79~104쪽.
_____. 2006. 「'정'과 '한'의 은유적 개념화」. ≪한국어의미학≫, 제20권, 91~120쪽.
_____. 2015. 「프레임의 덫에 걸린 '세월호'」. ≪문화과학≫, 제81호, 284~311쪽.
레이코프(George Lakoff)·로크리지연구소. 2007. 『프레임 전쟁: 보수에 맞서는 진보의 성공전략』. 나익주 옮김. 창비
레이코프(George Lakoff)·존슨(Mark Johnson). 1995/2006. 『삶으로서의 은유』. 노양진·나익주 옮김. 서광사/박이정.
_____. 2002. 『몸의 철학: 신체화된 마음의 서구 사상에 대한 도전』. 노양진·임지룡·윤희수·나익주 옮김. 박이정.
레이코프, 조지(George Lakoff). 2010. 『자유는 누구의 것인가: 왜 진보와 보수는 서로 가지려 하는가』. 나익주 옮김. 웅진지식하우스.
_____. 2012. 『폴리티컬 마인드: 21세기 정치는 왜 18세기 이성과 합리성으로 이해할 수 없을까?』. 나익주 옮김. 한울.
_____. 2015. 『코끼리는 생각하지 마: 진보와 보수, 문제는 프레임이다』. 유나영 옮김. 와이즈베리.
박수경. 2006. 「일본어 속에서 '기쁨'과 '슬픔'의 개념화 양상」. ≪일어일문학≫, 제32권, 15~35쪽.
박정운. 1998. 「앞으로 한 달 뒤에 만납시다: 시간의 개념적 은유」. ≪언어와 언어학≫, 23권. 85~110쪽.
이창봉. 2011. 「은유를 통한 '기쁨'의 이해」. 가톨릭대학교 인간학연구소. ≪인간연구≫, 제20권, 197~229쪽.
임혜원. 1997. 「선거 기사문에 나타난 은유: 선거는 전쟁이다」. ≪담화와인지≫. 제4

권 제1호, 89~110쪽.

커베체쉬, 졸탄(Zoltan Kövecses). 2003. 『은유: 실용입문서』. 이정화 외 3인 옮김. 한국문화사.

Edelman, Murray. 1971. *Politics as symbolic action : mass arousal and quiescence*. Chicgao: Markham.

Fillmore, Charles. 1982. "Frame Semantic." in The Linguistic Society of Korea(ed.). *Linguistics in the Morning Calm*. Seoul: Hanshin.

Galle, W. B. 1956. "Essentially Contested Concepts." *Proceedings of the Philosophical Society*, vol.51, pp.166~198. London: Harrison and Sons Ltd.

Lakoff, George. 1987. *Women Fire, and Dangerous Things*. Chicago: University of Chicago Press.

_____. 1996/2002. *Moral Politics: How conservatives and liberals think*. Chicago: University of Chicago Press.

제8장	세월호와 법, 국가의 의미

조형국. 2015.4.2. "세월호 특위, 정부 시행령안 철회 공식 요구하기로". ≪경향신문≫.

김도민. 2014. 「다시 함께 광화문으로 걸어야겠다: 세월호 참사와 분단체제를 넘어서」. ≪진보평론≫, 제62호, 89~103쪽.

김종곤. 2014. 「세월호 트라우마와 죽은 자와의 연대」. ≪진보평론≫, 제61호, 71~88쪽.

김종서. 2015. 「세월호 사건을 계기로 본 헌법학의 과제」. ≪저스티스≫, 제146권 제3호, 282~318쪽.

코터렐, 로저(Roger Cotterrell). 1992. 『법사회학 입문』. 김광수 외 옮김. 도서출판 터.

박종운. 2014.7.9. 「피해자 단체 특별법(안)의 의미와 내용, 특징」. 세월호 사고 희생자·실종자·생존자 가족 대책위원회, 대한변호사협회, 세월호 참사 국민대책회의 주최, 4.16 진실규명 및 안전사회 건설을 위한 특별법 국민설명회 '세월호 참사 이후 달라져야 할 것들, 모두에게 진실을! 국민에게 안전을!'.

월러스틴(Immanuel Wallerstein)·이강국. 2015. 「위기, 이행, 대안: 이매뉴얼 월러스틴과의 대담」. ≪창작과 비평≫, 제43권 제1호, 53~66쪽.

정윤수. 2015.2.3. 「결코 안전하지 않는 '고위험 사회'」. ≪주간경향≫, 1112호.

진, 하워드(Howard Zinn). 2002. 『달리는 기차 위에 중립은 없다: 하워드 진의 자전적

역사 에세이』. 유강은 옮김. 이후.

제9장　　　　　　　　　4·16 세월호 참사 특별조사위원회의 탄생과 그 의미

강봉석. 2014.10.1. "여야 세월호 특별법 극적 합의 … 유가족은 거부 난항 예고". ≪기
　　호일보≫.
박다해. 2015.11.19. "[단독]해수부 '세월호 특조위, BH 조사시 與위원 사퇴 표명'…'대
　　응방안' 문건". ≪머니투데이≫.
배덕훈. 2014.8.8. "'세월호 특별법 합의는 야합' … 각계각층 거센 '반발'". ≪노컷뉴스≫
서어리. 2015.12.22. "'앵무새' 세월호 증인들, 청문회 전에 입 맞췄나?". ≪프레시안≫.
유성애. 2015.8.5. "특조위 예산 '반토막'으로 드러난 박근혜정부의 진심". ≪오마이뉴
　　스≫.
조혜령. 2015.12.14. "내홍 격화된 세월호 특조위, 첫 청문회 잘 치를까". ≪노컷뉴스≫.

제10장　　　　　　　　　　　　　　　　유가족은 왜 활동가가 되었나

강성원. 2015.4.16. "세월호 참사 1년, '기레기' 언론의 끝을 보여줬다". ≪미디어오늘≫
검찰. 2014.10.6. "세월호 관련 수사 설명자료".
김시연. 2014.5.1. "세월호 유가족 요청에 시민단체들 '우리부터 돕겠다'". ≪오마이뉴
　　스≫.
유성애·이희훈. 2015.4.18. "'아이들 살릴 수 있도록 도와주세요' 세월호 실종자 학부
　　모들 대국민 호소문". ≪오마이뉴스≫.
이완수·배재영. 2015. 「세월호 사고 뉴스 프레임의 비대칭적 편향성: 언론의 차별적
　　관점과 해석 방식」. ≪한국언론정보학회보≫, 제71권, 274~298쪽.
4·16 가족협의회. 2015.7.29. "세월호인양, 진상규명, 안전사회 대안마련과 추모지원
　　을 위한 82대 과제 발표 기자회견".
416 세월호 참사 시민기록위원회 작가기록단. 2015. 『금요일엔 돌아오렴: 240일간의
　　세월호 유가족 육성기록』. 창비.
감사원. 2014.10. "감사결과보고서: 세월호 침몰사고 대응 및 연안여객선 안전관리·감
　　독실태".
김왕근. 2014. 『세월호와 대한민국의 소통』. 미래를소유한사람들.
≪동아일보≫. 2015.4.17. "세월호 추모제, 추모행진 참가자들 경찰과 충돌".

민주사회를 위한 변호사모임. 2014. 『416세월호 민변의 기록』. 생각의길.

_____. 2014.5.8. "세월호 참사 진상규명 17대 과제".

_____. 2014.7.21. 「세월호 침몰사고 진상규명을 위한 국정조사 특별위원회 기관보고에 대한 검토보고서」.

새정치민주연합 세월호특별법 준비위원회. 2014.5.26. 「세월호 참사 110가지 의혹과 진실」.

세월호 유가족 대표 기자회견문. 2014.4.29

오준호. 2015. 『세월호를 기록하다: 침몰·구조·출항·선원, 150일간의 세월호 재판 기록』. 미지북스.

이충진. 2015. 『세월호는 우리에게 무엇인가: 철학의 물음』. 이학사.

정수영. 2015. 「세월호 언론보도 대참사'는 복구할 수 있는가?」. ≪커뮤니케이션 이론≫, 제11권 제2호, 56~103쪽.

정유섭. 2015. 『세월호는 왜?: 우리가 알지 못했던 사실 : 海피아 출신의 반성적 진단』. 조선뉴스프레스.

주제준. 2014. 『우리가 만들려는 세월호 특별법: 세월호 특별법 자료집』.

참여연대.2014.9.28. 「2014 국정감사에서 반드시 다뤄야 할 과제」. 참여연대 정책자료.

최장집. 2010. 『민주화 이후의 민주주의: 한국 민주주의의 보수적 기원과 위기』. 후마니타스.

4·16 가족협의회 http://416family.org/

4·16 세월호 참사 특별조사위원회 http://www.416commission.go.kr/activity

4·16 연대 http://416act.net/

세월호 참사 국민대책회의 http://sewolho416.org/

세월호 유가족 방송 https://www.youtube.com/user/Remember0416

세월호의 문학

#1

여는 글 #1

착한 분노

세월호 참사 1주기를 맞이하여 2015년 4월 9일 열릴 추모문화제를 준비하는 막중한 소임이 내게 맡겨졌다. 나는 당일 프로그램의 진행자 역할도 해야 했다. 그런 사정으로 문화제의 속내를 털어 놓을 수 있는 나름의 자격(?)을 비로소 얻었다고 생각한다.

바로 그거였다. 시인 열 분 정도 모시기는 비교적 용이했다. 문화제를 준비하면서 난감했던 것은 다른 데 있었다. 무슨 철 지난 문학의 밤도 아니고, 세월호 1주기를 기하여 명색이 문화제를 열자고 움직였으나, 예상되는 결과가 너무 단조롭지 않겠느냐는 걱정에 휩싸인 것이다. 그러니까 우리 '가만히 있지 않는 강원대 교수네트워크' 멤버들이 모여 약식 회의를 하고 있을 때였다. 이병천 교수께서 바로 유진규 선생께 부탁해보자는 것이었다.

바로 그거였다, 다행스럽게도 유진규 선생께 내가 직접 전화 정도는 할 수가 있었다. 내 나름대로는 조심스럽게 전화를 했으나, 선생은 흔쾌히 받아주셨다. 이십여 년이 훨씬 넘게 우리 지역 춘천에 오셔서 마임을 줄기차게 발전시켰다고 할까, 뿌리내렸다고 할까, 유진규 선생의 활동상을 춘천 시민이라면 모르는 사람이 없을 정도인 것이다.

유진규 선생께서 클래식 기타를 하시는 다른 한 분과 함께 〈바다야 꽃들아〉라는 제목으로 마임공연을 해주셔서 우리 문화제가 특별히 의미 있고 기억될 수 있었다고 우리 스스로 평가했다. [후일담: 그날(2015년 4월 9일, 저녁 7시) 나는 진행을 맡는 바람에 선생의 9분이 넘는 공연을 눈여겨보지는 못했다. 당초 계획은 7분 남짓이라고 했다. 그날 내 기억으로는 예정에 없던 '봄날은 간다'를 클래식 기타로 반주해주던 신시현 씨가 느닷없이 자기 목소리로 직접 노래를 불렀던 것이다. 마침 객석에 있던 어느 시인(최돈선 시인)이 스마트폰으로 동영상을 전부 촬영해 페이스북에 올렸다. 덕분에 나도 페이스북에 올라온 동영상으로 전체를 볼 수 있었다.] 물론 추모문화제를 위해 열과 성을 다해준 분들은 유진규 선생만이 아니었다. 문화제 두어 달 전에 성황리에 열었던 『금요일엔 돌아오렴』의 강원대 북콘서트 때도 무대의 처음을 장식하고 열어주었던 신부님, 수녀님, 그리고 어린이들까지 포함된 '세월호진실규명을위한춘천지역가톨릭인'들(20여 명)이 다시 문화제 서두를 합창으로 따뜻하게 채워주었다.

그리고 음악학과 학생들이 출연해 첼로, 성악 등을 연주했으며, 작년 200일 추모 북콘서트 때도 인상 깊은 공연을 해준 무용학과 학생 김진경 외에 전종경(기획), 최혜윤(성악), 김재문(반주), 엄예은(노래), 이성은(반주)도 있었다. 게다가 춘천영상공동체가 작업하여 특별 상연한 영상도 있었으며, 상영 뒤에 몇 사람이 나와 느낀 소회를 얘기하기도 했다. 수녀님 한 분은 안산에서도 살았으며, 춘천으로 이주했다는 특별한 소감을 선명하게 말씀하신 일도 기억에 남는다. 그리고 춘천 출신 녹우 김성호의 「춘천의 달」이라는 노래도 있었다. 전업작가(화가 겸 시인, 기타만 있으면 노래도 하는)인 정현우의 노래(「모란 동백」 등)도 선보였다.

하지만 이게 다가 아니었다. 문화제란 것이 음향도 문제려니와 영상은 따로 설치한 시설이 있어야 가능했다. 시작하기 두 시간 전에 행사장에 나가 이것저것 점검한 결과 직원들은 이미 퇴근한 뒤였고, 시작 시간은 다가오고, 어디에 도움을 요청해야 할지 몰라 쩔쩔매고 있었다. 끝나고 나서 두어 번 죽을 고비를 넘겼노라는 너스레를 떨 수 있었던 것이 이 난감한 대목이었다.

시인들은 작품을 미리 보내왔다. 2014년 강원문화예술상을 수상한 권혁소 시인도 「껍데기의 나라를 떠나는 너희들에게」를 보내왔다. 이 작품은 이미 페이스북 등에서 널리 읽히고 있었다. 게다가 한승태 시인은 작품을 서너 번 고치고, 고친 작품을 속속 다시 보내는 정성을 다했다. 다음은 문화제에 발표한 작품의 제목들이다(이들 모두는 우리 대학교를 졸업한 시인이거나 재직하고 있는 시인, 아니면 우리 지역에서 활동하고 있는 시인이라는 특기사항을 남기고 있다).

김재룡·세월호 일기(抄)
조현정·그 저녁의 눈물
허문영·바다로 간 아이들
원태경·지금, 우리나라에선
정현우·세월호 아이들아
한승태·아름다운 세상
권혁소·껍데기의 나라를 떠나는 너희들에게

지난해부터 1년 가까이 활동한 우리 '가만히 있지 않는 강원대 교수 네트워크' 멤버들 가운데 특기할 사항은 한둘이 아니었다. 가장 인상에 남은 인물로 어린이 두 명(의 아버지)과 함께 처음 합창으로 무대를 열어준 박태현 교수(법전원)가 있었다. 그보다 먼저 손미아 교수(의전원)는 시시콜콜한 소식까지 세월호에 관한 것이라면 모두 우리에게 전해주었다. 그날 문화제 당일에는 행사장인 실사구시관 앞 기둥에 포스터를 붙이느라고 얼굴 가득 스카치테이프 조각을 잔뜩 매달고 있던 모습을 보았던 터라 내 머릿속에서 그 모습이 지워지지 않았다.

스테판 에셀(Stephane Hessel)은 아흔 살이 넘었을 때도 "분노하라", "포기하지마라", "참여하라"고 외쳤다. 내가 불굴의 레지스탕스를 알게 된 것도 이러한 가냇 활동을 하면서부터였다. 평생을 인권과 평화를 위해 일했고, 젊은이들에게 지구적 위기에 대해 분노할 것을 독려하는 노투사의 발언에 주목하지 않을 수 없었다. 분노는 레지스탕스의 기본 정신이라고 했다. 무관심이야 말로 최악의 태도다. 지금은 분노하고 저항해야 할 때다. 사실 교수들 몇 명이 무엇을 할 수 있을까? 벽이 높다. 그러나 우리는 다만 할 수 있는 데까지 우리의 할 일을 할 뿐이다.

'좋은' 분노가 필요하다. 칙칙한 무관심과 무거운 좌절감이 도처에 스며 있는 듯한 분위기에서 작은 몸짓이라도 잊지 않고, 가만히 있지 않고 함께 움직이는 것이 필요하다. 세월호 참사 1주기 주제어를 '가만히 있지 말고 함께'로 하고, 우리 모임 이름을 '가만히 있지 않는 강원대 교수 네트워크'라고 한 이유가 거기에 있다. 학생들이 움직이지 못하면 교수들이라도 움직여야 할 것이다. 우리에게는 정당한 분노가 필요했다. 우리 가냇 활동이 멀리 보고 가야 할 푯대다. 이즈막에 들었던 구호 하나, 청바지('청춘은 바로 지금이다'의 준말)와 함께.

이른바 정년이 얼마 남지 않은 나는 조용하게 '청바지'라고 되뇌어본다.

박기동

세월호 일기(抄)

김재룡

〈2014년 4월 16일〉

!!! 비명이 나온다. 화면 가득 뒤집힌 배 앞에서 무기력하다. 이 참담함을……. 나는 오늘 비로소 국가를 버린다. 내 국가는 내 앞의 아이들이다. 그들이 내 공경의 대상이다. 그뿐이다. 나보다 먼저 별이 된 아이들. 아이들아 미안하다…….

〈2014년 4월 30일〉

대구 달성보 자전거 둑길에서 키 작은 이팝나무들을 만나다. 애들아 그날 아침, 밥은 먹었니? 잔인하고 서러운 세월이 가는구나. 애들아 그날 아침밥은 먹었니? 자꾸만 눈물이 난다.

〈2014년 6월 4일〉

결국 세월호의 눈물이 학교를 살리고 교육을 바꾸고 세상을 변화시킬 수 있을까? 진보교육감 열한 분! 아이들아 잊지 않을 거야. 눈물도 멈추지 않을 거야. 가만히 잊지 않을 거야. 당장 할 수 있는 일에 눈감지 않을 거야. 분노하고 행동할 거야. 내 앞의 아이들에게 더 미안해할 거야.

〈2014년 7월 20일〉

천정환 교수에게 "세월호 이후의 시민들의 직접행동과 전망"이라는 주제의 집담회 한 부분의 발제를 제안받다. 20분은 너무 길 거 같다. 눈물만 보이게 될 것이다. 도대체 내가 무슨 희망을, 어떤 전망을 주억댈 수 있겠는가. 참혹한 세월을 견디는 데 연대와 공감 이외에 정말 필요한 것은, 스스로의 생을 뒤집고 세상을 바꾸려는 '선동'이겠다. 그러나 나에겐 눈물 밖에 남은 것이 없으니……

26일, 집담회. 아, 이 젊은이가 내 옆에 앉아 있다. 용혜인. 집담회 끝나고 천정환 교수 참석자들과 국밥 한 그릇 먹고 광화문. 청와대로 가는 길은 막히고, 이제 어디로 가야하는지. 102일째. 세월호와 함께 길을 잃는다.

〈2014년 8월 5일〉

DMZ를 자전거로 간다. 얼마나 더 많은 젊은이들이 비참하게 국가폭력에 죽어야 할까. 윤 일병의 죽음은 일본식민제국주의와 이승만 독재정권의 혈통을 이어받고, 박정희와 그의 딸 현 대통령이 삼촌으로 불렀다는 전두환 군부쿠데타에서, 세월호 학살까지의 시대를 관통하는 국가적 치욕의 결정판이다.

〈2014년 8월 11일〉

내가 보기에 함량미달의 영화 '명량'에 대중이 동원되는 것은 4·16 전이나 똑같다. '군도'와 함께 13일 개봉되는 '해무'도 보게 되겠지만, 단식 중인 세월호에서 수장된 아이들, 자식을 잃은 부모들, 유민 아버지의 목숨을 건 단식을 기억해야 할 것이다. 필경 무지하고 어리석기 짝이 없는 정치 모리배들을 앞세운 자본과 국가는 4·16 학살의 모든 것들을 자신들의 입맛대로 전유할 것이다.

〈2014년 9월 16일〉

교육부에서 학교 내에서 노란 리본을 금지한다는 공문을 내려보냈단다. 교육부 스스로 해체 수순을 밟고 있구나. 내 모자에 내 배낭에 내 팔찌에서, 내 가슴에서 노란 리본을 떼봐라. 나를 해체시켜봐라. 나는 노란 리본이다.

〈2014년 9월 30일〉

비겁하지 않으려고. 비겁한 놈이라는 소리만은 듣지 않겠다고 생각하며 선생질로 늙어온 시간들이 참혹합니다. 4·16 이후 하루하루 학교가 싫었습니다. 아이들만 바라보며 살면 된다고 여기며 견뎌왔는데요. 아이들을 세상이 바라는 대로 사랑하기에는 이제 힘이 달립니다. 아니 아이들 보다 내 스스로를 더 궁휼히 여기고 있음을 고백합니다.

〈2014년 11월 11일〉

늦게 핀 장미**
질 때
되돌아가야 할 때를 놓쳤다
알싸한 아침 소양강 처녀상
저기 피어오르는
십일월 물안개
그대여 부디
혼자 남아 눈물짓고 있다고
뒤돌아보지 말아다오
가당치도 않은
늦은 후회와 탄식에
서릿발을 내려다오

〈2014년 12월 17일〉

묵비

쓸데없이 말을 많이 하는 것도 웃기는 일이지만, 어처구니없는 조서에 묵비권도 아니고, 젊은 수사관 일 도와준답시고, "말씀드리지 않겠습니다"를 40번이나 되풀이했다. 말미에 '이번 일로 처벌받을 수도 있다는 걸 알고 있는가?'라는 질문엔, 차마 같은 말을 되풀이 할 수 없어 "그렇습니다"라고 답했다. 세월호 아이들 관련된 성명서 일부를 들이대는데, 주책맞게 눈물이 나왔다. 이 엄동설한 아홉 명, 아직 저 바다 밑에 있는데, 조금만 둘러보면 도처 고공노숙천막농성으로 화약연기 시너냄새 없는 내전 중인데, 그 잘난 묵언 묵비 하나 제대로 못하고……

〈2015년 1월 11일〉

혜성 러브조이

잘 가 오랫동안 행복했어
네가 완전히 사라져 가도
괜찮아 네 이름은
사랑이라고 아픔이라고
눈물이 스치는
억만 팔천년 심장에 새기는 지우는
오랫동안 가득 내게 온 만큼
딱 그만큼 스러져 갈 그대

〈2015년 1월 20일〉

4·16. 280일. 간신히 팽목항에 닿다.

〈2015년 2월 22일〉

그대 떠나고 다시 맞는 봄. 물소리 바람소리. 귀 기울이려고 흔들려도 괜찮아. 노란 리본.

〈2015년 3월 13일〉

가끔은 굴뚝에 철탑에 전광판에 매달려 있는 이들을 생각하며 별을 찾기도 할 것이다. 삼보일배를 하고 있는 승현이 아빠와 누이를 생각하며 자전거를 타기도 할 것이고, 혼자 막걸리 잔을 기울이기도 할 것이다. 그렇게 4·16 참사 일 년이 다가오고 있다. 4·16 333일, 나는 아직 체육선생으로 살고 있다.

〈2015년 4월 2일〉

심장에서 국가를 지운 지 일 년이 되어간다. 하루하루 지겨운 밥벌이에서 놓여날 날을 기다리며 4·16 일주기를 맞는 것이다. 비가 내리는 광화문 광장 유가족들의 노숙 농성 사진을 보면서 분노가 치밀 뿐이다. 이도 모자라 저들만의 이 허접한 국가는 아이들 보상금 이야기로 유가족들을 모욕하고, 유가족 50여 명이 삭발을 했다. 승현이 아빠와 누나는 지금도 삼보일배를 하고 있겠지. 이 더러운 나라가 나의 국가일 수 있겠는가.

(전문, FACEBOOK 게시 글에서 가져옴)

그 저녁의 눈물

조현정

오지 말아야 할 저녁이 오고 말았다. 시간은 가장 깜깜한 칠흑의 하늘을 바다 위에 뿌려놓았다. 집어등 불빛이 꽃처럼 피어 있을 뿐 물 위를 떠도는 사람의 빛은 바다 속에 묻혀 있는 생의 기억을 끝내 떠올리지 못했다.

사랑한다, 더 이상 수신되지 않는 그 말을 베어 물고 바다마저 밤새 앓는 소리를 내는데 이 컴컴한 나라는 엄한 데 불 밝히고 앉아 별스럽지 않은 저녁식사를 하며 낮에 있던 홍해의 기적에 대해, 바다를 가르고 아이들이 줄지어 걸어 나오더란 이야기를 실화처럼 떠들고 있었다

나처럼 밤이 무서워 늘 형광등을 켜고 자던 아이도 있었으리라

아, 정말 얼마나 무서웠을까*

커다랗고 높은 마이크를 쥔 두 손 앞에 무릎 꿇고 아이들과 함께 죽은 산 사람 하나 두 손 모아 빌 때, 오지 말아야 할 저녁은 애초부터 없었다고 역사의 한편이 소곤대는 것을 들었다

눈을 감아도 눈을 떠도 저절로 눈물이 떨어지는 저녁이 있었다

* 이성복의 시 제목

바다로 간 아이들

허문영

잔잔한 바다 위
자본의 마약에 취한 배
비틀거리며 떠다녔지

탐욕까지 잔뜩 실어
무게중심을 잃어버린 배
바다의 가슴을 찢고
슬픔으로 가라앉았지

숨 가쁜 공기방울
아이들의 입가에 예쁘게 피어났지
침묵의 꽃이 되어버렸지
영혼의 향기가 되어버렸지

차가운 물속에
아이들의 마지막 숨결
타오르는 분노의 불꽃이 되었지

더러운 돈
알량한 권력
보이지 않는 고리

허둥대던 어른들의 무능이
내 꽃들을 꺾었지

매화가 피면 주꾸미가 오고
동백꽃이 피면 도다리가 오고
진달래가 피면 꽃게가 온다는데

온갖 꽃들이
산과 들에 피어도
바다로 간 아이들은 오지 않네.

지금, 우리나라에선

원태경

소 키우라면 돼지 키워야 하고

돼지가 좋다고 할 땐

개나 닭을 치는 게 나은 나라

고추 심으라 하면 빨리

배추 심어야 하고

마늘 값이 좋아질 거라 하면

오이나 호박 농사를 지어야 하는 나라

콩 심으면 콩 안 먹고

쌀농사 몇 년째 대풍년이라 자랑하곤

미국에서 쌀 사오는 나라

버스요금 석유값 공공요금

절대 올리지 않는다 안심시키곤

반드시 올리고 마는 나라

아니다 아니다 하면

그렇다 그렇다 생각해야 하는 나라

모른다 모른다 하면 반드시

꼭꼭 숨기고 있는 음모가 있는 나라

그래도 말 못하고 참고 살아야 하는 나라

너무 쉽게 속고 너무 빨리 잊어버리는

지금 내가 살고 당신이 살고 우리가 살고 있는 나라

우리나라 우리나라 날나리 날라리 나라나라

잃어버린 것조차 잊고 사는 나라

너도 잃고 나도 잃고 잊고 또 잃고 부모도 잊고 자식도 잊고

잊고 잃고 잊고 잃고 잊고 잃고

세월호 아이들아

정현우

온 국민이 가슴에 노란 리본을 달고 기적을 염원했지만
세월호에 갇힌 너희들 중 누구하나 살아 돌아오지 못했구나.
끝내 기적은 일어나지 않았구나.
"엄마 아빠 미안하고 사랑해"
눈물 젖은 스마트폰에 작별 인사를 남기고
너희들은 하늘로 수학여행을 떠났구나.
꽃들도 슬퍼 향기를 버렸구나 새들도 슬퍼 낮게 나는구나.

생명보다 돈이 먼저인 세상에서 기약 없는 훗날의 성공을 위해
이팔청춘을 저당 잡혔던 아이들아!
가만히 있으라고 해서 가만히 있었던 범생이들아!
미안하고 또 미안하구나.

어른들 말을 믿어선 안 되는 나라라는 사실을
착한 사람은 바보가 되는 나라라는 사실을
너희들에게 진작 말했어야 했구나.
말해야 된다는 걸 알면서도
착한 사람이 잘 사는 좋은 세상이 올 거라는 희망 때문에
애써 말 안했던 너희들의 부모들은 너희들의 선생들은
그래서 더 가슴이 아프겠구나.

먹고 살기가, 자식들 공부시키기가 너무 빠듯해
그 흔한 촛불시위 한 번 못해보고
팔자려니 체제에 순응하며 살았던
이 땅의 가난한 아비와 어미는 그래서 또 우는구나.

죽음을 예감하면서도 친구의 구명조끼를 챙긴 우정의 아이들아!
선장은 저 혼자 살겠다고 승객을 버렸지만
누구도 친구를 버리지 않은 의리의 아이들아!
용서하거라.

아름다운 세상

한승태

개구리 울음으로 가득하던 별밤

소쩍새의 날갯짓으로, 일순

정적이 빙산을 이룰 때

그럼에도 불구하고 아무 일 없다는 듯

다시 별을 노래할 때

유성 하나 떨어지지 않고

그러고도 별이 반짝일 때

어머니가 내 죄업을 뒤집어 쓸 때

마치 그것이 아름다운 종교가 될 때

형제여, 자매여, 라고 속삭일 때

한 민족이라고 속삭일 때

당신의 귓불을 간질이며 사랑한다 사랑한다고 속삭일 때

당장 아사 직전인데

밥그릇부터 넓혀야 한다고 침 튀길 때

밤낮으로 비늘구멍을 파는 아이들에게

희망을 말할 때

강도에게 칼을 맞아도 업보라고 눈을 감을 때

아이들이 바다 속에서 컴컴한 절규에 울어도

책임질 자들은 귀머거리를 흉내 내고
오히려 승냥이처럼 할퀴려들어도
장님 흉내, 벙어리 흉내, 석고상 흉내를 낼 때

혼자 있어도 더 이상 외롭지 않을 때

껍데기의 나라를 떠나는 너희들에게
― 세월호 참사 희생자에게 바침

권혁소

어쩌면 너희들은
실종 27일, 머리와 눈에 최루탄이 박힌 채 수장되었다가
처참한 시신으로 마산 중앙부두에 떠오른
열일곱 김주열인지도 몰라
이승만 정권이 저지른 일이었다

어쩌면 너희들은
치안본부 대공수사단 남영동 분실에서
머리채를 잡혀 어떤 저항도 할 수 없이
욕조 물고문으로 죽어간 박종철인지도 몰라
전두환 정권이 저지른 일이었다

너희들 아버지와 그 아버지의 고향은
쥐라기 공룡들이 살았던 태백이나 정선 어디
탄광 노동자였던 단란한 너희 가족을
도시 공단의 노동자로 내몬 것은
석탄산업합리화를 앞세운 노태우 정권이었다

나는 그때 꼭 지금 너희들의 나이였던 엄마 아빠와 함께
늘어가는 친구들의 빈자리를 아프게 바라보며

탄가루 날리는 교정에서 4월의 노래를 불렀다
꽃은 피고 있었지만 우울하고 쓸쓸한 날들이었다

여객선 운행 나이를 서른 살로 연장하여
일본에서 청춘을 보낸 낡은 배를 사도록 하고
영세 선박회사와 소규모 어선을 보호한다는 명목으로
엉터리 안전 점검에 대기업들이 묻어가도록 하고
4대강 물장난으로 강산을 죽인 것은 이명박 정권이었다

차마 목 놓아 부를 수도 없는 사랑하는 아이들아

너희들이 강남에 사는 부모를 뒀어도 이렇게 구조가 더뎠을까
너희들 중 누군가가 정승집 아들이거나 딸이었어도
제발 좀 살려달라는 목멘 호소를 종북이라 했을까
먹지도 자지도 못하고 절규하는 엄마를 전문 시위꾼이라 했을까

집권 여당의 국회의원들이 막말 배틀을 하는 나라
너희들의 삶과 죽음을 단지 기념사진으로나 남기는 나라
아니다, 이미 국가가 아니다
팔걸이 의자에 앉아
왕사발 라면을 아가리에 처넣는 자가 교육부 장관인 나라
계란도 안 넣은 라면을 먹었다며 안타까워하는 자가
이 나라 조타실의 대변인인 나라
아니다, 너희들을 주인공으로 받드는 그런 국가가 아니다
그러니 이것은 박근혜 정부의 무능에 의한 타살이다

이윤만이 미덕인 자본과 공권력에 의한 협살이다

너희들이 제주를 향해 떠나던 날
이 나라 국가정보원장과 대통령은
간첩 조작 사건에 대해 국민에게 사과했다
머리를 조아렸다, 얼마나 자존심이 상했을까, 그래서였나
그래서 세월호의 파이를 이리 키우고 싶었던 걸까
아아, 미안하다 정말 미안하다
이제 막 피어나는 4월의 봄꽃들아

너희들의 열일곱 해는 단 한 번도 천국인 적이 없었구나
야자에 보충에 학원에, 바위처럼 무거운 삶이었구나
3박 4일 학교를 벗어나는 것만으로도
세상을 다 가진 것처럼 흥분했었을 아이들아
선생님 몰래 신발에 치약을 짜 넣거나
잠든 친구의 얼굴에 우스운 낙서를 하고 베개 싸움을 하다가
선생님 잠이 안 와요, 삼십 분만 더 놀다 자면 안 돼요
어여쁜 얼굴로 칭얼거리며 열일곱 봄 추억을 만들었을
사랑하는 우리의 아이들아
너희들 마지막 희망의 문자를 가슴에 새긴다
희생증을 움켜쥔 그 멍든 손가락을 심장에 심는다

이제 모래 위에 지은 나라를 떠나는 아이들아
거기엔 춥고 어두운 바다도 없을 거야
거기엔 엎드려 잔다고 야단치는 선생님도 없을 거야

거기엔 네 성적에 잠이 오냐고 호통 치는 대학도 없을 거야

거기엔 입시도 야자도 보충도 없을 거야

거기엔 채증에는 민첩하나 구조에는 서툰 경찰도 없을 거야

거기엔 구조보다 문책을, 사과보다 호통을 우선하는 대통령도 없을 거야

어여쁜 너희들이 서둘러 길 떠나는 거기는

거기는 하루, 한 달, 아니 일생이 골든타임인 그런 나라일 거야

따뜻한 가슴으로 꼭 한 번

안아주고 싶었던 사랑하는 아이들아

껍데기뿐인 이 나라를 떠나는 아이들아

미안하고 또 미안하다

눈물만이 우리들의 마지막 인사여서 참말 미안하다

우리 다시 만날 때까지 부디 안녕

#2

여는 글 #2

노래의 힘

    호주 브리즈번 퀸즐랜드 대학으로 장기연수를 온 지 9개월째다. 세월 참 빠르다 싶은데, 세월호 참사는 여전히 어제 일처럼 생생하다. 진상조사를 비롯해 뭐 하나 이루어진 게 없어서일까. 참사 자체가 워낙 망각을 거부하는 수준의 비극이어서일까.

    2014년 9월 말 혹은 10월 초였지 싶다. 문화예술대학 음악학과 학생들이 함인섭 광장에서 야외음악회를 열었다. 사실이지 나는 그런 공연이 열리는 줄도 모르고 연구실에 처박혀 있었는데, 경제학과 이병천 교수님께서(이하 존칭 생략) 전화를 해서는 다짜고짜 공연장으로 나와 보라셨다. 가을밤 분위기가 정말 좋았고 연주는 더 훌륭했다. 알다시피 음악은 힘이 세다. '노래의 날개'를 단 내 마음이 훨훨 날아올랐다. 그때 이병천 교수가, 세월호 참사 200일에 즈음하여 대중을 상대하는 이런 공연을 한번 만들어보는 게 어떨까, 제안했다. 나는 얼떨결에 호응했고 총책임을 맡게 되었다.

    날짜는 딱 떨어지는 200일이 아니더라도 상대적으로 사람 모으기 쉬운 10월 30일 목요일 저녁으로 결정했다. 비용은 가넷 소속 교수들이 얼마큼씩 모은 돈으로 충당할 작정이었는데, 나중에 뜻있는 교수님

몇 분이 마음을 내어 도와주셨다.

문제는 프로그램이었다. 시 낭송과 음악, 무용 등을 떠올리긴 했지만, 구체적으로 어떻게 프로그램을 엮고 누구를 섭외할지 막막했다. 도종환 시인(국회의원)이 페이스북에 세월호 관련하여 눈물겨운 시를 포스팅했던 게 생각났다. 의원실에 전화를 넣어 보좌관과 통화했다. 스케줄을 체크해보겠다고 했다. 전화가 서너 번씩 오간 보람도 없이 스케줄 조정을 못해 부득이 참가할 수 없게 되었다는 말만 들었다. 그 사이 시간은 사나흘이나 지나버렸고 행사를 제대로 치러내려면 바짝 긴장할 수밖에 없었다. 혼자서 끙끙댄다고 해결될 일이 아니었다.

사랑하는 제자들 중에 재주꾼이 많았다. 그들에게 행사 취지를 설명했더니 선뜻 나서서 도와주었다. 공연기획자가 꿈이라던 제자는 문화제 기획을 맡아 동분서주했고, 영상에 재주가 있던 친구는 시간과 정성을 들여 감동적인 영상을 만들었다. 단과대 학생회 일을 하는 제자의 인맥으로 음악학과 성악 전공자, 무용학과 현대무용 전공자를 섭외했다. 궁하면 통한다고 고등학생 딸이 가수를 지망하는 바람에 마음고생을 했다던 지인의 말이 문득 떠올랐다. 당장 지인과 통화했고 모 대학 실용음악학과에 수시 합격한 고 3 학생 예은이를 만났다.

시 낭송은 허문영, 한명희, 박기동(세 분 모두 강원대학교 교수) 시인이 1부를, 김정란(상지대 교수), 한승태(애니메이션박물관 학예연구사), 선우미애(강원대 스토리텔링학과 대학원) 시인이 2부를 맡았다. 스토리텔링학과 학생 다섯 명이 박민규 소설가의 에세이 '눈먼 자들의 국가'를 윤독했다. 그리고 노래……. 예은이가 부른 노래 「고잉 홈(Going home)」에 나는 무너져버렸다. 세월호에 탄 아이들 중에도 예은이가 있었고 가수가 꿈인 아이들도 있었다. 가수뿐만 아니라 디자이너, 요리사, 간호사, 의사, 화가, 연기자, 교사, 만화가, 통역사가 되고픈 아이들이 있었다. 미래는 생각하지 않고 그저 게임이나 좋아하던 아이, 집에서 뒹굴뒹굴하는 게 취미이자 특기인 아이, 가는 곳마다 말썽을 피우는 밉상도 있었으리라. 하나같이 소중하고 소중하고 소중한 아이들. 그 아이들이 'Going home' 하는 중이라면 얼마나 좋으랴. 사회자로서 우는 모습을 보이지 않으려 갖은 애를 썼건만, 이미 터져버린 눈물샘을 막을 도리가 없었다. 가까이 휴지가 있는 것도 아니어서 단상 뒤에 숨어 소맷부리에다 눈물 콧물을 닦았다. 내 우는 기척을 느꼈던지 노래를 끝낸 예은이가 출연자 대기실로 가기 전에 나를 안고서 어깨를 토닥여주었다.

벌써 1년이 다 되어가는 기억을 톺자니까 맨 처음 떠오르는 이미지가 피카소의 그림 〈우는 여자〉다. 사회자인 나부터 그렇게 펑펑 울었고 나뿐 아니라 많은 사람들이 울었고 겉으론 멀쩡했던 사람들도 사실은 속울음을 울었기 때문이리라.

호주 아줌마 테리(Terri)가 내 페이스북 포스팅 중에서 1인 시위 사진을 보고 무엇 때문에 한 건지 설명해달라고 했다. 세월호 얘기를 하다 보니 다시금 목이 메고 눈물이 고였다. 그런데 내 얘기를 듣던 아줌마의 푸른 눈에도 눈물이 그렁그렁했다. 세월호는…… 그런 사건이다.

박정애

매미

허문영

매미울음이
내 몸을 칭칭 감는다

맴맴 맴맴 매엠

몸에 감긴
매미소리를 풀다가
나도 울었다

맴맴 맴맴 매엠

가만히 있지 않겠습니다
— 4·16 참사 이후

박기동

도처에서 어른들은

때 없이 울컥하고

멍하니 하늘을 쳐다봅니다.

머릿속은 온통

시퍼렇고 캄캄한

바다 밑입니다.

날씨에 관계없이

바다 밑이 나타납니다.

내 나이 스무 살 때, (춘천에 입성할 때, 그러니까 1971년입니다. 학교 다니기 위해 처음 춘천에 옵니다. 그 후 되지도 않는 공부를 하려고 춘천에 가족을 끌고 다시 옵니다. 1984년 가을입니다)

4월은 잔인한 달이라는 걸 읽은 기억이 납니다.

(T.S 엘리엇이란 시인의 〈황무지〉에서)

1948년인가 노벨상도 받은 시인이라

찬찬히 읽었던 기억이 납니다.

이 시인은 스물다섯 너머까지 시를 쓴다면

역사의식을 갖추어야 한다는 말로

나를 평생토록 고민에 빠지게 한 사람으로 기억됩니다.

지금도 역사의식이 뭔가, 하고요.

이제 예순 넘어 다시 엘리엇을 찾아봤지요. 4월만 아니라
5월도 더 잔인한 달이라고 해야 되겠지요.

차라리 자연재해였다면
어찌어찌 지나갈 수 있었겠지요.
가만히 있으라.
한두 번도 아니고 계속
가만히 있으라. 어찌
그럴 수가 있나요?

한겨레 토론에 나선 한 고교생이 말합니다.
한국판 68혁명을 생각한다고요.
이제 슬픔 그 너머를 바라본다고요.
움직이고 싶어도, 그러나 입시가 나를
꼼짝 못하게 한다고요.

살아남은 자들이 걱정합니다.
이 참사를 잊으면 또 다른 참사가 기다릴 거 같기만 하다고요.
정작 소수만 남아 억울한 소수집단이 되면 어찌하냐.

미안합니다.
잊지 않겠습니다.

미안합니다.
가만히 있지 않겠습니다.

통곡, 2014년 여름
― 어떤 어두운 마을의 기록

김정란

게으르고 타락한 여촌장은 귀와 가슴에 붕대를 감았다
그녀는 귀 멀고 가슴 먼 검은 영혼
자신의 안위 외에는 아무 관심도 없다

어린 것들을 태운 거대한 배가 갑자기 기울었다

여촌장의 부하들은 아무것도 하지 않았다
"가만히 있으라"고 나발통에 대고 떠들어대면서
뱀의 혀들이 그림을 잡아 마을에 퍼뜨리도록
열심히 무엇인가 하는 척했을 뿐이다

그러는 사이 배는 완전히 가라앉았다
어린 것들은 손목뼈가 다 부러질 때까지 문을 두들기고 또 두들겼다
물이 차올라 그들의 여린 숨을 끊어놓기 전까지 백 번 천 번 사천 번
엄마 아빠 동생 친구의 이름을 불렀다 공포가 그들의 여린 몸을
부풀리고 치고 때리고 뒤흔들고 그리고 갈갈이 찢었다

게으르고 타락한 여촌장은 어린 것들이 죽어가는 동안
아무것도 하지 않았다 아무 지시도 내리지 않았고 회의도 하지 않았고
심지어 일곱 시간 동안이나 어디론가 자취를 감추어 버렸다

부모들이 달려왔다 죽은 아이들은 천천히 아주 천천히 물 밖으로 나왔다
부모들의 가슴은 석 달 열흘 썩은 두엄더미처럼 고통으로 문드러졌다.

게으르고 타락한 여촌장과 그 부하들은 어린 것들이 죽은 이유를 밝히지 않는다
게으르고 타락한 여촌장의 일곱 시간의 부재에 대해서도 아무 말도 하지 않는다

뱀의 혀들은 어린 것들을 잃은 부모들을 공격한다
상처를 들쑤시고 그 위에 모래를 붓고 뭉개고 할퀸다
길고 긴 혓바닥으로 그들의 짓뭉개진 가슴을 물어뜯는다

그러나 게으르고 타락한 여촌장과 그녀의 호위무사들과
세상을 쥐락펴락하는 뱀의 혀들은 모른다

가슴을 짓뭉개는 슬픔 안에서 죽은 아이들과 그 부모들의 영혼이
맑고 투명하고 뾰족한 세계의 금강석처럼 단단해지고 있다는 것을
그들이 슬픔의 길고 긴 진창을 건너
그 금강석을 들고 우주와 역사의 어느 지점을 정확하게 관통하고 있다는 것을

제왕나비
─ 세월호 참사로 떠나간 이들을 기억하며

한승태

제왕나비에게 소원을 빌면
말하지 못하는 나비는 비밀을 간직하고
하늘로 간다

세월호에 탔던 사람들은
맹골수도 어두운 바닷속에서 그리운 이를 찾아
또는 부모형제를 찾아
이승의 경계를 넘는다

억눌리고 발버둥 치다 죽은 이들의 밤이다
해마다 봄이 되어도
음습한 추위가 뼈마디마다 촛불을 켜겠다
제왕나비가 돌아오듯 봄꽃이 당신을 기억할 것이다

멀게는 맹골수도에서
가깝게는 집집마다 문 앞에서
자본과 권력의 사막을 지나
生의 국경을 넘어
태양의 길을 따라 봄꽃으로 봄비로
삶이 죽도록 목마른 당신은 돌아오겠다

봄 꽃잎 떨어지니
― 2014년 4월에
선우미애

봄 꽃잎 떨어지니
목이 탄다
새까맣게 목이 탄다

어린 너희들
불안에 떨며 몸부림 쳐야 했던
그 시간을 빡빡 지우고 싶다

슬프다
분노가 인다
울컥울컥 고통스럽다

어이하라고!
어이하라고!
아들, 딸의 꽃 진 자리
화병으로 불덩이 된 사리
어이하라고!

바닷물이 다 마를 때까지
무너지는 아픔, 숯검정 가슴으로

너희들을 기억하마!
잊지 않으마!

엄마 무릎 베고 잠이 들 때에
작은 냇물 모아져 큰 강이 되고
큰 강 흘러가 푸른 바다 된다는
엄마의 고운 자장가 소리가
업장으로 무너지는 핏빛 노래 될 줄이야
속수무책으로 기다릴 수밖에 없으니 부끄럽다

어쩌다가
어쩌다가
이 땅의 꽃으로 피어나
이 봄 다 가기 전에 헤어지니
목이 메인다

존엄과 안전에 관한 4.16 인권선언

누구도 살아남지 못할 것이다. 세월호 침몰은 한국 사회가 이미 가라앉기 시작했음을 보여주는 상징적인 사건이었으며, 수많은 세월 호들의 침몰 속에서 다시 닥쳐온 재난이다. 이 사회의 모순과 부조리 를 참혹하게 드러낸 참사에도 불구하고, 정부는 정의를 짓밟고 언론은 진실을 왜곡하고 있다. 인간의 존엄에 침을 뱉고 참사의 진실을 덮으 며 여전히 가만히 있으라 한다. 그러나 가만히 있으면 이 땅에 아무도 남지 않게 될 것이다.

우리는 인간으로 다시 살기 위해 저항과 연대를 멈출 수 없었다. 팽목항에서, 안산에서, 광화문에서, 애통함이 뒤덮인 또 다른 거리에 서 우리는 함께 마음을 졸이고 아파했다. 눈물을 흘렸고, 이야기를 했 고, 광장에 나섰고, 길을 걸었다. 흔들리면서도, 박해받으면서도 우리 는 함께 싸우며 우리의 존엄을 회복하고 있다. 어둠은 빛을 이길 수 없 고 모욕은 존엄을 밀어낼 수 없다.

모든 사람은 그 자체로 자유롭고 평등하다. 안전한 삶은 모든 사 람이 누려야할 권리다. 안전은 통제와 억압으로 보장될 수 없으며, 돈 으로 살 수 있는 것도 아니다. 자유, 평등, 연대 속에서 구현되는 인간의 존엄성이야말로 안전의 기초이다. 우리의 존재가 오직 이윤 취득과 특권 유지의 수단으로만 취급되고 부당한 힘이 우리의 권리와 삶의 안전을 위협할 때 우리는 이에 맞서 싸울 것이다.

권리는 저절로 주어지지 않으며 우리가 협력하여 싸울 때 쟁취하고 지킬 수 있다. 권리를 위한 실천이 우리가 주권자임을 확인하는 길이며, 곧 민주주의 투쟁이다. 우리는 존엄과 안전을 위협하고 박탈하는 세력들에 맞서 노란 리본을 달고 촛불을 들겠다. 세월호의 아픔으로 시작한 이 싸움은, 모든 이들의 존엄을 해하는 그 어떤 장애물도 넘어설 것이다. 그리하여 함께 살고 함께 나누는 세상을 향해 나아갈 것이다.

이 다짐을 담아 다음과 같이 선언한다.

1. **인간의 생명과 존엄성**: 인간의 생명과 존엄성은 최우선적으로 보장되어야 한다. 돈이나 권력은 인간의 생명과 존엄보다 앞설 수 없다.

2. **자유와 평등**: 모든 사람은 자유롭고 평등하다. 어떠한 이유로도 억압당하거나 차별받아서는 안 된다.

3. **연대와 협력**: 모든 사람은 연대할 권리를 가진다. 누구도 혼자 살 수 없으며, 인간의 존엄은 타인과의 관계 속에서 협력하며 살아갈 때 지켜질 수 있다.

4. **안전을 위한 시민의 권리와 정부의 책임**: 모든 사람은 안전하게 살아갈 권리를 가지며, 안전한 사회를 만들기 위해 참여할 권리를 가진다. 모든 사람은 위험을 알고, 줄이고, 피할 권리가 있으며 이를 보장할 일차적 책임은 정부에 있다.

5. **구조의 의무**: 정부는 모든 역량을 동원하여 재난 상황에 처한 사람들을 구조하고 이들의 안전을 확보하기 위해 마지막까지 최선을

다해야 한다. 구조에 있어서 그 어떤 차별도 있어서는 안 된다.

6. **진실에 대한 권리**: 모든 사람은 재난을 초래한 환경과 이유를 포함한 진실을 알 권리를 가진다. 진상조사를 위한 기구에는 충분한 권한이 주어져야 하며 공정성과 독립성이 확보되어야 한다. 진실에 대한 어떠한 은폐와 왜곡도 용납될 수 없다.

7. **책임과 재발방지**: 재난의 해결은 정의로운 방식으로 이루어져야 한다. 책임자를 엄정하고 공정하게 처벌해야 하며, 유사한 재난의 발생을 막기 위해 정부와 사회는 철저한 재발방지대책을 마련해야 한다.

8. **피해자의 권리**: 피해자는 부당한 해를 입었고 고통을 겪는다는 사실을 인정받고, 존중받을 권리가 있다. 특히, 정부와 책임 있는 대표자로부터 공식적인 사과와 배상을 받을 권리가 있다. 또한 피해자는 사건 해결의 전 과정에 참여할 권리가 있다.

9. **치유와 회복**: 피해자는 재난 발생 즉시 필요한 구제와 지원을 평등하게 받을 권리가 있다. 또한 치유와 회복을 위해 적극적이고 충분한 조치를 취할 일차적 책임은 정부에 있다.

10. **공감과 행동**: 모든 사람은 재난으로 생명을 잃은 이들을 충분히 애도할 권리를 가진다. 모든 사람은 재난 피해자의 아픔에 동참하고 정의를 실현하기 위하여 말하고, 모이고, 행동할 권리를 가진다.

11. **기억과 기록**: 공동체는 피해자를 기억하고, 재난과 그 해결의 전 과정을 기록하여야 한다.

12. **저항할 권리**: 정부, 기업, 언론 등 권력기관이 인간의 생명과 존엄성을 침해하고 안전을 위협할 경우, 모든 사람은 스스로 방어하고 연대하여 투쟁할 권리를 가진다.

13. **존엄에 기초한 사회를 만들 권리**: 모든 사람은 돈과 권력이 중심이 되는 사회를 근본적으로 바꿔 자유와 평등, 연대와 협력, 인간의

생명과 존엄에 기초한 사회를 만들 권리를 가진다.

　우리는 상실과 애통, 그리고 들끓는 분노로 존엄과 안전에 관한 권리를 선언한다. 우리는 약속한다. 세월호 참사를 기억하고 진실을 밝히고 정의를 세우기 위한 실천을 포기하지 않을 것임을. 또한 우리는 다짐한다. 이 세계에서 벌어지는 각종 재난과 참사, 그리고 비참에 관심을 기울이고 연대할 것임을. 우리는 존엄과 안전을 해치는 구조와 권력에 맞서 가려진 것을 들추어내고 목소리를 내는데 주저하지 않겠다. 이 선언은 선언문으로 완결되는 것이 아니라 수많은 우리가 다시 말하고 외치고 행동하는 과정 속에서 완성되어 갈 것이다. 함께 손을 잡자. 함께 행동하자.

자료: 4·16 연대 홈페이지(http://rights.416act.net/)

엮은이

이병천 1952년 경남 마산에서 태어나 서울대 경제학과를 졸업하고 같은 대학원에서 경제학 석사와 박사학위를 받았다. 한국사회경제학회 회장, 참여사회연구소장, 반년간지≪시민과 세계≫ 공동 편집인 등을 역임했으며, 미국 UC버클리와 UW매디슨 대학의 객원교수를 지냈다. 현재 강원대 경제무역학부 교수로 재직 중이다. 주요 논저로『한국자본주의 모델』,『한국경제론의 충돌』,『개발독재와 박정희 시대』(편저),『다시 대한민국을 묻는다』(공편),『민주정부 10년 무엇을 남겼나』(공편),『사회경제 민주주의의 경제학』(공편) 등이 있다.『(가제) 숲의 경제학』을 집필 중이다.

박기동 시인이자 강원대 스포츠과학부 교수이다. 1982년〈심상〉으로 문단에 나왔다. 시집으로『어부 김판수』,『내 몸이 동굴이다』,『다시, 벼랑길』,『나는 아직도』등이 있다. 지역에서 'A4 동인'과 '표현' 등의 동인 활동을 하고 있다. 한국체육사학회 회장, 한국스포츠인류학회 회장을 역임하고, 현재 한국스포츠인류학회 회장을 다시 하고 있다.

박태현 2001년에 사법연수원을 수료하고 법무법인에서 3년간 송무 경험을 쌓은 뒤 환경운동연합 환경법률센터에서 환경전문변호사로 일했다. 현재 강원대 법학전문대학원에서 강의하면서 환경법과 환경법 너머에 대해 공부하고 있다.「환경가치, 민주주의 그리고 사법심사」,「환경적 의사결정의 두 방식에 관한 일고찰」등 다수의 논문을 썼다.

지은이 (1부, 가나다순)

김기석 일본 및 동아시아 정치경제를 연구했으며, 미국 UCLA에서 정치학 박사학위를 받았다. 현대일본학회 회장을 지냈고, 현재 강원대 정치외교학과 교수, 통일강원연구원 원장으로 재직 중이다. 주요 논저로『동아시아공동체로의 머나먼 여정』,『동일본대지진과 일본의 진로』(공저), "How Has Korea Imagined Its Region?" 등이 있다.

김대건 1965년 경북 성주에서 태어났으며, 호는 민재(旼齋)이다. 성균관대 행정학과를 졸업하고, 미국 애리조나 주립대에서 행정학 석사와 박사학위를 받았다. 서울연구원 부연구위원을 지냈고, 현재 강원대 행정학과 교수로 재직하고 있다. 주요 논저로『전통적 조직행태연구의 비판과 긍정조직행태 모형』,『지역공동체의식이 협력적 갈등해결행태에 미치는 영향』,『참여의 양극화 극복을 위한 협력적 지역거버넌스:공동체주의 시각에서』,『행정과 조직행태』(공저), 『지역사회의 지속가능성』(편저) 등이 있다. 전공분야는 행정조직이론, 조직 설계론, 조직행태론, 공동체 공유자원관리, 공동체 갈등관리와 협력론이다.

김 한 균   한국형사정책연구원 연구위원으로 양형, 성폭력, 영미형법을 주로 연구하고 있다. 『법질서와 안전사회』(공저),『범죄의 심각성 및 형벌의 적정성에 관한 국민의식 연구』(공저), 『현대과학기술사회 위험관리 형사정책의 체계와 원리』 등의 저서와 「피해자를 위한 나라는 없다」, 「진보정치적 과제로서 형사 정책」, 「법질서정치와 형사사법의 왜곡」 등의 논문을 썼다. 옮긴 책으로는 『미국형사사법의 위기』, 『아동성폭력전담검사의 증언: 누가 양의 탈을 쓴 늑대일까』 등이 있다.

나 익 주   전남대 영어영문학과를 졸업하고 서강대와 전남대 대학원에서 언어학으로 석사와 박사학위를 받았다. 미국 UC버클리 언어학과에서 객원학자로 은유 와 인지언어학을 공부했다. 전남대 등에서 강의했으며, 담화인지언어학회의 연구이사를 지냈다. 현재 전남대 영미문화연구소 연구원으로 재직 중이며, 학술지 ≪담화와 인지≫ 편집위원회의 분과위원장을 맡고 있다. 주요 논저 로 『인지언어학』(공저), 『비유의 인지언어학적 탐색』(공저), 「삶을 지배하 는 교육 은유」(공저) 등이 있다. 옮긴 책으로 『삶으로서의 은유』(공역), 『몸 의 철학』(공역), 『프레임 전쟁』, 『폴리티컬 마인드』, 『자유 전쟁』, 『이기는 프레임』 등이 있다.

문 병 효   영국 케임브리지 대학 객원교수를 지냈으며, 독일 튀빙겐 대학에서 법학 박 사학위를 받았다. 현재 강원대 법학전문대학원 교수로 재직 중이다.

박 상 은   1984년에 태어나 대학에서 사학을 전공하고, 2010년부터 '사회진보연대'에 서 활동을 시작했다. 2014년 세월호 참사 이후 '세월호 참사 국민대책회의'의 '존엄과 안전위원회'에서 활동하면서 국내외 사고 사례, 안전 패러다임, 안전 대안 등에 대해 조사 및 연구를 진행했다. 현재 세월호특별조사위원회 조사 관으로 일하고 있다.

박 주 민   1973년 서울에서 태어났다. 11년 차 변호사로, 민주사회를 위한 변호사모임 사무차장, 참여연대 상임집행위원 등을 지냈고, 2014년 세월호 참사 이후 세 월호 피해자 가족의 법률 대리인으로 활동하고 있다.

정 연 구   연세대에서 박사학위를 받고, 한국언론연구원(현 한국언론진흥재단)에서 선 임·책임연구위원을 지냈다. 현재 한림대 미디어커뮤니케이션학부 교수로 재 직 중이다. 「위험상황보도와 언론인의 위기」 등의 논문을 썼으며, 옮긴 책으 로는 『미디어 모노폴리』가 있다.

지은이 (2부, 가나다순)

권 혁 소   1962년 평창 진부에서 태어났다. 1984년 ≪시인≫지로 데뷔했으며, 1985년 ≪강원일보≫ 신춘문예 시 부문에 당선되었다. 시집으로『論介가 살아온다면』,『수업시대』,『반성문』,『다리 위에서 개천을 내려다 보다』,『과업』,『아내의 수사법』 등이 있다. 제3회 강원문화예술상을 수상했으며, 현재 (사)한국작가회의 강원도지회장이다.

김 재 룡   1985년 ≪심상≫ 신인상으로 등단했다. 현재 화천고등학교 교사이다.

김 정 란   상지대 문화콘텐츠학과 교수로 재직 중이다. 시집으로『다시 시작하는 나비』 등이 있다.

박 정 애   1970년 경북 청도에서 태어나 서울대 대학원 국문과에서 석사와 박사과정을 마쳤다. 1998년 ≪문학사상≫을 통해 등단한 이후, 장편소설『에덴의 서쪽』,『물의 말』,『환절기』, 단편집『춤에 부치는 노래』,『죽죽선녀를 만나다』등을 발표했고,『물의 말』로 제6회 한겨레문학상을 수상했다. 수필집으로『내 멋대로 살다 내 멋대로 죽고 싶다』, 번역서로『행복한 페미니즘』, 동화책으로『똥 땅 나라에서 온 친구』가 있다. 현재 강원대 스토리텔링학과 교수이다.

선우미애   1996년 ≪한맥문학≫ 신인상을 받았다. 시집으로『자연을 닮은 그대는』 등이 있다.

원 태 경   1981년 ≪강원일보≫, 1992년 ≪문화일보≫ 신춘문예에 당선되었다. 시집으로『서랍속의 기억』 등이 있다. 강원도 의원을 지냈다.

정 현 우   화가이자 시인으로 활동하고 있다.

조 현 정   민예총 춘천 문학지부장으로 '시문' 동인으로 활동하고 있다.

한 승 태   1992년 ≪강원일보≫ 신춘문예에 당선되었고, 2002년 ≪현대문학≫ 추천을 받았다. 춘천 애니메이션 박물관에서 학예연구사로 일하고 있다.

허 문 영   1989년 ≪시대문학≫ 신인상으로 등단했다. 시집으로『내가 안고 있는 것은 깊은 새벽에 뜬 별』,『고슴도치 사랑』,『물 속의 거울』,『사랑하는 것만큼 확실한 건 없습니다』,『왕버들나무 고아원』 등이 있으며, 에세이집으로『네 곁에 내가 있다』가 있다. 현재 강원대 약학대학 교수로 재직 중이다.

한울아카데미 1888

그날, 그리고 그 이후
세월호가 남긴 절망과 희망

ⓒ 가만히 있지 않는 강원대 교수 네트워크, 2016

기획	가만히 있지 않는 강원대 교수 네트워크
엮은이	이병천·박기동·박태현
지은이	권혁소·김기석·김대건·김재룡·김정란·김한균·나익주· 문병효·박기동·박상은·박정애·박주민·박태현·선우미애· 원태경·이병천·정연구·정현우·조현정·한승태·허문영
펴낸이	김종수
펴낸곳	한울엠플러스(주)
편집	김진경·최규선

초판 1쇄 발행	2016년 4월 12일
초판 2쇄 발행	2017년 7월 31일

주소	10881 경기도 파주시 광인사길 153 한울시소빌딩 3층
전화	031-955-0655
팩스	031-955-0656
홈페이지	www.hanulmplus.kr
등록번호	제406-2015-000143호

Printed in Korea.
ISBN 978-89-460-5888-0 93330

* 책값은 겉표지에 표시되어 있습니다.